Helga Hirsch
Entwurzelt

Helga Hirsch

Entwurzelt

Vom Verlust der Heimat zwischen
Oder und Bug

Die Robert Bosch Stiftung unterstützte im Rahmen des Förderprogramms »Grenzgänger – Recherchen in Mittel- und Osteuropa« Materialsammlung und Interviewreisen der Autorin im polnisch-ukrainischen Grenzgebiet, die Körber-Stiftung förderte die umfangreichen Recherchen in Deutschland, Polen und Israel.

Bibliografische Information der Deutschen Nationalbibliothek

Die Deutsche Nationalbibliothek verzeichnet diese Publikation in der Deutschen Nationalbibliografie; detaillierte bibliografische Daten sind im Internet unter http://dnb.d-nb.de abrufbar.

© edition Körber-Stiftung, Hamburg 2007
Redaktion: Ulrike Fritzsching, Gabriele Woidelko
Lektorat: Stéfanie Märschel
Umschlagfoto: getty images (Three Lions)
Umschlag: Groothuis, Lohfert, Consorten | glcons.de
Karten: Marius Olczyk | www.Globe24.pl
Herstellung: Das Herstellungsbüro, Hamburg | buch-herstellungsbuero.de
Druck und Bindung: Clausen & Bosse, Leck
Printed in Germany

ISBN 978-3-89684-065-3

Alle Rechte vorbehalten

www.edition-koerber-stiftung.de

Inhalt

Geteilte Erinnerung · 7

Rückkehr nach Zion
Die lange Flucht des Adam Szejwac · 13

»Das verbietet mir mein Stolz«
Wie Zofia Przybylska den Krieg in Polen überlebte · 39

»Wir haben so viel Glück gehabt«
Die Umsiedlung der Liselotte von Stackelberg aus dem Baltikum · 65

»Wir waren Besatzer in einem fremden Land«
Warum Artur Singer sein Dorf in Bessarabien verlassen musste · 93

Die Tochter ihres Vaters
Die Deportation von Stanisława Chęcińska nach Kasachstan · 127

Drama unter Brüdern
Ukrainer und Polen im Dorf Kuropatniki · 155

»Sprich nicht so laut«
Jarosław Bodnar und die trügerische Idylle von Krężelin · 181

»Mein Gott, du lebst?«
Vom Überleben des polnischen Juden Kupple Miller · 207

Aufstiege und Abstiege
Lebenswege aus dem schlesischen Peterswaldau · 235

Eine Liebe aus der Jugendzeit
Das späte Glück von Elvira und Fortunat · 269

Anhang · 290

Geteilte Erinnerung

Befremdliche Filmszenen: Da taucht in dem düsteren Schwarz-Weiß von Steven Spielbergs »Schindlers Liste« plötzlich ein Mädchen in rotem Mantel auf. Oskar Schindler, Fabrikant im besetzten Krakau und Retter von über tausend Juden, sieht das kleine Wesen von einer Anhöhe aus: der einzige Farbtupfer im grauen Getto – eine Botin des Lebens in einer Welt des Todes, eine Inkarnation des Prinzips Hoffnung. Doch selbst das kleine Mädchen kommt um. Oskar Schindler erkennt es wenig später auf einer Leichenkarre, als die ermordeten Juden zum Verbrennen abtransportiert werden.

Im Film erschien mir die Symbolik zu drastisch, zu überzogen, zu Hollywood-like. Allzu gewollt wirkte der Verweis, wie illusionär die Hoffnungen auf Leben und Zukunft waren.

Später stellte sich jedoch heraus, dass tatsächlich ein kleines Mädchen mit rotem Mantel im Krakauer Getto gelebt hatte. Dieses Mädchen hieß Roma Ligocka und konnte sich mit seiner Mutter verstecken, als das Getto liquidiert wurde. Da rührte mich die Geschichte plötzlich. Befreit von seiner überladenen Bedeutung, in Zusammenhang mit einer ganz konkreten Szene im Hausflur eines Mietshauses, entfaltete der rote Mantel eine viel eindringlichere Wirkung als im Film: Die Tochter der polnischen Hausbesitzer öffnet die Tür, sieht die Kleine vor sich und sagt spontan: »Was für eine süße rote Erdbeere, komm kurz herein.« Und Roma

Ligocka und ihre Mutter blieben bis zum Ende der deutschen Besatzung.

Seitdem ich Polen und andere Länder Mittel- und Osteuropas bereise, faszinieren mich Geschichten wie diese – Geschichten ohne Pathos und Sentimentalität, in deren scheinbarer Banalität die permanente Bedrohtheit des Lebens aufschimmert. Fast jeder kann sie erzählen. Denn gleich mehrfach im 20. Jahrhundert litten die Menschen zwischen Oder und Bug unter Kriegen, Besatzungen, Verfolgungen und dem Verlust ihrer Heimat.

Kaum eine Familie, die im Zweiten Weltkrieg nicht umgesiedelt wurde oder keinen Angehörigen zur Zwangsarbeit ins Deutsche Reich schicken musste. Kaum eine Familie, die, weil sie jüdisch war, nicht ins Konzentrationslager deportiert wurde. Die, weil sie ukrainisch war, nicht aus der südostpolnischen Heimat vertrieben wurde. Die, weil sie polnisch war, nicht mit Gewalt zur Ausreise aus der Ukraine, aus Weißrussland oder Litauen gedrängt wurde. Und die, weil sie deutsch war, nicht die alte ostdeutsche Heimat räumen musste, wenn sie nicht schon vor der Front geflohen war.

Manchmal drohten mich solche Geschichten zu überwältigen und zu überfordern. Ich hatte mir nicht bewusst gemacht, dass viele Menschen im Verlauf des Zweiten Weltkriegs nicht nur ein Mal, sondern zwei Mal entwurzelt worden waren. Ich hatte auch nicht damit gerechnet, wie stark mich mangelndes Wissen im Verständnis des subjektiven Erlebens einschränken würde: Wer war wann warum vor wem geflüchtet, oder wer war wann warum von wem deportiert oder ausgewiesen worden? Ohne ausreichende historische Kenntnisse, das wurde mir schmerzlich bewusst, kann Einfühlung nicht gelingen. Die Konstellationen im besetzten Westpolen waren mir zwar relativ vertraut, viel weniger aber die

Lage im besetzten Ostpolen. Die ersten Interviews mit Polen aus dem verlorenen Ostgalizien und mit Ukrainern aus Südostpolen blieben daher oberflächlich. Ich konnte nicht nachfragen, wenn Gesprächspartner Tatsachen zu umgehen suchten, und ich mochte nicht nachfragen, wenn sie von Ängsten berichteten, die mir nicht gleich verständlich waren. Ich erkannte weder, wann ihre Erzählungen von den historischen Fakten abwichen, noch, wann sie Fakten übersprangen, um etwa ihre Scham zu verbergen.

Je mehr ich aber las und je mehr Einzelfälle ich recherchierte, desto vertrauter wurden mir die verschiedenen Regionen, die verschiedenen Konfliktlagen und die verschiedenen Erinnerungskulturen. Auf nur scheinbar paradoxe Weise spendeten mir die Geschichten nun sogar Trost. Solange die Schrecken des Krieges sich in abstrakten Zahlen oder historischen Verallgemeinerungen gespiegelt hatten, hatten sie in mir oft ein Gefühl der Ohnmacht angesichts eines scheinbar unüberwindlichen Bösen hinterlassen. Nun aber saß ich 78-, 85-, ja sogar 93-jährigen Gesprächspartnern gegenüber, die persönlich erlebt hatten, was ich mir nur angelesen hatte.

Anfangs spürte ich nicht selten eine Distanz. Eine Nachgeborene war zu ihnen gekommen, eine Deutsche dazu. Aber ich glaube, in allen Gesprächen ist etwas geschehen. Ein Raum des Vertrauens ist entstanden, weil sich die Befragten – gleich welcher Nationalität – in ihrem individuellen Schicksal respektiert fühlten, ihre Leiden nicht gegen das Leiden anderer aufgerechnet sahen und spürten, dass ihnen das Mitgefühl auch dann nicht entzogen wurde, wenn Ereignisse und Anschauungen zur Sprache kamen, die ihre Scham und Trauer, ihre Schwächen und Versäumnisse aufdeckten.

Manchmal fühlte ich mich durch die Erzählungen geradezu beschenkt. Indem sie über ihre Flucht, Deportation, Vertreibung und ihren Verlust der Heimat erzählten, ließen sie mich teilhaben an ihrer Kraft, ihrer Risikobereitschaft, ihrem Selbstvertrauen und ihrem Mut angesichts von Umständen, die mir erdrückend oder gar ausweglos erschienen. Die meisten trugen die Last der Vergangenheit ohne Groll. Offensichtlich hatten sie sich ausgesöhnt mit jenem Teil in sich, der damals auch hilflos, ohnmächtig, schwach war, der auch missbraucht, vergewaltigt, gedemütigt wurde.

Subjektives Leidempfinden, das bestätigte sich für mich, lässt sich nicht unmittelbar aus den Ereignissen ableiten, die es verursacht haben. Jeder hat seine ganz spezifischen Möglichkeiten der Verarbeitung, die sich weder aus der Dauer der Haft oder Internierung noch aus der Art der Demütigung und Folter, noch aus Hunger und Kälte zwangsläufig ergeben. Manche erleben Schreckliches, ohne gebrochen zu werden, andere sind durch weit weniger gewaltsame Erschütterungen zeitlebens geprägt. Sicher helfen bei der Bewältigung ein starkes Selbstbewusstsein oder der Glaube, ganz sicher auch die Anerkennung, die die Opfer in ihrem Umfeld fanden und finden. Im Kontext dieses Buches konnte und wollte ich diesen Fragen nicht nachgehen; aber ich empfinde großen Respekt für meine Gesprächspartner, die das Unrecht, das sie erlitten, nicht in aggressive Schuldzuweisungen wendeten.

Selbstverständlich sind diese Reaktionen nicht. Im Gegenteil. Oft treten Opfer in Konkurrenz zueinander. Auch wenn sich die Öffentlichkeit dessen nicht bewusst ist, bestärkt sie diesen Konkurrenzkampf, indem sie gedankenlos an Begriffen festhält, die den Entwurzelten unterschiedliche Plätze innerhalb einer ungeschriebenen Opferhierarchie zuweisen. In der DDR durften Flüchtlinge und Vertriebene nur als »Umsiedler« bezeichnet werden; in Polen galten ausgesiedelte Landsleute aus den Gebieten der heutigen Ukraine, von Weißrussland und Litauen und Rückkehrer aus der Sowjetunion als »evakuiert« und »repatriiert«.

Unter freiheitlichen Bedingungen hätte sich zweifellos eine differenziertere Terminologie entwickelt. Nachdem aber über vier Jahrzehnte von »Repatriierung«, von »Umsiedlung« und »Aussiedlung« die Rede war, hat sich die polnische Bevölkerung so sehr an die Begriffe gewöhnt, dass sie teilweise bis heute an ihnen festhält. Da sich nach der Wiedervereinigung hingegen auch in den neuen Bundesländern der Sammelbegriff von den »Vertriebenen« durchsetzte, musste es zur Reibung kommen.

Denn wenn Polen »ausgesiedelt«, »umgesiedelt« und »repatriiert« worden sind, wie können Deutsche, denen Ähnliches widerfahren ist, »vertrieben« worden sein? Bei einem Dokumentarfilm, in dem polnische Schüler aus Schlesien und deutsche Studenten aus Sachsen 2004 jeweils die Biografien der eigenen Vertriebenen festgehalten hatten, bestanden die polnischen Lehrer darauf, den durchgängig von den Deutschen verwandten Begriff der Vertreibung im Polnischen mit »wysiedlenie« (Aussiedlung) zu übersetzen – damit es nicht so aussähe, als hätten, wie die emotionale Färbung des Begriffs Vertreibung suggeriert, die Deutschen ein ungleich schlimmeres Schicksal als die Polen erlitten.

Historiker bemühen sich zwar, die Begriffe voneinander abzugrenzen – etwa nach dem Grad des Drucks, dem die Entwurzelten ausgesetzt waren, oder nach den Initiatoren, die entweder die Eigenen »heim«holten oder die Fremden vertrieben, oder nach der Freiwilligkeit, die manche vor den Fronten oder staatlichen Zwangsumsiedlungen eigenständig auf die Flucht gehen ließ.

Ich konnte und wollte mich aber nicht darauf einlassen, den verschiedenen Formen der Entwurzelung später getroffene Definitionen zuzuordnen. Gleichgültig, ob sie *geflüchtet* sind, ins Generalgouvernement *umgesiedelt*, in die Sowjetunion *deportiert*, aus der Ukraine *ausgesiedelt* oder aus Polen *vertrieben* wurden – für mich waren alle meine Gesprächspartner Vertriebene: zwangsweise der Heimat verwiesen und ohne die Hoffnung auf Rückkehr.

Ähnliche Schicksale, auch das bestätigte die Recherche zu diesem Buch, führen keineswegs automatisch zu einer Solidarität unter den Betroffenen. Erinnerung ist an die ganz persönliche Erfahrung gebunden. Jeder ist sich in seinem Leid am nächsten – sich und seiner Gruppe, mit der er die Erfahrung teilt. Hoffnungsvoll stimmen aber die Lebensgeschichten, die im Rahmen von EUSTORY, dem europäischen Netzwerk unabhängiger Geschichtswettbewerbe der Körber-Stiftung, von Jugendlichen erforscht und aufgeschrieben werden. Zwar wagen es die Enkel nicht immer, die Lebensgeschichten ihrer Großeltern kritisch zu hinterfragen. Als fürchteten sie einen Loyalitätsbruch, wenn sie das subjektiv Erinnerte infrage stellen. Viele der Schülerarbeiten zeichnen aber auch ein mutiges, erstaunlich differenziertes Bild der Geschichte. Dieser Mut, gepaart mit dem starken Mitgefühl, ist eine wichtige Voraussetzung für einen kritischen Dialog der Europäer über ihre eigene Geschichte. Ohne einen offenen Dialog über die Vergangenheit, frei von Schuldzuweisungen und Überlegenheitsgefühlen, werden Europa und die Europäer langfristig scheitern.

Denn wer es nie lernt, die Fixierung auf das eigene Schicksal zu überwinden, wer sich vom anderen abgrenzt oder Ressentiments geradezu pflegt, der wird sich mit seinem beständigen Aufrechnen sein Leben vergällen. Menschen sind aber nicht dazu verurteilt, im Groll zu verharren. Sie können auch die beglückende Erfahrung machen, dass wir im anderen – gleich welcher Nationalität – uns selbst begegnen können, in unserer Angst und in unserer Hoffnung, in unserem Glück und in unserem Unglück. Eigentlich spreche ich jetzt über mich selbst. Über das, was ich in den Gesprächen erleben durfte, und warum ich einen besonderen Grund habe, Danke zu sagen.

Rückkehr nach Zion

Die lange Flucht des Adam Szejwac

Juden fliehen in die Sowjetunion

Mit Hitlers Angriff auf Polen am 1. September 1939 begann der Zweite Weltkrieg. Zehntausende polnischer Staatsbürger, mehr Juden als Polen, flohen vor der Front und später aus den von den Deutschen besetzten Gebieten in Richtung Osten in jene Gebiete, die am 17. September 1939 von der Sowjetunion besetzt wurden: Gemäß dem geheimen Zusatzabkommen des Deutsch-Sowjetischen Nichtangriffspakts vom 23. August 1939 waren die Gebiete westlich der beiden Flüsse Bug und San zum deutschen Interessengebiet erklärt worden, während Ostpolen und die drei baltischen Staaten sowjetisch besetzt werden sollten.

Viele Flüchtlinge kehrten angesichts des sowjetischen Einmarsches sofort in ihre Heimatorte zurück, oder sie setzten sich weiter nach Rumänien oder Ungarn ab; andere – vor allem Juden – versuchten jedoch noch bis Anfang 1940, die zunehmend stärker bewachte deutsch-sowjetische Grenze Richtung Osten zu überqueren. Insgesamt, so die Schätzungen, brachten sich bis zu 500 000 Menschen nach Ostpolen in vermeintliche Sicherheit.

Im Frühjahr 1940 kam es auf Wunsch Moskaus zur offiziellen Rückführung von 66 000 polnischen Staatsbürgern in das deutsch besetzte Gebiet. Obwohl sich mehr Juden als Polen bei den Repatriierungskommissionen gemeldet hatten, befanden sich unter den Rückkehrern letztlich nur 1600 Juden, da die

Das Zeitgeschehen

deutsche Besatzungsmacht ihre Wiederaufnahme im Prinzip verweigerte.

Die große Mehrzahl der jüdischen Flüchtlinge verblieb also im sowjetischen Herrschaftsbereich. Jene, die sich nach einer Anwerbekampagne um die Jahreswende 1939/40 bereit erklärten, zur Arbeit in den Donbass und in andere Industriezentren der Sowjetunion umzusiedeln, erhielten die sowjetische Staatsbürgerschaft, wenn auch mit gewissen Einschränkungen. 70 000 Menschen, die die sowjetische Staatsbürgerschaft abgelehnt hatten, wurden im Juni 1940 zwangsweise in sowjetische Lager deportiert.

Ein Teil der polnischen Juden verließ die Sowjetunion – nach Ausbruch des deutsch-sowjetischen Krieges im Sommer 1941 – als Mitglieder der aus polnischen Kriegsgefangenen und Deportierten rekrutierten Anders-Armee. Andere polnische Juden wurden Mitglied der prosowjetischen, sogenannten Berling-Armee. Von den restlichen deportierten Juden kehrten 140 000 Menschen ab dem Herbst 1945 aufgrund einer Vereinbarung zwischen Moskau und der neuen polnischen Regierung aus der Sowjetunion zurück. Die meisten von ihnen wurden in dem westwärts verschobenen polnischen Staat vorwiegend in Niederschlesien und Stettin angesiedelt.

Rückkehr nach Zion

Die lange Flucht des Adam Szejwac

Er war fest davon überzeugt, er müsse gehen. Dabei hatte er noch keine Armbinde zu tragen, die Eltern besaßen noch ihr Vermögen, Juden durften noch mit der Bahn fahren und jüdische Köche, Kellner, Künstler noch ihrer Arbeit nachgehen. Noch fürchtete niemand die Einweisung in Gettos, und erst recht dachte niemand an den Tod. Dennoch war er überzeugt – er müsse gehen.

Seit die Deutschen am 29. September 1939 in Warschau einmarschiert waren, hatte sich das Leben grundlegend geändert. Juden mussten den Bürgersteig für Deutsche freigeben, ihre Geschäfte mit einem Davidstern kennzeichnen, sie wurden aus der Textil- und Lederbranche vertrieben und durften nicht mehr als 250 Zloty wöchentlich von ihren Konten abheben. Er hatte zwar geahnt, was kommen würde. Immerhin hatte er im Elternhaus die jiddischsprachige Zeitung »Moment« gelesen und von den 18 000 »Ostjuden« erfahren, die Hitler im Oktober 1938 aus Deutschland ausgewiesen hatte, nachdem sie durch eine Verordnung der polnischen Regierung staatenlos geworden waren. Von den Deutschen mit gezückten Revolvern aus Deutschland vertrieben und von polnischen Soldaten mit aufgepflanzten Bajonetten jenseits der Grenze empfangen, hatten sie zusammengepfercht in Sammelunterkünften hausen müssen, wenn sie nicht von Mitgliedern der jüdischen Gemeinde in Posen und Kalisch aufgenommen worden waren. Er hatte auch von der Reichskristallnacht im November 1938 gelesen, als in einer Nacht fast zweihundert Synagogen und achttausend Geschäfte in Deutschland zerstört worden waren. Juden, das wusste er seitdem, waren für das Naziregime eine rechtlose Masse, die es auszugrenzen, abzuschieben, zu entfernen galt.

Als dann die eigene Familie die Gewalt zu spüren bekam, bestürzte es ihn dennoch. Was hatte sein Vater denn verbrochen, dass er einfach auf der Straße abgefangen und, in Anzug und weißem Hemd, eingereiht wurde in die lange Schlange von Juden, die den Brand der Kokshalden im Gaswerk des Stadtteils Wola zu löschen hatten? Warum, wenn nicht aus reiner Bösartigkeit und Menschenverachtung, wurde er trotz seiner 52 Jahre gezwungen, schwere, mit Sand gefüllte Eimer weiterzureichen wie ein Roboter – Wendung des Oberkörpers nach links, Annahme des schweren Behälters; Drehung des Oberkörpers nach rechts, Weitergabe des schweren Behälter –, 48 Stunden lang, bei Wasser und Brot, bis die Glut erstickt war?

Und was hatte sich jener alte Jude zuschulden kommen lassen, der zwei jungen SS-Offizieren auf der Chłodna-Straße begegnet war? Die deutschen Besatzer waren mit lautem Gelächter auf den Alten zugegangen, hatten ihm den schwarzen Hut vom Kopf gestoßen, an seinem langen weißen Bart gezerrt, schließlich eine Schere aus der Tasche gezogen und die Haare des Alten unter hämischen Kommentaren abgeschnitten. Sie sollten sich schämen, hat er den SS-Offizieren in spontaner Empörung zugerufen und dafür einen Fußtritt erhalten, der ihn noch wochenlang an die demütigende Situation erinnerte.

»Ich fahre weg«, verkündete Adam Szejwac nach diesen Zwischenfällen zuhause. »Ich fliehe in den Osten.«

Adam Szejwac wurde 1917 in der Familie eines jüdischen Ladenbesitzers in Warschau geboren. Sein Vater besaß zwei Schuhgeschäfte; das eine, geführt vom Vater, lag in der Solna-Straße im Stadtzentrum, das andere, geführt von der Mutter, im Stadtteil Wola. Die Familie war nicht reich, aber doch wohlhabend; noch mit der jüdischen Tradition verbunden, aber nicht besonders religiös. Der Vater schickte seinen Sohn Adam zur Vorbereitung der Bar-Mizwa zwar zu einem Rabbi, damit er, wenn er religionsmündig würde, den Gebetsriemen und den Gebetsschal anzulegen verstünde, doch er selbst trug weder Tefillin noch Tallit, rasierte sich glatt und besuchte die Synagoge nur an hohen Feiertagen. Ähnlich die Mutter: Sie bereitete das koschere Essen immer noch in getrennten Töpfen für Fleisch und Milch zu und zündete am Sabbat-Abend beim Aufgang des ersten Sterns die Kerzen an, doch im Übrigen schenkte sie dem Arbeitsverbot am Sabbat keine sonderliche Beachtung und trug auch keine Perücke nach Art der orthodoxen Jüdinnen.

Wie viele Juden in den großen Städten befanden sich auch Adams Eltern auf dem Weg zur Assimilation. Untereinander sprachen sie Jiddisch, mit ihren vier Kindern aber Polnisch. Polnisch war auch die Unterrichtssprache auf dem staatlich-jüdischen Kryński-Gymnasium, das Adam Szejwac Mitte der dreißiger Jahre mit dem Abitur abschloss. Sein Polnisch war akzent- und fehlerfrei, sein nur als Fremdsprache gelerntes Hebräisch bruchstückhaft und ungenügend. Als er später nach Israel ausreiste, musste er die Sprache von Grund auf lernen.

Anders als die Eltern hatte Adam kein Interesse an Geschäften. Von Jugend an faszinierten ihn Technik und handwerkliches Können. Nach dem Abitur absolvierte er daher eine Lehre als Dreher und besuchte abends Weiterbildungskurse, bei denen er einen Abschluss als Techniker erwarb. Danach war er qualifiziert – aber unerwünscht. Er versuchte es hier, er versuchte es dort. Doch regelmäßig erhielt er nach den Vorstellungsgesprächen den Bescheid, als Jude könne er nicht mit einer Stelle in einem polnischen Betrieb rechnen. Das war Ende der dreißiger Jahre, als junge, angriffslustige Nationaldemokraten antijüdische Kampagnen durchführten und potenzielle polnische Käufer zum Teil mit Gewalt am Betreten jüdischer Geschäfte hinderten. Adam sah sie in der großen Marszałkowska-Straße in Aktion, ohne dass die Polizei eingegriffen hätte.

Als der Krieg ausbrach, war er bereits ein Jahr arbeitslos.

Der Stadtteil Wola, in dem die Familie wohnte, war kaum von Bombenangriffen bedroht, das Stadtzentrum umso mehr. Um die Waren vor Plünderungen zu schützen, übertrug Vater Szejwac seinem älteren Sohn daher die Betreuung des Geschäfts in der Solna-Straße. Nicht einmal nachts verließ Adam den Laden. Es hätte ihn treffen können, sagt Adam Szejwac, doch Angst habe er nicht gespürt und nie sei er in einen Keller geflüchtet, obwohl die Messerschmitt-Flugzeuge gefährlich tief zogen, viele Häuser um ihn herum in Flammen standen und der Benzingeruch der Brandbomben in den Straßenschluchten hing. Drehten die Bomber ab, trat er wie nach einem schweren Gewitter vor die Tür, stellte mit Genugtuung fest, dass er wieder einmal davongekommen war – und öffnete das Geschäft. Wo das Leben überdauert hatte, verlangte es nach seinem Recht.

Nicht nur Juden haben sich damals zur Flucht entschlossen, aber Juden vor allem. Und sie flohen weit öfter in den Osten als in den Westen. Auch Adam entschied sich für die Sowjetunion, denn »irgendwie«, sagt er, »fühlte ich mich links«. Dass die Eltern ihn nicht begleiten würden, stand von Anfang an fest. Sie wollten ihre Geschäfte nicht aufgeben. »Aber nimm deinen Bruder mit«, bat die Mutter eindringlich. Salomon, genannt Salek, war siebzehn. Doch Adam lehnte ab.

Sein Fluchtplan war allein auf ihn zugeschnitten. Erstens – so hatte er beschlossen – würde er am 1. November fliehen, an Allerheiligen, wenn alle polnischen Familien die Gräber ihrer Verwandten auf den Friedhöfen aufsuchen, die Städte und Dörfer voller Leben, die ländlichen Gegenden hingegen still und wenig kontrolliert sein würden. Zweitens würde er mit dem Fahrrad fahren, auf den schmalen Pfaden entlang der Eisenbahnstrecke Warschau–Białystok, was die Orientierung zur deutsch-sowjetischen Grenze erleichtern würde. Und drittens würde er die Mütze aus seiner Gymnasialzeit tragen, da sie der Kopfbedeckung der Eisenbahner zum Verwechseln ähnlich war. Wie hätte er den Bruder unter solchen Umständen mitnehmen können? Ein Siebzehnjähriger als Begleiter eines Bahnarbeiters hundert Kilometer auf dem Rücksitz eines Fahrrads? »Nein«, sagte Adam zur Mutter. »Ich fahre allein.«

Und die Mutter schwieg. Weder hat sie ihn danach in seinem Alleingang unterstützt noch gebeten zu bleiben. Sie weinte nur, als er sich verabschiedete. Und bei Adam meldete sich später in der Sowjetunion, als er die vielen Flüchtlinge im Alter seines Bruders sah, das schlechte Gewissen. Vielleicht hätten sie es doch gemeinsam schaffen können. Vielleicht hätte auch der Bruder eine sichere Zuflucht gefunden.

Die einzige Erinnerung, die Adam Szejwac an seine Familie besitzt, ist das vergilbte, an den Rändern mehrfach eingerissene Schwarz-Weiß-Foto, das er kurz vor seiner Abreise aufnahm und fortan wie eine Reliquie in der ledernen Brieftasche trug. Da sitzen sie um den festlich gedeckten Mittagstisch herum: der Vater, ernst und gewichtig im dunklen Anzug, die kleine Schwester Miriam, genannt Marysia, feierlich mit einem weißen Spitzenkragen. Schwester Irka, ebenso vollbusig wie die Mutter, lächelt freundlich in die Kamera, während Bruder Salek verlegen auf den Teller blickt. Sie alle suchten ihre Trauer zu überdecken. Wann und wie würden sie wieder Kontakt aufnehmen können? Wie lange würden sie getrennt sein? Unter welchen Umständen würden sie sich wiedersehen? Sie fürchteten Schlimmes, obwohl noch niemandem in den Sinn kam, es könnte ein Abschied für immer sein.

Der 1. November war ein feuchter, windiger, grauer Tag. Adam hatte sich nicht geirrt. Die wenigen Deutschen, die die Brücken über den Schienen kontrollierten, winkten ihn durch – sollte der Eisenbahner seinen Dienst verrichten. Auf den Straßen aber kontrollierten sie. Adam erfuhr es später von anderen Flüchtlingen. So hatten deutsche Wachposten gut 50 Kilometer hinter der Hauptstadt eine Art Schlagbaum errichtet: »Führen Sie Waffen oder Gold bei sich?«, wollten sie wissen. Die Durchsuchung der wenigen Reisenden war eher oberflächlich, die meisten konnten ungehindert passieren, um etwas später wieder angehalten zu werden: »Habt ihr Waffen oder Geld bei euch?« Auch Polen, unrasiert und in verdreckten Militäruniformen, versuchten im Schutz der Dunkelheit, von den Reisenden zu profitieren. Ihre Durchsuchung der Pferdefuhrwerke war fast rabiater als die der Deutschen. Aber Waffen trugen die Flüchtlinge nicht bei sich, und das Geld und den Schmuck hatten sie gut versteckt.

Es war Abend, als Adam das etwa 100 Kilometer nordöstlich von Warschau gelegene Dorf Małkinia erreichte. Er kannte niemanden, klopfte gleich an die Tür der ersten Hütte am Dorfrand und erklärte dem offenkundig gar nicht sonderlich verdutzten Bauern: »Ich möchte ein Geschäft mit Ihnen machen: Wenn Sie mich über die Grenze bringen, erhalten Sie mein Fahrrad als Lohn.«

Hatte Adam allerdings darauf gesetzt, mit einer so fürstlichen Entlohnung wie dem Fahrrad den ärmlich gekleideten Mann in die Pflicht nehmen zu können, dann hatte er sich geirrt. In der Dunkelheit führte ihn dieser zwar in ein nahe gelegenes Wäldchen, doch dann zeigte er mit seinem Finger nach Osten: Dahin, so die Geste, führe der Weg, den der Flüchtling nun allein zu beschreiten habe.

Adam fühlte sich betrogen, war wütend und enttäuscht, doch zurück konnte und wollte er nicht, auch beim nächsten Führer hätte er hereinfallen können. Also tastete er sich allein weiter in dem unsicheren Grenzstreifen zwischen der deutschen und der sowjetischen Besatzungszone und lief prompt einem russischen Soldaten in die Arme.

Wohin er wolle, fragte der junge Russe.

Nach Białystok, erklärte Adam wahrheitsgemäß, da angesichts seiner Lage jede Lüge als offenkundige Ausflucht erschienen wäre.

Ob er nicht wisse, hakte der Russe nach, dass diese Stadt bereits im sowjetischen Machtbereich liege und der Grenzübertritt verboten sei.

Das sei ihm bekannt, gab Adam zu. Aber er habe Verwandte dort.

Eine Pause trat ein. Was geklärt werden musste, war geklärt. Adam erwartete schon, nun auf die nächste Wache im Osten abgeführt oder zurück nach Westen geschoben zu werden. Doch da erkundigte sich der Russe unvermittelt nach Adams Beruf.

Er sei Dreher gewesen, erwiderte Adam und zeigte die Hände, die trotz monatelanger Arbeitslosigkeit noch fest und rau waren wie Arbeiterhände.

Vielleicht war da plötzlich ein Gefühl von Solidarität, weil sich ein Arbeiter einem anderen Arbeiter gegenüber glaubte. Vielleicht war die Frage nach dem Beruf auch ein Ablenkungsmanöver, das dem Russen erleichterte, die Dienstvorschriften zu missachten und den Flüchtling nicht zu langwierigen Verhören mit auf die Wache nehmen zu müssen. »Geh«, befahl er jedenfalls plötzlich – und der verdutzte Adam ging. Ging einfach in eine Richtung, die er für Osten hielt, immer weiter durch die Nacht, über Felder, durch Wälder, ohne auf eine weitere Patrouille zu stoßen, und erreichte, erschöpft, aber erleichtert, nach 13 Kilometern den Ort Zaręby Kościelne – schon außerhalb des Grenzstreifens auf sowjetischem Gebiet.

Wie viel Glück er gehabt hatte, begriff Adam Szejwac erst später in Israel, als er ganz andere Geschichten vom illegalen Grenzübertritt hörte. Manche Juden waren von den Deutschen gefasst und zur Zwangsarbeit ins Deutsche Reich geschickt worden. Andere Juden waren zwischen den Sowjets und den Deutschen hin und her geschoben und stunden-, manchmal tagelang auf beiden Seiten verhört worden. Schließlich hatte es noch jene gegeben, die unvorsichtigerweise mit dem Zug direkt bis nach Małkinia gefahren waren.

So erzählte Aleksander B. aus der Gegend von Lodz, wie die Deutschen bereits auf sie gewartet hätten, als sie am 1. Dezember 1939 aus dem Zug stiegen. Polen und Juden seien getrennt worden, wobei Polen den Deutschen zugeflüstert hätten, wer ein Jude sei. Nur dieses eine Wort, behauptete Aleksander B., hätten die polnischen Denunzianten gekannt: »Jude«. Dann habe ein besonders brutaler Deutscher mit einem Eisenstab auf sie eingeschlagen, in einem Zustand des Rausches immer wieder auf die Köpfe gezielt, nur auf die Köpfe, sodass einigen die Schädeldecke geplatzt, ihr Gehirn herausgequollen und die Uniform des Mörders über und über mit Blut bespritzt gewesen sei. Glücklicherweise hatte sich Aleksander B. in dem Geschrei und Gedränge fortstehlen und das rettende Zaręby Kościelne auf sowjetischem Gebiet erreichen können.

Auf dem Bahnsteig von Zaręby Kościelne drängten sich Massen. Meist junge Männer, nur einige wenige junge Frauen mit Kleinkindern und Babys. Wenn ein Zug einlief – manchmal kam einer pro Tag, manchmal auch nur einer alle zwei Tage –, stürzten die Menschen auf die Türen zu, um zu den Glücklichen zu zählen, die nicht wegen heilloser Überfüllung zurückgestoßen wurden. Alle wollten nach Białystok, alle wollten ein Dach über dem Kopf, alle wollten Arbeit und Geld, um leben zu können. Adam stand mit vielen anderen eng gedrängt im Gang – doch er kam in Białystok an.

Aber auch Białystok war heillos überfüllt. Was nützte es ihm, dass er von einem Kollegen die Adresse eines Handelspartners besaß, dieser Handelspartner sich sogar als ausgesprochen freundlich und großzügig erwies, aber schon jeden Quadratmeter des Fußbodens in seinem weiträumigen Haus an Flüchtlinge vergeben hatte? Notgedrungen zog Adam in die Synagoge, bot sie ihm bei den eisigen Temperaturen im November und Dezember wenigstens ein Dach über dem Kopf. Dafür nahm er in Kauf, dass er kein Bett und keine Waschgelegenheit besaß und sich schnell Läuse in seiner Kleidung einnisteten.

Zunächst lief er noch Tag für Tag durch die Stadt, um Arbeit zu suchen. Vorbei an den großen Transparenten, die die »Befreiung West-Weißrusslands und der Westukraine vom Adels-Polen« verkündeten, vorbei an Lenin und Stalin, die in lässigen Hemden und schneidigen Stiefeln von überlebensgroßen Plakaten auf die »Befreiten« herabblickten. Vorbei auch an einem Meer roter Fahnen, die noch von den Feierlichkeiten zum 22. Jahrestag der Revolution 1917 zeugten.

Dann gab er auf. Es war sinnlos. Für so viele Menschen hatte Białystok keine Arbeit. Auch wenn es ihn weiter von Warschau und von den Eltern forttrieb, er musste weiter. Er gab der Werbung der Sowjetmacht nach und schrieb sich auf einer der Sammelstellen zur Arbeit im Innern der Sowjetunion ein. Fachleute, so wurde ihm gesagt, seien überall gefragt. Und im Unterschied zu vielen jungen Flüchtlingen konnte er auf eine abgeschlossene Ausbildung als Dreher und Techniker verweisen.

Ausgestattet mit etwas Taschengeld, das ausreichte, um sich in den zwei Wochen der Reise auf den Bahnhöfen mit Piroggen, Brot und Tee zu versorgen, gelangte er Anfang Januar 1940 nach Perwouralsk, einer aufstrebenden Industriestadt am europäischen Rand von Russland in der Oblast Swerdlowsk. Mit drei weiteren jüdischen Arbeitern aus Warschau teilte er sich ein Zimmer, wurde als Facharbeiter sofort der »Konsomolec«-Maschine in einem großen Röhrenwalzwerk zugewiesen und verständigte sich, solange er noch Russisch lernte, ohne größere Probleme mit seinem ukrainischen Meister, da das Polnische dem Ukrainischen sehr nahekommt.

»Mir ging es gut in Perwouralsk«, sagt Szejwac, denn er war nicht anspruchsvoll und sah, dass es den Einheimischen nicht besser ging als ihm. Aufgrund besonderer Leistungen als »Stachanow-Arbeiter« wurde er sogar über der Norm entlohnt, sodass er sich einen Anzug kaufen und in den ebenfalls als Auszeichnung gewährten Erholungsurlaub fahren konnte.

In Perwouralsk hat Adam auch Ela kennengelernt, seine spätere Frau, die wie er aus Polen geflüchtet war und mit einer Schubkarre schwere körperliche Arbeit auf einem Bau neben seiner Arbeitsstelle zu verrichten hatte. Durch Zufall lernten sie sich kennen – Adam hatte sie gebeten, einen Knopf an das eigens für den Erholungsurlaub gekaufte weiße Hemd zu nähen –, doch dann kamen sie sich näher und begannen miteinander »zu gehen«. Zunächst sperrte sich Ela gegen eine Heirat – sie war gerade achtzehn. Erst als Adam zur Musterung beim Militär gerufen wurde, gab sie seinem Druck nach: Sollte ihm etwas passieren – an wen hätte das Militär dann eine Meldung schicken sollen? So trugen sie sich im ZAGS ein, einer Art Standesamt, bei der die Eheschließung nicht einmal Zeugen erforderte. Weder einer Feier mit Freunden noch eines Glases Wodka hielten sie den Tag für würdig. Sie waren eben unsentimental, »links«, auch ohne Parteimitgliedschaft, Ela noch mehr als Adam.

Als sie sich im Frühjahr 1940 entscheiden mussten, ob sie sowjetische Ausweise beantragen wollten, gab es für sie kein Zögern. Ohne Ausweis keine Arbeit, ohne Ausweis keine Rechte. Ela und Adam wurden sowjetische Staatsbürger mit jüdischer Nationalität, um die sich im Unterschied zum polnischen Staat niemand zu kümmern schien. »Du musst dich doch nicht schämen, ein Jude zu sein«, hörte so mancher auf den sowjetischen Ämtern. »Wir sind hier nicht in der polnischen Adelsrepublik, wo die Minderheiten verfolgt wurden. In unserem Land besitzen alle dieselben Rechte, denn der Internationalismus herrscht.« Da die Sowjetunion so wenige Polen wie möglich im Lande haben wollte, wurden Juden geradezu zur Annahme der jüdischen Nationalität gedrängt und erhielten im Ausweis den Eintrag »nationalnost' jewrej« – jüdische Nationalität –, auch wenn sie sich in Polen bereits vom Judentum gelöst hatten.

Zu gleichberechtigten Bürgern wurden die Flüchtlinge jedoch keineswegs, denn viele mussten ihre Ausweise alle drei Monate verlängern und jedes Mal die endlosen Prozeduren auf den Behörden durchlaufen. Außerdem unterlagen viele den Paragrafen 11 und 38, wonach sie kein Wohnrecht in den Hauptstädten der Republiken, den größeren Verwaltungsgebieten (Oblasten) oder den sogenannten geschlossenen Städten besaßen.

Adam Szejwac bemerkte diese Einschränkung erst im Sommer 1941, nachdem er das Studium an der Mechanischen Fakultät in Swerdlowsk aufgenommen hatte. Da schreckten ihn eines Nachts Milizionäre im Studentenwohnheim auf. Was er in Swerdlowsk mache, wollten sie wissen. Ob er nicht wisse, dass der Aufenthalt in dieser Stadt für ihn verboten sei, da Swerdlowsk die Hauptstadt einer Oblast sei? Wenn sie ihn am nächsten Abend noch antreffen würden, so die Milizionäre, würden sie entsprechende Maßnahmen ergreifen.

Bis dahin hatte Adam nicht einmal bemerkt, dass sein Ausweis sich von denen der normalen Sowjetbürger durch den Paragrafen 38 unterschied. Da er einem Konflikt aus dem Wege gehen wollte, kehrte er am nächsten Tag in die Provinzstadt Perwouralsk zurück. Was sich für ihn, sagt er, überraschenderweise nicht als Nachteil herausgestellt habe. Denn Arbeit und Ausbildung konnte er in einem Institut der Leichtindustrie fortsetzen, das von Kiew in den Ural evakuiert worden war.

Ihr Vater, sagt Tochter Lusia, sei ein großer Optimist. Er blicke nicht zurück, sondern nach vorn – noch heute, im Alter von 89 Jahren. Er nehme die Dinge so, wie sie kämen, ohne sich mit Gedanken darüber zu quälen, was anders, was besser, was erfolgreicher hätte verlaufen können. Von den dunklen Seiten des Lebens wolle er sich die helle Grundstimmung nicht eintrüben lassen. So erscheine ihm im Rückblick das, was war, immer als gut. Zumindest in der Tendenz. Selbst die Zeit in der stalinistischen Sowjetunion.

Ja, auf den Baustellen in Perwouralsk hätten auch Russinnen gearbeitet, die dorthin verbannt worden seien. »Aber es gab keine Probleme mit ihnen.« Ja, es habe einen Versuch gegeben, ihn als Mitarbeiter des sowjetischen Geheimdienstes zur Ausspitzelung seiner Kollegen anzuwerben. Aber angesichts seiner Weigerung sei er fortan unbehelligt geblieben. Ja, 1943 seien auch polnische Kommunisten aufgetaucht, die ihm erzählt hätten, dass sie nach Perwouralsk strafversetzt worden seien. »Aber Angst im Alltag habe ich nicht bemerkt. Man musste nur seinen Mund halten.«

Das Schweigen hatte Adam gleich in der Anfangszeit gelernt. Wenn man zu viel redete, konnte man nicht nur bei den Staatsorganen, sondern auch bei den russischen Kollegen anecken. Einmal hatten sie sich im Röhrenwalzwerk in Perwouralsk mokiert: Es sei kein Wunder, dass die große Sowjetunion das kleine Finnland erst nach vier Monaten im März 1940 zur Kapitulation habe zwingen können. Die sowjetischen Soldaten hätten gesoffen bis zur Bewusstlosigkeit – da seien sie eben massenhaft in den Schützengräben erfroren. Als Adam diesen makabren Witz wenig später im Raucherzimmer wiederholte, schlug ihm plötzlich eisige Ablehnung entgegen: »Aber wenigstens haben sie für ihr Vaterland im Graben gelegen!« Während du, hörte Adam unausgesprochen dahinter als Volkes Stimme, zu feige warst, für dein Vaterland in den Krieg zu ziehen, und dich einfach abgesetzt hast.

Am stärksten hat sein Bild von der hilfsbereiten, letztlich bewundernswerten Sowjetunion die Geschichte von Klara getrübt, seiner Schwägerin, Elas zionistischer Schwester.

Nach der Flucht aus Polen in das sowjetisch besetzte Brześć war sie, da sie den sowjetischen Ausweis ablehnte, mit Mann und Kind Anfang Juli 1940 in die Autonome Sozialistische Sowjetrepublik Komi deportiert worden, in den dünn besiedelten, äußersten Zipfel Nordeuropas, der durch das Straflager Workuta traurige Berühmtheit erlangte. Ein gutes Jahr lang hatte sie in einer elenden Baracke gehaust, gefroren, gehungert und bis zur Erschöpfung Wälder gerodet. Wie sie überlebte, blieb Adam und Ela immer ein Rätsel. Erst recht empfanden sie es als Wunder, dass ihr Kind im Alter von drei, vier Jahren die Strapazen aushielt.

Nach der Amnestie im Spätsommer 1941, als allen Flüchtlingen aus Polen ihr Deportierten-Status erlassen wurde, durfte Klara zwar mit ihrem Kind auf eine Sowchose in das klimatisch günstigere Usbekistan umziehen. Doch sie selbst und das Kind begannen – offensichtlich als Folge des Lagerlebens – unter epileptischen Anfällen zu leiden, während ihr Mann wieder zur Zwangsarbeit in der »Trudarmija«, der Arbeitsarmee, eingezogen wurde.

Während Adam Szejwac eher ohnmächtig vor diesen Schicksalen stand, beschloss seine Frau zu handeln. Mochte sie als Sozialistin die politische Option ihrer zionistischen Schwester auch missbilligen, so war ihr die Familie doch wichtiger als Politik, zumal sie sich, auch wenn sie dreizehn Jahre jünger war, für Klara verantwortlich fühlte. Sie werde, erklärte sie, Klara und das Kind nach Perwouralsk holen. Adam hielt das Unterfangen für unmöglich, doch Ela besaß einen starken Willen, war fantasievoll und voller Chuzpe. Wenn sie sich etwas in den Kopf gesetzt hatte, setzte sie es durch.

Als Erstes besorgte sie sich eine »Komandirowka«, eine Dienstreise, vom Institut für Leichtindustrie in Perwouralsk, wonach sie beauftragt war, Studenten in jener Sowchose anzuwerben, in der ihre Schwester lebte. Auf der Grundlage dieses Dokumentes erhielt sie eine Fahrkarte. Die Kontrolleure im Zug hielten ihre Geschichte jedoch für wenig glaubwürdig – »Erzähl uns nicht, dass du irgendjemanden in einer Sowchose für ein wissenschaftliches Institut anwerben willst« – und warfen sie aus dem Zug. Einmal, zweimal, dreimal, viermal. Doch Ela stieg aus dem einen Zug aus und in den nächsten wieder ein. In Taschkent, schon fast am Ziel, brauchte sie, weil sie umstieg, eine »Kompassirowka«, einen Stempel auf der Fahrkarte, der die Weiterfahrt erlaubte. Abgeschreckt durch die lange Schlange vor dem Dienstfenster und gewarnt durch die Erfahrungen mit den bisherigen Kontrolleuren, verfiel sie auf eine andere Lösung. Sie sah die vielen verwundeten Soldaten, die in großer Zahl auf Tragen im Bahnhof lagerten, sah die Schwestern, die diese jungen Männer oft weite Strecken von der Front zu ihren Wohnorten begleiteten, und beschloss, sich ebenfalls als Begleitschwester anzubieten – bei einem Verletzten, der möglichst nah bei ihrer Schwester wohnte. So erreichte sie ihr Ziel mit einem Verwundetentransport. Adam erhielt wenig später eine Karte an die »Geliebte Elusia«. Während er in dem Absender einen neuen Verehrer vermutete und mit Eifersucht kämpfte, lachte Ela bei ihrer Rückkehr nur, hatte sich der verwundete Soldat doch einfach noch einmal bei ihr bedankt.

Sie schaffte es. Ihre Schwester Klara und ihre Nichte kamen nach Perwouralsk. Bei der Kleinen hörten die epileptischen Anfälle ganz auf, Klara musste ihre Attacken aber weiterhin mit Chinin dämpfen.

So schrecklich Adam und Ela die Erfahrungen von Schwester und Schwager in der Sowjetunion damals auch erschienen, so wenig konnten sie ihre grundsätzliche Haltung gegenüber ihrem Gastland infrage stellen. Dank Stalin, pflegte Ela ihren beiden Töchtern später zu sagen, hätte sogar Klara überlebt. Dank Stalin seien sie nicht vergast, nicht verbrannt, nicht ermordet worden. Dank Stalin habe sie, Ela, sogar arbeiten, Geld verdienen und studieren können. Zum sowjetischen System standen Ela und Adam also nicht in prinzipiellem Widerspruch. Allerdings hegten sie die Hoffnung, die polnische Variante des Kommunismus würde solche Repressionen wie in der Sowjetunion vermeiden können.

Als sich nach Kriegsende aufgrund des Repatriierungsabkommens zwischen polnischer und sowjetischer Regierung die Möglichkeit zur Rückreise eröffnete, ließen sie sich daher sofort registrieren. Nicht einmal jener sowjetische Offizier konnte sie umstimmen, der sie im Zug bei Lemberg fassungslos anstarrte:

Nach Polen wollten sie zurück? Hätten sie denn nicht vom Pogrom in der Stadt Kielce gehört, bei dem eine Woche zuvor 42 Juden ermordet und weitere 80 verwundet worden seien, weil eine dumpfe Menge immer noch an Ritualmorde glaube und überzeugt gewesen sei, ein achtjähriger Pole sei entführt worden, damit sein Blut der Herstellung von Matze diene?

Das habe der Pöbel veranstaltet, beruhigte Adam Szejwac sich und seine Frau. Das sei das Werk einer unaufgeklärten Bevölkerung gewesen, die in ihrem Vorkriegsantisemitismus von den Nationalsozialisten noch bestärkt worden sei. Eben diesen Strömungen würden die Kommunisten jetzt den Kampf ansagen. Und so reisten sie weiter über Posen nach Niederschlesien, wo Elas Schwester sich mit ihrer Familie bereits in Gottesberg/Boguszów niedergelassen hatte – in einem von seinen Besitzern gerade verlassenen »postdeutschen« Haus mit »postdeutschen« Möbeln und »postdeutschem« Geschirr.

Ela und Adam Szejwac hatten gegen Schlesien als Wohnort keine Einwände. Warum hätten sie zurückkehren sollen in ihre Geburtsstadt? Wonach hätten sie suchen sollen? Wussten sie doch, dass nahezu alle Warschauer Juden in den Konzentrationslagern von Treblinka und Auschwitz umgekommen waren. Vielleicht würde ihnen der Neubeginn in einer fremden Stadt sogar leichter fallen. Außerdem mussten sie in den angeblich »wiedergewonnenen« Gebieten nicht solche Spannungen um das Eigentum fürchten wie in Zentralpolen, wo Polen sich – legal oder illegal – in jüdischen Wohnungen niedergelassen hatten und sie teilweise gewalttätig verteidigten. Arbeiten und lernen, das Wichtigste in ihrem Leben, konnten sie auch in Gleiwitz, wo Adam 1949 und Ela 1952 das Polytechnikum abschlossen.

Die Studienzeit hat Adam endgültig von der Überlegenheit des Kommunismus überzeugt. Die Vergangenheit: Das waren die reaktionären, nationalistischen Kommilitonen, die aus Lemberg nach Oberschlesien umgesiedelt worden waren. Antisemiten, die bei den Vorlesungen die Plätze rechts und links neben ihm frei ließen und immer nur abschätzig vom Juden mit seiner »Goj-Frau« redeten, vom Juden, der die Nichtjüdin geheiratet hatte – denn Ela ging mit ihrem Aussehen als Polin durch, neben ihr blieb nie ein Platz frei. Die Zukunft: Das war die kommunistische Zelle am Polytechnikum, die Vorträge mit klugen Referenten organisierte und ihm für den langen Weg nach Hause in gehörigem Abstand immer einen jungen Mann beigesellte – einen Begleitschutz gewissermaßen, der darauf zu achten hatte, dass niemand unter den Lemberger Studenten auf die Idee käme, sich an dem »Juden mit der Goj-Frau« zu vergehen.

Damals ist Adam der Kommunistischen Partei beigetreten. Nicht aus Opportunismus, um seine berufliche Karriere zu fördern. Nicht aus ideologischem Eifer, der ihn eine Funktionärstätigkeit hätte anstreben lassen. Er war und blieb in erster Linie Ingenieur, Fachmann, Werktätiger, der seine Arbeit liebte und nie zugunsten einer Parteitätigkeit auf sie verzichtet hätte. Aber die Partei erschien ihm als Garant dafür, dass seine jüdische Herkunft eines Tages keine Rolle mehr für sein ziviles Leben spielen, dass sie auf keinen Fall mehr gegen ihn gekehrt werden würde. »Ich fühlte mich nicht mehr als Jude«, sagt Adam Szejwac. Und sah sich in den nächsten Jahren tatsächlich nur noch nach seiner fachlichen Qualifikation gefördert.

Von Gleiwitz wurde er nach Warschau ins Ministerium für Leichtindustrie berufen, stieg vom Vizedirektor zum Direktor der Produktionsabteilung auf und wurde später Direktor der Investitionsabteilung. Für seine Leistungen erhielt er sogar das Silberne Verdienstkreuz. Nun war er Teil der Nomenklatura, verfügte über ein Dienstauto mit Fahrer, fuhr auf Dienstreisen in die Bruderländer nach Prag und Ostberlin, hatte Anspruch auf eine privilegierte medizinische Versorgung in den »Omega«-Kliniken und wurde bei Bedarf mit Medikamenten aus dem Westen versorgt.

Dem äußeren Anschein nach ging die Familie mehr und mehr in ihrem polnischen Umfeld auf.

Adam und Ela schmückten zu Weihnachten wie alle anderen einen Tannenbaum und feierten den Heiligabend regelmäßig mit der Familie eines polnischen Freundes, des Einzigen, der sich in Gleiwitz neben Adam zu setzen gewagt hatte. Sie besuchten nicht die Synagoge, zündeten am Sabbat-Abend keine Kerzen an und sprachen weder von Auschwitz noch von Treblinka. Dass sie an Pessach Matze aßen, die Adam von der jüdischen Gemeinde holte, weil eine Nachbarin ihn darum bat, war dem Verständnis von Tochter Lusia nach Folge seiner privilegierten Stellung, tauchten im Haushalt doch öfter Dinge auf, über die andere Kinder nur staunten. Wer besaß beispielsweise eine so schöne Puppe mit Augenaufschlag, wie sie ihr der Vater aus Ostberlin mitgebracht hatte? Dass sie nicht zum Religionsunterricht ging, den das kommunistische Polen gerade wieder erlaubt hatte, erschien ihr auch nicht auffällig, da andere Kinder aus kommunistischen Familien ihn ebenfalls nicht besuchten. »Wir sind Atheisten«, hatte die Mutter gesagt – das reichte ihr als Erklärung.

Doch unverhofft holte die jüdische Vergangenheit die Familie wieder ein. Das muss Anfang 1956 gewesen sein. Da sah die neunjährige Lusia bei einem Spaziergang im Sächsischen Garten eine Mitschülerin aus dem Ballettkurs auf sie zukommen. Ein Mädchen in ihrem Alter, mit wunderschönen krausen, schwarzen Haaren und einem dunklen Teint.

»Sieh mal«, klärte Lusia ihren Vater aufgeregt auf. »Dort kommt eine Jüdin.«

Denn in der letzten Ballettstunde hatte das Mädchen verkündet, sie wandere nach Israel aus, denn sie sei Jüdin. Die Nachricht hatte große Aufregung hervorgerufen, denn was war eine Jüdin? Und wer kannte Israel?

»Du bist auch eine Jüdin«, gab der Vater Lusia daraufhin zu verstehen. Doch der Nachfrage »Was ist denn eine Jüdin?« wich er aus. »Das erklärt dir Mama später zuhause.«

Erst damals erfuhr Lusia, dass ihre Mutter 1948 von Schlesien aus nach Warschau gefahren war, um an der Einweihung des Denkmals zu Ehren der Aufständischen des Gettos teilzunehmen, und die Gedenkfeiern seitdem regelmäßig besuchte. Ohne den Mann und ohne die Tochter und ohne zuhause darüber zu berichten. Noch viel später kam heraus, dass die Mutter ebenso regelmäßig auf dem jüdischen Friedhof das Grab ihres 1936 verstorbenen Vaters besuchte. Ohne den Mann und ohne die Tochter und ohne zuhause darüber zu berichten.

Sie hatte das »Jüdische« zu ihrer Privatsache erklärt, das sie nicht nur vor der Öffentlichkeit, sondern sogar vor Tochter Lusia verheimlichte. Sie spürte das Bedürfnis, den toten Juden ihre Ehre zu erweisen, weil Schmerz und Trauer noch in ihrer Seele wohnten, wollte die jüdische Tradition aber auf keinen Fall wachhalten oder gar an die nächste Generation weitergeben. Anders als ihre zionistische Schwester, die die Ausreise nach Israel betrieb, wollte sie im Polentum aufgehen und die Herkunft vergessen.

Bis sie von anderen daran erinnert wurde.

Angeblich hatte Adam Szejwac auf einer Versammlung im polnischen ›Tauwetter‹ 1956 zu viele Fragen gestellt. Doch jeder wusste, dass er seine Stelle als Direktor im Ministerium für Leichtindustrie wegen seiner jüdischen Abstammung verlor. Genauso wie Józef Korngut, der im selben Haus ein Stockwerk unter ihm wohnte. Juden wie sie, an herausgehobenen Stellen in Partei, Regierung und Verwaltung, vor allem aber Juden im Sicherheitsapparat wurden plötzlich pauschal zu den Schuldigen für den Stalinismus erklärt, zum Sündenbock, der es der Gesellschaft ermöglichte, einer Reflexion über ihre eigene Verflechtung mit dem System zu entgehen. Es sei doch klar, so hieß es nun, dass Juden, weil sie »Kosmopoliten« seien, die polnischen Belange gering, die Moskauer Interessen aber umso höher geachtet hätten. Dass sie das Polentum sogar unterdrückt hätten, weil sie seine Widerständigkeit gegen das sowjetische System hätten brechen wollen. Daher liege es doch auf der Hand, dass die Juden von der Macht zu entfernen seien, damit sich endlich die polnische Form des Sozialismus durchsetzen könne, die den blinden Gehorsam gegenüber Moskau abschaffen und mehr Freiheiten gewähren würde. Und Adam, der den Kommunismus gewählt hatte, weil er die Gleichstellung aller Nationalitäten versprochen hatte, sah sich plötzlich ausgegrenzt, weil sich der Kommunismus des Nationalismus bediente.

In seinem ungebrochenen Optimismus meinte er zwar, die Kampagne werde vorbeigehen und sie würden leben wie zuvor. Er hätte gern abgewartet. Doch Ela erklärte in der ihr eigenen Kompromisslosigkeit: »Wenn ich in Polen nicht als Jüdin leben kann, wandere ich nach Israel aus.« Sie wollte ihrer zionistischen Schwester folgen, die sich bereits im Heiligen Land niedergelassen hatte. »Wenn du nicht mitkommst«, drohte sie ihrem Ehemann, »fahre ich allein.« Und da Adam die Hartnäckigkeit seiner Frau kannte, gab er nach.

Zwei Mal wurde ihnen die Ausreise verweigert, die zweite Ablehnung nach der Fürsprache eines prominenten Parteifreundes jedoch zurückgezogen. Danach musste es schnell gehen: Die Ausreise hatte im Laufe eines Monats zu erfolgen. Adam und Ela kündigten ihre Arbeitsstellen, gaben die Wohnung auf und packten Kleidung, Dokumente und wichtige Gebrauchsgegenstände in einen kleinen Container. Die Arbeitskollegen verabschiedeten

Adam sehr herzlich – sie wussten, ihm war ein Unrecht geschehen. Mit sehr ambivalenten Gefühlen verließ Adam Polen zum zweiten Mal. Dieses Mal für immer.

Vielleicht, sagt Adam, sei Eretz Israel (Land Israel) ihre Bestimmung gewesen. Der Nachname Szejwac, so habe ihm ein Bekannter erklärt, stamme von den beiden hebräischen Wörtern »schiwat« und »zion« – Rückkehr zu Zion. Sie, die sie sich schon auf dem Weg der Assimilation befunden hätten, seien zurückgekehrt zum Judentum. Israel sei tatsächlich seine Heimat geworden.

Und in Israel habe er auf wundersame Weise das erste Mal Auskunft über das Schicksal seiner Familie erhalten.

Es war auf der Hochzeit seiner jüngeren Tochter Ola. Da fand sich unter den Gästen des Bräutigams eine Frau mittleren Alters, die, als sie den Familiennamen der Braut hörte, verwundert die Augenbrauen hob.

Szejwac?, vergewisserte sie sich. Habe der Vater der Braut vielleicht eine Schwester gehabt?

Zur Sicherheit hinterließ sie ihre Telefonnummer.

Adam Szejwac hat sie nur wenig später mit Tochter Lusia besucht, denn sie wohnte in Tel Aviv ganz in seiner Nähe. Abends um acht Uhr kamen sie bei ihr an, nachts um ein Uhr haben sie sich von ihr verabschiedet. Diese Frau, so stellte sich heraus, war im Warschauer Getto eine Freundin seiner Schwester Marysia gewesen.

Kennengelernt hatten sie sich bei der Arbeit in einem »Shop«, der Kriegsgüter für die Deutschen produzierte. Damals wurden sie unzertrennlich. Sie blieben zusammen, als im April 1943 der Aufstand im Getto ausbrach, sie suchten gemeinsam Schutz vor dem Rauch und den lodernden Flammen, die schließlich fast aus jedem Haus drangen, und sie flüchteten gemeinsam vor dem Gas, das die Deutschen in die Keller einleiteten, um die Insassen zu vergiften. Als sie schließlich von deutschen Soldaten aus einem Bunker in der Miła-Straße herausgezogen worden seien, sagte die Frau, hätten sie ihn gesehen, Salek, Adams jüngeren Bruder, mit nacktem Oberkörper, die Hände erhoben, im Rücken eine Handvoll Deutsche mit Gewehren im Anschlag. Nur einige Sekunden sei er in ihrem Blickfeld gewesen, dann seien sie weitergescheucht worden. Aber es sei allzu offensichtlich gewesen, was mit ihm geschehen würde.

Die Freundinnen kamen nach Auschwitz, überlebten das Konzentrationslager, überlebten auch den Todesmarsch und gelangten nach Holland. Dort haben sich ihre Wege getrennt. Die Frau ging mit einem jüdischen Soldaten nach Palästina, Marysia fuhr im Rahmen der Hilfsaktion »Bernadotte« mit dem Roten Kreuz nach Schweden. Schon bei ihrer Ankunft litt sie an Tuberkulose. So ist Miriam, genannt Marysia, am 14. Juli 1947 in Stockholm gestorben. Sie war siebzehn Jahre und drei Monate alt.

Adam Szejwac, der nie Nachforschungen über seine Familie angestellt hatte und nichts von der Geschichte des Judenmords wissen wollte, saß plötzlich im Flugzeug nach Stockholm, eilte auf den Friedhof, auf dem eine flache, schwarze Marmorplatte an seine Schwester erinnerte, und kniete vor Ergriffenheit auf der dichten Grasdecke nieder. Diese Szene hat Ela auf einem Foto festgehalten – aber leider kann er es nicht zeigen. Adam hat schon gesucht, die ganze Wohnung auf den Kopf gestellt. Er muss das Foto verloren haben. Oder irgendwo verlegt. Oder irgendwo vergessen. Ela kann er nicht mehr fragen, sie ist tot.

Ein Bekannter aus Stockholm hat ihm nun ein neues Foto geschickt: ein schlichtes Bild von der Marmorplatte auf dem Rasen. Ohne den knienden Adam. Ein Bild, das er vorzeigen kann.

»Das verbietet mir mein Stolz«

Wie Zofia Przybylska den Krieg in Polen überlebte

Zwangsumsiedlungen von Polen und Juden unter deutscher Besatzung

Nach der Besetzung Polens wurde am 26. Oktober 1939 die deutsche Hälfte Polens zweigeteilt: Die westlichen Gebiete mit Danzig im Norden über Posen und Lodz in der Mitte bis nach Oberschlesien im Süden sollten »germanisiert« werden – entsprechend wurden sie als neue Reichsgaue Danzig-Westpreußen und Wartheland dem Reich einverleibt. Der zweite Teil wurde zum sogenannten Generalgouvernement (»für die besetzten polnischen Gebiete«) erklärt und sollte als ein »Gau mit fremdsprachiger Bevölkerung« vor allem als Arbeitskräftereservoir dienen.

Die Eroberung von »Lebensraum im Osten« für das »Volk ohne Raum« (diesen Terminus propagierten die Nationalsozialisten seit Hans Grimms gleichnamigem Roman aus dem Jahre 1926) erwies sich als gewaltsam vorangetriebene Ausweitung deutschen Siedlungsraums bei gleichzeitiger Entfernung »minderwertiger« Volksgruppen. Die polnischen Eliten wurden verhaftet, landwirtschaftliches Vermögen und Firmen wurden der deutschen »Treuhandstelle« übereignet. Alle Polen sowie alle Juden, die der Intelligenz angehörten, größeres Vermögen besaßen oder Mitglieder in politischen Parteien oder patriotischen Organisationen waren, wurden zwangsweise umgesiedelt: Bis Ende 1940 erfolgte ihre Abschiebung ins Generalgouvernement, ab März

Das Zeitgeschehen

1941, als sich aufgrund der Kriegslage Transport- und Unterbringungsprobleme ergaben, wurden Polen *innerhalb* der Reichsgaue in sogenannte Polenreservate »umquartiert«.

Verantwortlich für die Durchführung der Volkstumspolitik wurde der Reichsführer SS, Heinrich Himmler; Anfang Oktober 1939 erfolgte seine Ernennung zum »Reichskommissar für die Festigung des deutschen Volkstums«. Die organisatorische Aufsicht über die Umsiedlung lag beim Sicherheitsdienst, der unterstützt wurde von Gendarmerie, Schutzpolizei, SA- und SS-Einheiten sowie dem Selbstschutz der in den eingedeutschten Gebieten ansässigen Deutschen.

Entsprechend den Unterlagen der Umwandererzentralstelle Litzmannstadt (Lodz) vom Oktober 1944 sind aus dem Wartheland, Danzig-Westpreußen, Oberschlesien und dem Gebiet Ciechanów 364 665 Personen ins Generalgouvernement und 474 213 Personen innerhalb der Reichsgaue umgesiedelt worden – insgesamt 838 878 Personen, davon schätzungsweise 70 000 – 80 000 Juden. Ein Teil der Umgesiedelten befand sich auch unter den insgesamt ca. 2,8 Millionen polnischen Staatsbürgern, die zur Zwangsarbeit ins Deutsche Reich geschickt wurden.

»Das verbietet mir mein Stolz«
Wie Zofia Przybylska den Krieg in Polen überlebte

Inzwischen zählt sie schon neunzig Jahre und hat fast das ganze 20. Jahrhundert durchlebt. Ihre Beine lassen sie zwar weitgehend im Stich, sodass sie das Haus nicht mehr verlassen kann und sich bei jedem Schritt auf einen Stock stützen muss. Doch der Geist ist wach, und das Gedächtnis ruft Namen, Adressen und Funktionen präzise ab wie ein Computer. Selbst Briefe und Dialoge haben sich ihm ins Gedächtnis eingeprägt wie die Rillen in die Schallplatte, und fände sie Gesprächspartner, sie könnte tagelang über ihr Leben erzählen.

»Meine Tochter will das aber nicht hören.«

»Aber wie oft«, sagt die Tochter, »kann man das anhören?«

Manche meinen, Zofia Przybylska, geborene Piasecka, hätte unverschämtes Glück im Leben gehabt. Vor allem im Krieg. Viele ihrer Landsleute litten Hunger, waren alltäglichen Schikanen ausgesetzt, wurden zur Zwangsarbeit ins Deutsche Reich geschickt, nicht wenige landeten im Konzentrationslager. Zofia wurde zwar kurz nach Kriegsausbruch zwangsweise aus dem Warthegau ausgesiedelt und musste fünf Jahre im Generalgouvernement leben. Doch sie hatte immer zu essen, wurde nie verfolgt und arbeitete recht privilegiert in einer Dienststelle der deutschen Besatzungsmacht. Sie muss Glück gehabt haben, viel Glück, meinen manche. Und ihr Ton verrät, dass sie gern wüssten, welchen Preis sie dafür bezahlt hat.

Ja, Zofia Przybylska hatte Glück, viel Glück im Krieg. Aber dieses Glück stand ihr vor allem in den ersten Wochen bei, als sie mit dem Personal der Eisenbahndirektion von Posen nach Warschau evakuiert wurde und der Zug während der Fahrt immer wieder bombardiert wurde, so dass er für die 300 Kilometer fünf Tage brauchte. Sie hatte Glück, als sie in Warschau festsaß, sich vor den zunehmenden Bombenangriffen nur in den Keller eines Wohnhauses flüchten konnte und überlebte, obwohl sie verschüttet wurde.

Danach lässt sich über den Anteil des Glücks an ihrem Schicksal schon streiten. Und es wäre die Frage zu stellen, wie weit sie sich selbst zu helfen wusste.

Zofia Przybylska stammt aus einer wohlhabenden Familie. Als Stationsvorsteher eines Rangierbahnhofs in der Nähe von Posen hatte sich Vater Ignacy neben der Dienstwohnung einen Garten mit Bienenstöcken angelegt, und in den Ställen gegenüber dem Wohnhaus hielt er Pferde und Kühe. Zofia wuchs mit drei älteren Schwestern – Marta, Marianna und Ignacja –, der jüngeren Schwester Anna sowie dem Bruder Józef auf. Vom Durchschnitt der Bevölkerung unterschied sich die Familie deutlich durch Bildung, Stellung und Einkommen. Zofia lernte früh, was eine standesgemäße Erscheinung erforderte. Fast schon war es ein Ritual, dass Mutter und Vater in das in der Zwischenkriegszeit polnische Wilna fuhren, um nach günstigen Pelzwaren Ausschau zu halten, und sei es nur nach Mänteln aus Kaninchen oder Maulwurf statt aus Zobel. Man zeigte Selbstbewusstsein, und man achtete auf das Äußere – noch heute lässt Zofia die Haare in einem satten Dunkelbraun färben und trägt die langen Fingernägel in dem kräftigen Rot der Bluse, die unter ihrem Trägerkleid hervorschaut.

Zofia zierte sich nicht eine Sekunde, als der Schuldirektor, der Priester und der Bürgermeister ausgerechnet sie unter den Schülerinnen und Schülern auswählten, um den Staatspräsidenten Ignacy Mościcki bei einem Besuch im Ort angemessen mit einem Gedicht zu begrüßen:

> *»Unser sehr geehrter und lieber Herr Präsident!*
> *Nicht nur einmal führten Dich Deine wahrhaft schwierigen Wege*
> *Durch wilde Rosen, dornige Pfade.*
> *Doch unbeugsam strebtest Du vorwärts*
> *Dientest treu der heiligen Idee.*
> *Seit Langem schon, o Herr, mühst Du Dich auf dem Feld*
> *Und ordnest mutig Deine Reihen neu.*
> *Sei uns gegrüßt!«*

Und Zofia erhob die Hand, um dem Orchester das Zeichen für den Einsatz zu geben: »Hoch soll er leben! Hoch soll er leben!«

Woher sie diese Sicherheit im Auftreten nahm? Sie weiß es nicht. Sie weiß nur, dass sie wohl von Anfang an unbewusst gegen die Rolle rebelliert haben muss, die ihr die Eltern zugedacht hatten, als sie ihr die Geburtsurkunde einer verstorbenen Schwester unterschoben. Sie sollte die Tote ersetzen, wie jene Zofia heißen und im November 1914 geboren sein, obwohl sie das Licht der Welt erst anderthalb Jahre später erblickte. Um die Doppelung nicht auf die Spitze zu treiben, riefen die Eltern sie allerdings von Anfang an Sonia. Zofia Piasecka, genannt Sonia, hat sie sich daher immer vorgestellt. Als Sonia fühlt sie sich nicht als Ersatz, sondern als eigenes Wesen, als jünger und anders als die Verstorbene, legitimiert zu einem Leben nach eigener Fasson.

Herausgekommen war die wahre Identität nur durch einen

Zufall. Durch eine unbedachte Äußerung der Mutter, die auf die Frage, an welchem Wochentag sie geboren sei, die damals Zehnjährige strahlend ansah und spontan antwortete: »An einem Sonntag. Und zudem noch zu Pfingsten.« Doch seit wann liegt Pfingsten im November?

Sonia hat nie nachgefragt, was die Eltern zu ihrem Schritt veranlasst hat. Für Beweggründe interessiert sie sich nicht; sie machen das Leben nur komplizierter. Warum soll sie sich mit einem Wissen belasten, das sie verunsichern oder ihr die Unbefangenheit nehmen könnte? Es habe sich nie Zeit gefunden, um die Mutter zu befragen, sagt sie, obwohl die Mutter erst 1950 starb. Später fand sich auch nie Zeit, um Schwester Marianna zu befragen, warum die Nationalsozialisten sie ins Konzentrationslager Auschwitz schicken wollten. Es gab zwar Gerüchte, aber die hat Sonia nie überprüft. Was sie nicht wusste, brauchte sie während des Krieges vor den deutschen Vorgesetzten nicht zu verbergen, und hätte man sie unter Druck gesetzt, hätte sie auch nichts verraten können. Wichtig war, Lösungen möglichst pragmatisch zu wählen und das eigene Leben im Blick zu behalten.

Seit das Familiengeheimnis gelüftet wurde, feiert Sonia ihren Geburtstag jedenfalls entgegen den Dokumenten nicht mehr im November, sondern im Juni, gibt als Geburtsdatum 1916 und nicht mehr 1914 an und ist sicher, dass es Gott, wenn er sie am Sonntag auf die Welt kommen ließ, gut mit ihr gemeint haben muss. Sie erhielt die Gabe, sich Respekt zu verschaffen, ohne als provokant zu erscheinen. Sie vermochte selbst schwierige Umstände zu ihren Gunsten zu nutzen und sich mit Verhältnissen zu arrangieren, ohne mit dem Schicksal zu hadern. Zwar hatte sie Pädagogik studiert und wollte Lehrerin werden. Aber da es sie dann in die Provinz verschlagen hätte, lehnte sie das Angebot zum Schuldienst »selbstverständlich« ab. Sie wollte in Posen bleiben, bei der Mutter und den jüngeren Geschwistern, für die sie nach dem Tod des Vaters am Jahresanfang 1937 eine besondere Verantwortung spürte. Da hat sie Staatspräsident Mościcki um Fürsprache gebeten und sich bei der Eisenbahndirektion in Posen beworben, dem einstigen Arbeitgeber ihres Vaters. Sie muss einen überzeugenden Eindruck gemacht haben, obwohl ihr die entsprechende Qualifikation anfangs fehlte.

»Können Sie auf der Maschine schreiben?«

»Nein.«

Aber sie lernte es. Und ihr Gehalt übertraf von Anfang an das einer Lehrerin.

So lebte sie für die Arbeit und die Familie und freute sich über berufliche Erfolge. Allerdings nicht lange. Am frühen Morgen des 1. September 1939 marschierte die deutsche Wehrmacht in Polen ein, in der Nacht zum 2. September wurde die Eisenbahndirektion Posen als militarisierter Betrieb nach Warschau evakuiert.

»Nimm deinen Pelzmantel mit«, sagte die Mutter, als Sonia sich zuhause verabschiedete, »auch wenn es noch warm ist.« Man wisse ja nicht, was noch komme. Vielleicht würde es kalt. Vielleicht müsse sie ihn in höchster Not einmal eintauschen. Und Sonia legte den Pelzmantel aus Wilna über den Arm und hütete ihn wie eine Lebensversicherung.

Es war eine eigentümliche Mischung aus dumpfer Untätigkeit und höchster Anspannung, die sie in den nächsten Wochen in Warschau durchlebte. Eine Bleibe fand sie zunächst bei einer Angestellten aus dem Verkehrsministerium. Ein Bett, ein Bad zum Waschen, ein Herd für den Tee und eine Suppe – das war für Evakuierte schon Luxus. Wenn kein Bombenalarm sie in den Keller flüchten ließ, vertrieb sich Sonia die Zeit im nahe gelegenen Ministerium. Sie langweilte sich. Gern ging sie daher auf den Vorschlag eines Kollegen ein, ihn auf dem Motorrad zu den Mokotów-Feldern zu begleiten, wo die Soldaten des Generals Juliusz Rómmel lagerten. Tapfere Männer, sagte er, die Verteidiger von Warschau. Zumindest mit Zigaretten könne die Zivilbevölkerung ihnen ihre Unterstützung zeigen. Da opferte auch Sonia einen Teil der bescheidenen Summe, die das Ministerium den Evakuierten zahlte, kaufte mal hundert, mal fünfzig Zigaretten der Marke »Junak« und die jeweils neueste Ausgabe der Tageszeitung »Życie Warszawy«, um die Soldaten mit ihren Geschenken aufzumuntern, obwohl der Weg zu ihnen sie Überwindung kostete. Mit ihrem Motorrad mussten sie sich durch Straßen schlängeln, in denen noch Feuer in den Häusern glomm, in denen Klaviere, Schränke, Tische zu Barrieren aufgetürmt waren, Kreuze, Blumen und Kerzen die Todesorte gefallener Soldaten und Zivilisten markierten und sich Menschentrauben um Pferdekadaver scharten, aus denen sie Fleischstücke herausschnitten. Zofia wandte den Blick immer ab, sie aß nur Makkaroni und Käse; vor Pferdefleisch ekelte sie sich.

Am 25. September war sie das letzte Mal auf den Mokotów-Feldern. Die Soldaten bereiteten ihren Rückzug vor. Mit 1200 Maschinen hatte die deutsche Luftwaffe den Angriff zur Eroberung der Stadt begonnen, das polnische Militär verfügte jedoch über keine Flak mehr, die die Bombardierungen hätte abwehren können, es besaß nicht einmal mehr Wasser, um die Brände zu löschen. Riesige Rauchwolken wölbten sich über der Stadt. Es war ein bitterer, aber für Sonia auch ein erhebender Abschied. Denn auf Vorschlag der Soldaten wurde sie für ihre treue Unterstützung als »Verteidigerin Warschaus« ausgezeichnet und erhielt die wertvollste Urkunde ihres Lebens, persönlich unterzeichnet von General Rómmel. Aber gerade einmal zwei Wochen konnte sie stolz auf sie verweisen. Dann zerriss Schwester Marianna das

Dokument voller Angst und Aggression und warf die Schnipsel in den Ofen: »Die Deutschen werden uns alle umbringen, wenn sie es finden!«

Für Sonia geriet der deutsche Angriff zum Albtraum. Als sie von den Mokotów-Feldern zurückkehrte, hatten sich die Bewohner ihres Hauses bereits in den Keller geflüchtet. Sonia hastete noch schnell in die Wohnung, ergriff den Pelzmantel, dann stürzte auch sie in das schützende Untergeschoss. Im größeren Raum hatten sich die Angestellten der gegenüberliegenden italienischen Botschaft eingefunden. Im kleineren Raum scharten sich die Polen ihres Wohnblocks um einen kleinen Betstuhl mit dem Bild der Muttergottes, das jemand aus seiner Wohnung heruntergetragen hatte. Sie beteten. Dass Gott die Bomben auf leere Felder fallen lassen und Menschen und Tiere verschonen möge. Dass Gott den Kelch an ihnen und der Stadt vorübergehen lassen möge. Dass Gott sie mit dem Leben davonkommen lassen möge.

Dass eine Bombe dann doch ausgerechnet ihr Haus traf, will Sonia nicht wahrgenommen haben. Es habe gar nicht gekracht, behauptet sie. Sie weiß nur, dass der Keller plötzlich geschwängert war von einem undurchdringlichen Staub, der ihr den Atem verschlug. Dass sie sich, den Pelzmantel fest an den Körper gepresst, den Weg zu bahnen versuchte zu den Treppenstufen, doch Steinbrocken den Ausgang versperrten. Jene, die im großen Raum gesessen hatten, lagen begraben unter der heruntergestürzten Decke. Jene, die sich im kleinen Raum aufgehalten hatten, drückten sich Tücher vor Mund und Nase, um nicht zu ersticken. Gepresst an einen Spalt im Mauerwerk, so winzig, dass gerade eine Stricknadel hineingepasst hätte, sog Sonia gierig einen feinen Lufthauch durch die Vorderfront ein. Sie wollte rufen, als sie im Freien die Stimmen von Männern vernahm, die nach Verschütteten suchten, brachte aber nur ein unartikuliertes Röcheln heraus. Doch die Männer entdeckten sie und hatten mit Spitzhacken nach einer guten halben Stunde genügend Ziegel aus der Mauer herausgeschlagen, um die Verschütteten herauszuziehen. Sonia kroch als Erste ans Licht, den Pelzmantel mit sich ziehend. Sie hatte überlebt.

Die darauffolgenden zwei Tage sind ein weißer Fleck in ihrem Gedächtnis. Was sie weiß, weiß sie allein aus den Erzählungen von anderen. Erst soll sie stundenlang auf den Treppenstufen eines Nachbarhauses gesessen haben, wohin die Helfer sie gezerrt hatten. Dann wollen Arbeitskollegen sie in einen unbeschädigten Raum im Palast des Grafen Brühl-Plater in der Wilcza-Straße geführt haben. Dort, so hieß es, habe Sonia stumpf auf der Ecke eines Sofas gesessen und vor sich hin gestiert. Sie habe nicht geantwortet, wenn sie angesprochen worden sei, habe jede Aufforderung ignoriert, sich zu waschen oder zu essen, ihren Blick nur manchmal teilnahmslos durch den Raum gleiten lassen, um dann, den Pelzmantel fest an sich gepresst, wieder in sich zusammenzusinken. Bis Herr Tarnawski kam, ein Mitbewohner aus ihrem Haus in Posen und ein Arbeitskollege aus der Eisenbahndirektion. »Was sitzt du hier herum!«, hat er sie mit rauer Stimme schon von der Tür her angeherrscht. »Bei diesem schönen Wetter geht man spazieren! Aber mit dir mag man sich gar nicht zeigen – wasch dich erst einmal!« Sie hörte die ihr bekannte Stimme, stand gehorsam auf wie ein Kind, wusch sich, schüttelte den Staub aus Kleidern und Haaren, zog trotz der Wärme den Pelzmantel über und schritt, fast wieder eine Dame, vorbei an rauchenden Trümmern, Gräbern, Pferdeleichen, obdachlosen, verzweifelten Menschen, vorbei an Schützengräben und Splittern abgeschossener polnischer Flugzeuge – und Herr Tarnawski schenkte ihr inmitten der Stille der Verwüstung ein buntes Halstuch und einen sonnengelben Hut.

Da hatte Warschau schon kapituliert.

»Für Hilfe ist es zu spät«, hatte Bürgermeister Stefan Starzyński einen Tag zuvor in seiner letzten Rundfunkansprache mit bitterer Stimme erklärt und gehofft, die untreuen Verbündeten in Paris und London würden ihn hören. »Bevor ihr hier eintrefft, wird nur noch eine Trümmerhalde existieren, ein platt gewalzter, mit Leichen bedeckter Platz. Aber wir erwarten Rache. Wir erwarten, dass ihr endlich den Kampf fortführt, den Warschau begonnen hat.«

Das Posen, das Sonia am 2. September 1939 verlassen hatte, war polnisch gewesen. Das Posen, in das sie am 10. Oktober zurückkehrte, war von Deutschen besetzt. In den Straßen patrouillierten deutsches Militär, deutsche Gendarmerie, SS- und SA-Einheiten und ein aus einheimischen Deutschen gebildeter Selbstschutz. Arthur Greiser, ein gebürtiger Danziger mit Polnischkenntnissen, war eingesetzt als »Reichsstatthalter« des »Reichsgaus Posen«, der später umbenannt wurde in »Reichsgau Wartheland«.

Sonia wusste bei ihrer Ankunft noch nicht, dass Hitler bereits zwei Tage zuvor bekannt gegeben hatte, dass die westlichen Gebiete des besetzten Polen in das Deutsche Reich eingegliedert und das restliche Gebiet als Generalgouvernement als Arbeitskräftereservoir errichtet werden sollte. Die Folgen dieser Entscheidung sollte die Familie jedoch sehr schnell zu spüren bekommen.

Bereits Mitte Oktober wurden alle Posener zum Einwohnermeldeamt in den Oberschlesischen Turm gerufen. Massen von Menschen drängten sich, um sich registrieren und taxieren zu lassen. Polnisch? Jüdisch? Ein Zigeuner? Oder volksdeutsch – also mit deutschen Vorfahren und deutschen Sprachkenntnissen?

Als Erste aus der Familie Piasecki wurde die Mutter befragt.

»Name und Vorname?«

»Piasecka, Wanda Walentyna.«

»Nachname und Vorname des Vaters?«

»Nowastowski, Bartłomiej.«

»Vorname und Mädchenname der Mutter?«

»Marianna, geborene Wunsch.«

Der Angestellte vom Einwohnermeldeamt, ein einheimischer Deutscher, der fließend Deutsch und Polnisch sprach, blickte Frau Wanda Walentyna fragend an: »Wunsch? Dann sind Sie eine Volksdeutsche!« »Nein, nein«, wehrte Frau Piasecka erschrocken ab. »Ich bin als Polin geboren, und ich werde als Polin sterben.«

Sie hatten sich nicht abgesprochen, doch sie antworteten alle gleich. Bruder Józef und alle vier Schwestern lehnten es ab, sich zu Volksdeutschen erklären zu lassen, weil eine Großmutter, die sie nicht einmal gekannt hatten, einen deutschen Namen getragen hatte.

In viele polnische Familien Westpreußens hatte vor dem Ersten Weltkrieg mal eine Deutsche oder ein Deutscher eingeheiratet. Immerhin hatte dieses Gebiet weit über hundert Jahre zu Preußen gehört, da waren viele Mischehen entstanden. Aber sollten die Nachkommen deswegen gleich die Nationalität wechseln? Manche Eltern hatten ihre Kinder sogar als Franz, Adalbert, Hedwig oder Sophie taufen lassen, mit Nachnamen trotzdem Maciejewski, Laskowski oder Maliniewicz geheißen und in der Kirche auf Polnisch gesungen »Ein freies Vaterland, o Herr, gib uns zurück«.

Jedenfalls fühlte sich auch Familie Piasecki trotz der deutschen Großmutter polnisch und sollte folglich zu den 35 000 Personen gehören, die für die Stadt als Kontingent zur Aussiedlung festgelegt worden waren. »Die Säuberung und Sicherung des Bereichs«, so hatte der Höhere SS- und Polizeiführer Posens Wilhelm Koppe mit Weisung vom 12. November 1939 verkündet, »ist erst dann erreicht, wenn die führende Schicht, die gesamte Intelligenz sowie alle politischen und kriminellen Elemente entfernt sind. Alle bewusst polnisch fühlenden Personen sind gleichfalls abzuschieben.«

Sie kamen immer am Abend oder in der Nacht – einige Soldaten mit einem Offizier oder einem Unteroffizier, dazu jemand von der SS, der Gendarmerie, von einem speziellen Polizeibataillon, dem Selbstschutz der einheimischen Deutschen oder mit einem Dolmetscher. Schrecken verbreitete sich in den Familien, sobald einer der fünfzehn, sechzehn, siebzehn Omnibusse, die tagsüber ungeduldig leer neben dem Großen Theater parkten, in eine Straße einbog: Vor welchen Hausnummern würde die »suka« halten? Denn »suka« – Hündin – hatten die Polen den Bus abschätzig getauft. Welche Familien wären dieses Mal betroffen?

Die »Evakuierungen« waren keine geheimen, möglichst geräuschlos durchgeführten Aktionen, von denen niemand Kenntnis erhalten sollte. Laut sollte es vielmehr zugehen, wenn die Uniformierten die Treppenhäuser hochstürmten und Einlass begehrten, indem sie mit den Gewehrkolben gegen die Wohnungstür schlugen. Manchmal lasen Volksdeutsche oder Dolmetscher auf Polnisch die Anordnung des Posener Stadtkommissars Dr. Gerhard Scheffler vom 23. Oktober 1939 vor: »Hiermit verfüge ich die Beschlagnahme der Wohnung des Auszusiedelnden mit allem Zubehör. Alle Möbel und Einrichtungsgegenstände einschließlich Betten und Bettwäsche müssen in der Wohnung bleiben. Allein persönliche Dinge wie Schmuck, Erinnerungsgegenstände, Kleidung, Wäsche und Toilettengegenstände dürfen mitgenommen werden.« Meist aber trieben die Soldaten die Bewohner in unflätigen Worten einfach zur Eile an. Je eingeschüchterter sie waren, desto schneller ließen sie sich in den Bus treiben. Hauptsache, sie erwischten sie. Oft konnten die Soldaten am Ende der nächtlichen

Einsätze nämlich nur zwei Drittel der Auszusiedelnden im Durchgangslager einliefern, die übrigen hatten sich zu Verwandten, Bekannten oder irgendwohin aufs Land abgesetzt. Enttäuschung und Wut über die Unbotmäßigen bekamen jene zu spüren, die in den Wohnungen geblieben waren. Und auch Sonias Familie wäre wohl beschimpft worden, wäre nicht zufällig ihr Schwager Klemens Klon zu Besuch gewesen, der in Berlin geboren war, fließend Deutsch sprach und als ehemaliger Kapitän der Grenzwache den Soldaten durch einen entsprechenden Ton schnell Respekt abnötigte.

Sie hätten nicht mit der Aussiedlung gerechnet, meint Sonia. Oder sie redeten sich ein, dass sie sicher nicht betroffen sein würden, bereiteten sich aber gleichzeitig für den unwahrscheinlichen Fall vor. Bruder Józef packte Wäsche, Zahnbürste, die wichtigsten Dokumente und einen warmen Pullover in einen Koffer und stellte ihn neben die Eingangstür: »Ich bin bereit, wenn sie kommen.« Mutter Wanda nähte sich die Ringe mit kleinen Brillanten, die sie ihren Töchtern zum Abitur geschenkt hatte, in den Büstenhalter. Bruder Józef versteckte mit Cousin Franek das Rosenthaler Geschirr und das Silberbesteck für zwölf Personen in zwei Löchern im Keller. Und Sonia trug Schmuck der Eltern und zwei kleine Goldrollen im Gewicht von einem Pfund und einem halben Pfund, die der Vater als Erbe hinterlassen hatte, auf den Friedhof und vergrub sie unter seiner Grabumrandung: »Denk daran, geliebtes Väterchen, das ist alles, was wir besitzen. Bewahr es gut für uns auf!«

Und dann kamen die Soldaten zu ihnen. In den wenigen turbulenten Minuten, die ihnen bei der Räumung ihrer Wohnung in der Marschall-Foch-Straße 125 am 12. Dezember 1939 blieben, konnten sie keinen klaren Gedanken fassen. Sollten sie möglichst viel Kleidung mitnehmen, um für alle Fälle gerüstet zu sein, oder aber möglichst wenig, um sich nicht zu belasten? Was würde wirklich wichtig sein? Aufgeschreckt liefen sie durch die Zimmer, und Schwester Marianna, die in der Schule Deutsch gelernt hatte, ließ sich auf einen heftigen Wortwechsel mit den ungeduldigen Soldaten ein. Schließlich wurden sie abgeführt, von Bruder Józef abgesehen nur mit den notwendigsten Toilettenartikeln ausgestattet, aber mit dicken Mänteln, denn es war Winter: Schwester Marianna, Schwester Ignacja, Sonia, Schwester Anna, Bruder Józef und Cousin Florian; Mutter Wanda musste von den Uniformierten auf einer Trage in den Bus gebracht werden, da sie kränkelte und sich mit über 39 Grad Fieber nicht auf den Beinen halten konnte. Obwohl der Schwager nicht auf der Liste stand, begleitete er sie ins Lager. Vielleicht, so meinten sie, könnten seine deutschen Sprachkenntnisse und sein Offiziersrang noch ein weiteres Mal von Nutzen sein.

Zurück blieb eine voll möblierte Wohnung, an deren Eingangstür eine rote Karte in deutscher und polnischer Sprache über ihre »Beschlagnahme« informierte und Einbrechern mit hohen Strafen drohte.

In der Dunkelheit der Nacht verbreitete das Lager Główna in Posen noch einen größeren Schrecken als am Tag. Drei hohe Stacheldrahtzäune, hintereinander gestaffelt im Abstand von etwa zwei Metern, standen im grellen Scheinwerferlicht. Auf den vier Wachtürmen patrouillierten Soldaten mit Maschinengewehren. Offiziell galt Główna als »Durchgangslager«, aber es wirkte wie ein Straflager.

Die Evakuierten, in wenigen Stunden zu Hunderten angeliefert, mussten meist stundenlang in eisiger Kälte auf ihre Registrierung warten. Dann saßen sie, ihre Koffer immer im Auge, mit klammen Fingern und hochgeschlagenen Revers an den provisorisch aufgestellten Holztischen und füllten die Formulare aus. Eine polnische Selbstverwaltung betrieb nicht nur die Küche, die polnische Post, die Feuerwehr und eine Krankenstube, sie half den deutschen Beamten auch bei der Registrierung der Ankömmlinge und der Zusammenstellung der Listen für die abgehenden Transporte ins Generalgouvernement und erklärte den Auszusiedelnden, was erlaubt und was verboten war: dass alle von 9 bis 13 Uhr zur Arbeit verpflichtet seien, dass Korrespondenz nur in Deutsch geführt werden dürfe und der Zensur unterliege und die Annahme von Paketen oder Briefen durch das Eingangstor hart bestraft werde.

Das Gelände Główna war bis zum Kriegsausbruch vom polnischen Militär verwaltet worden. Für die Unterbringung vieler Menschen war es völlig ungeeignet. Die fünf unterschiedlich großen Baracken, bis zu 120 Meter lang und 50 Meter breit, ließen sich nicht heizen, der Gebrauch von Elektrokochern und das Rauchen waren aufgrund der Feuergefahr strengstens verboten – nur ein Gebäude war aus Ziegeln gebaut, die übrigen bestanden gänzlich oder teilweise aus Holz. An den in der Saalmitte des Ziegelsteinbaus aufgestellten Bulleröfen achteten Wachen rund um die Uhr darauf, dass keine glühenden Späne herausgeschleudert wurden.

In einer der fünf Baracken waren ausschließlich Juden untergebracht, in den übrigen Polen und einige wenige Zigeuner. Männer und Frauen waren getrennt, die festgelegten Besuchsstunden mussten akribisch eingehalten werden. Nur zwei Baracken verfügten im oberen Teil über Holzboxen zum Schlafen, im Erdgeschoss hingegen lagerten die Menschen auf einer dünnen Schicht Stroh, die über den blanken Betonfußboden gestreut worden war. Feuchtigkeit hing in der Luft, es herrschte ein unbeschreiblicher Lärm, und selbst während der obligatorischen Nachtruhe zwischen 22 und 6 Uhr kehrte angesichts der vielen Kinder und Alten selten Ruhe ein. Waschen konnten sich die Auszusiedelnden nur unter freiem Himmel, in der Mitte des Platzes, wo Wasser aus einem Hahn in lange Holztröge floss, von denen Eiszapfen herunterrankten.

Die primitiven Bedingungen standen in krassem Widerspruch zu den oft gut situierten Insassen, Herren in eleganten Zweireihern, Frauen in Mänteln mit Pelzbesatz und Halbwüchsigen in guten Sonntagsanzügen. Da immer mehr Menschen eingeliefert als abtransportiert wurden, weil keine Züge zur Verfügung standen oder über die Zielbahnhöfe im Generalgouvernement Unklarheit herrschte, war das Lager völlig überbelegt. Mitte Dezember jedenfalls, als Familie Piasecki eingeliefert wurde, drängten sich 3000 bis 3500 Personen auf dem Gelände.

Für Sonia und ihre Familie blieb die Lagerordnung ein undurchschaubares System, denn sie verbrachten gerade einmal eine Nacht im Lager. Sie wurden nicht wie andere Insassen zu den täglichen Arbeiten herangezogen, mussten sich auch nicht beim Volleyballspiel oder beim Tischtennis fotografieren lassen, damit die deutsche Lagerleitung beweisen konnte, wie gut die Unterbringung in Główna gelungen war – sie waren tatsächlich nur auf der Durchreise. Das verdankten sie, davon ist Sonia überzeugt, ihrem Schwager Klemens Klon. Dank seiner Sprachkenntnisse sei er bis zur Lagerleitung vorgedrungen, habe von seiner Schwiegermutter erzählt, die mit 39 Grad Fieber daniederliege, habe schließlich anderthalb Stunden lang Telefonate mit Verwaltungsstellen der Bahn geführt und schließlich das Wunder vollbracht, dass schon zwei Tage später ein Zug im Lager stand, der am 14. Dezember 1939 als Zielbahnhof das südpolnische Limanowa ansteuerte. So jedenfalls kolportierte es Marianna, die ihn auf dem Weg zur Lagerleitung begleitet hatte. Und Sonia schenkte ihr Glauben: Warum sollte ein Mann, der kurz nach Kriegsausbruch in der Uniform eines einfachen Soldaten aus einem sowjetischen Gefangenentransport floh, in Zivilkleidung zu seiner Frau nach Białystok zurückkehrte und von dort mit irgendwelchen Papieren durch das Generalgouvernement zu ihnen in den Reichsgau Wartheland gelangte, nicht auch zur Organisierung eines Zuges fähig sein?

Die Gleise führten direkt in das Posener Lager Główna. Da stand die Familie Piasecki mit weiteren 990 Personen voller Erwartung vor einem Zug mit zwei Personenwagen und gut zwanzig Güterwaggons. Doch statt sie zum Einsteigen aufzufordern, verlangte eine Deutsche, das Gewehr demonstrativ im Anschlag, dass, wer noch Gold, Silber, Schmuck oder Geld besitze, es jetzt auszuhändigen habe. »Wer danach mit Wertsachen erwischt wird, wird sofort erschossen!« Da Mutter Wanda eine Leibesvisitation fürchtete und sich mit 39 Grad Fieber für jedes riskante Spiel zu schwach fühlte, holte sie die Ringe mit den Brillanten aus dem Büstenhalter und lieferte noch anderen Schmuck ab, den sie bei sich trug. Die einst wohlhabende Familie Piasecki war völlig mittellos geworden. Sie besaß pro Person nur noch die zwanzig Zloty, die jedem vor der Fahrt ins Generalgouvernement ausgezahlt wurden, und war von jetzt an auf Hilfe angewiesen.

Wenige Tage vor Weihnachten kamen sie in der südpolnischen Gemeinde Tymbark bei Limanowa an, einem kleinen galizischen Ort östlich von Krakau, der seine Existenz Kazimierz dem Großen verdankt, der hier 1349 eine Pfarrkirche errichten ließ. Die Einwohner von Tymbark waren arm, hatten keine Elektrizität und lebten hauptsächlich von der Landwirtschaft. Dennoch empfing die Gemeinde die mittellosen Landsleute aus dem Reichsgau Wartheland mit großer Herzlichkeit und einer Riesenpfanne mit duftendem, auf Speck gebratenem Rührei und verteilte so viel Brot an die Ausgehungerten, wie sie begehrten.

Fünf Jahre verbrachte die Familie Piasecki im Generalgouvernement, fünf Jahre, in denen sie rechtlos war, aber dank der Unterstützung von Michał Maćko, dem Bürgermeister von Tymbark, ein erträgliches Leben führen konnte. Maćko meinte es gut mit ihnen, hatte er sich doch gleich bei der ersten Begegnung in Sonias jüngere Schwester Anna verliebt. Als Bleibe wies er ihnen eine relativ geräumige ehemalige Polizeistation zu, mit jeweils zwei Zimmern rechts und links des Flures, einer großen Küche und einem umzäunten Vorgarten, und trug Sorge dafür, dass sie mit Töpfen, Möbeln, Betten und Wäsche ausgestattet wurden, ohne dafür zahlen zu müssen. Und die Familie nahm, beglückt und beschämt, alles an, auch das Mehl, die Milch, die Eier, den Speck und das Brot, die die Kirchgänger in Zukunft jeden Sonntag vorbeibrachten, weil der Priester auf der Kanzel erklärt hatte, die Gemeinde sei mit Vertriebenen beschenkt worden, nun gelte es, sie zu unterstützen.

Obwohl es streng verboten war und sie, wäre sie erwischt worden, bestraft worden wäre, kehrte Sonia gleich nach Silvester noch einmal nach Posen zurück. Sie nahm es sich übel, dass sie den Kopf in den Sand gesteckt und die Möglichkeit der Ausweisung einfach ignoriert hatte; dass sie auch in den wenigen Minuten vor dem Abtransport nicht geistesgegenwärtig die wichtigsten Dokumente eingesteckt hatte, um wenigstens ihre Identität nachweisen zu können. Jetzt wollte sie das Versäumte nachholen. Sie klingelte. An ihrer eigenen Wohnungstür. Ein Mal, zwei Mal. Sie zeigte bereitwillig ihr Gesicht vor dem Guckloch und sagte, als sich die Tür schließlich einen Spalt weit öffnete und eine Frau unwirsch herausschaute, stockend und in gebrochenem Deutsch ihr vorbereitetes Sprüchlein auf: »Ich habe hier gewohnt und würde gern Urkunden abholen – mein Abiturzeugnis, meine Geburtsurkunde, die Bilder von der heiligen Kommunion und zwei Ölbilder mit den Herzen Jesu und der Muttergottes.«

Die Deutsche starrte sie an, voller Misstrauen, voller Abwehr, voller Verachtung – und spuckte ihr plötzlich ins Gesicht: Wenn sie nicht sofort verschwände, würde sie die Polizei holen. Herr Walczak, der polnische Friseur im Erdgeschoss, drückte Sonia sein tiefes Mitgefühl aus. Die Deutsche sei schrecklich, sagte er. Wie ungeniert sie die Pelze von Sonias Mutter trage und sich in der schwarzen Ledergarnitur der Familie Piasecki breitmache! Aber so seien die Zeiten eben.

Zurück in Tymbark, erhielt Sonia Hilfe von Bürgermeister Maćko, als sie im Herbst 1940 aus der Kreisstadt zur Zwangsarbeit ins Deutsche Reich angefordert wurde. »Nimm eine Zahnbürste, Seife, ein Handtuch und einen Pyjama«, sagte er in einem Ton, der keinen Widerspruch duldete. »Auf der Umgehungsstraße steht ein Auto, das bringt dich nach Krakau.« Im Kofferraum fand Sonia einen riesigen Laib Emmentaler, eine Kiste mit Butter, eine weitere Kiste mit Schmalz, einen großen Schweinebraten und einen Sack mit Kohle – Geschenke vom künftigen Schwager, damit sie sich in Krakau würde durchschlagen können, bevor sie eine Arbeit gefunden hätte. Sie schlug sich auch durch – genau zwei Wochen. Dann erklärte ihr die Geliebte eines früheren Arbeitskollegen ihres Vaters, bei der sie untergekrochen war, die Vorräte seien verbraucht, sie müsse sich eine neue Unterkunft suchen.

Das Schicksal wollte es, dass Sonia auf Irena Banasiewicz stieß, die Freundin einer Schwester, die sich nun Irene von Banaschewitz nannte – »Ireene« ahmt Sonia ironisch die deutsche Sprechweise nach – und Volksdeutsche geworden war. Es interessierte Sonia nicht, wie Frau Banasiewicz diesen unter Polen als Kollaboration verurteilten Status erhalten hatte. Für sie zählte nur, dass

»Ireene« gute Beziehungen zur Besatzungsmacht besaß und ihr eine Stelle vermitteln konnte. Beim Gespräch mit ihrem künftigen Arbeitgeber muss Sonia wieder einmal einen überzeugenden Eindruck gemacht haben, obwohl ihr die Qualifikation anfangs fehlte. Deutsch sprach sie nur bedingt – aber sie bekam die Stelle bei der »Hauptgruppe für Gewerbliche Wirtschaft und Verkehr, Gruppe Handwerk, Innungsverband Nahrungsmittel/Handwerk« am Invalidenplatz in Krakau und wurde verantwortlich für die Innungen der Fleischer, Bäcker und Konditoren. Was war das nun? Glück? Oder Chuzpe, die sie Fähigkeiten vortäuschen ließ? Oder Opportunismus, der sie geschmeidig reagieren ließ? Oder alles zusammen?

Sie arbeitete gewissenhaft und fleißig, kontrollierte die obligatorischen Kontingentlieferungen der polnischen Handwerker an Fleisch, Brot und Kuchen, teilte ihren Betrieben die Lebensmittelkarten zu und versorgte sie, falls nötig, mit neuen Maschinen. Sie erhielt ein fast so hohes Gehalt wie bei der Eisenbahndirektion in Posen und litt nie Not, da sie aus Tymbark regelmäßig mit Lebensmitteln beliefert wurde, für die sie sich mit Wodka erkenntlich erwies, den sie regelmäßig zusätzlich zum Gehalt erhielt. Sie kümmerte sich um nichts anderes als die Arbeit, hatte keine Freunde oder Bekannte, traf sich am Feierabend höchstens mit »Ireene« von Banaschewitz, der Volksdeutschen, mit der sie Polnisch sprach.

Sonia hat die Menschen nie entsprechend ihrer Nationalität in Gut und Böse unterteilt. Sonia hat eher gefragt, wer ihr nützt und wer ihr schadet. Und ihr Vorgesetzter Helmut Hoppe nützte ihr, während sie vor Max Böhm, mit dem sie das Dienstzimmer teilte, auf der Hut zu sein hatte. Hoppe war freundlich, hilfsbereit und erschien zur Arbeit immer in Zivil. Er hat sich nie abfällig ihr gegenüber benommen, ihr vielmehr geholfen, als ihre Schwester Marianna in große Bedrängnis geriet. Marianna saß bereits in einem Durchgangslager in Krakau, um ins Konzentrationslager Auschwitz deportiert zu werden, da sie, die inzwischen in einem Labor in Zakopane gearbeitet hatte, angeblich Testergebnisse gefälscht hatte. Dank Hoppes Fürsprache beim Krakauer Lagerkommandanten kam sie jedoch frei, und Sonia hatte dem Lagerkommandanten als Dankeschön von Hoppe eine Kiste Kirschwodka zu überbringen.

Max Böhm hingegen war ein überzeugter Nazi und trug auch auf der Arbeit die braune Uniform der Partei. Eines Tages schnipste er ihr, die er, die polnische Aussprache betont ignorierend[1], verächtlich »Fräulein Piasekka« nannte, mit dem Zeigefinger eine Zloty-Münze über den Schreibtisch: »Holen Sie mir Zigaretten!« Doch Sonia, erbost über so viel Dreistigkeit, schnipste die Münze zurück: »Denken Sie etwa, ich bin Ihre Dienstbotin?« Böhm muss gespürt haben, dass in ihrem Verhalten keine politische Aufsässigkeit gegen den Okkupanten zum Ausdruck kam, kein Protest einer Widerständlerin, sondern die Empörung eines Menschen, der sich in seiner Ehre gekränkt fühlte. Sie würde es nicht dulden, dass er sie erniedrigte. Danach galt eine Art Waffenstillstand zwischen ihnen.

Als Böhm Sonia kurz vor Kriegsende gegen ihren Willen zu zwingen versuchte, sich mit der ganzen Dienststelle nach Tschenstochau evakuieren zu lassen, hat sie sich ihm jedoch wieder offen widersetzt. »Ich fahre nicht«, erklärte sie, denn der Umzug hätte sie noch weiter von der Familie in Tymbark entfernt. »Ich stelle Sie aber nicht frei«, konterte Böhm. Da suchte Sonia Hilfe bei einem Vorgesetzten und überredete ihn zu einer Anweisung, nach der Fräulein Piasecka berechtigt sei, nach Tymbark zu rei-

---

[1] Auf Polnisch lautet die Aussprache Piasetzka.

sen, und in keiner Weise behindert werden dürfe. Dazu ein Stempel der »Hauptgruppe für Gewerbliche Wirtschaft und Verkehr« und die Unterschrift von Johann Wypych, einem Oberschlesier. Böhm war machtlos, und Sonia kehrte noch vor Kriegsende in das kleine galizische Dorf zurück, wo ihre Mutter weiterhin in der ehemaligen Polizeistation lebte und ihre Schwester Anna inzwischen den polnischen Bürgermeister geheiratet hatte.

Im Januar 1945 zogen die Sowjets ein. Sonia stand im Vorgarten und sah die Panzer langsam die Dorfstraße herunterkommen. Als die Kolonne etwa auf ihrer Höhe war, stürmten plötzlich zwei Soldaten an ihr vorbei ins Haus, zerrten Sonias Schwester Anna auf ein Bett und versuchten sie zu vergewaltigen. Auf Annas verzweifelte Schreie hin eilte ein sowjetischer Offizier herbei, stellte die beiden Soldaten zur Rede und erschoss sie auf der Stelle. All das geschah vor den Augen von Annas Kindern, der gerade vierjährigen Krysia und der zweijährigen Grażyna. Anna erkrankte nach dem Schock an einer Gehirnhautentzündung, die sich nicht heilen ließ, und verstarb ein halbes Jahr später. So verlor die Familie das einzige Familienmitglied im Krieg nicht durch die Besatzer, sondern durch die Befreier.

Als Erste fuhr Sonia zurück nach Posen. Als Vorhut gewissermaßen. Wer wusste, ob eine Rückkehr überhaupt möglich war? Vielleicht war das Haus ausgebombt. Vielleicht hatte ein Feuer die Wohnung zerstört. Sonia nahm den ersten Zug nach Krakau, von dort eine Lokomotive nach Posen. Eine Alternative gab es nicht. Zwei Tage und zwei Nächte hockte sie auf der Kohle im Tender der Dampflok.

Mit Herzklopfen näherte sie sich der Marschall-Foch-Straße. Doch ihre Angst war unbegründet – das Haus Nummer 125 stand unversehrt. Und die Wohnung? Um nähere Auskünfte einzuholen, klingelte Sonia beim Friseur im Erdgeschoss. Doch Herr Walczak, der sie im Januar 1940 mitfühlend getröstet hatte, als sie von der deutschen Mieterin bespuckt worden war, riss nun erschrocken die Augen auf: »Fräulein Piasecka, Sie leben? Wir dachten, Sie seien tot!«

Auf der Anrichte von Familie Walczak thronte eine Suppenschüssel des Rosenthaler Porzellans, das Bruder Józef und Cousin Florian im Keller vergraben hatten, und in der Wohnung der Familie Piasecki lebte Herrn Walczaks Tochter mit Ehemann und zwei kleinen Kindern. Am ersten Tag trieb Herr Walczaks Schwiegersohn Sonia mit Beschimpfungen hinaus; am zweiten Tag wurde er handgreiflich; am dritten Tag kam Sonia mit der Polizei, setzte sich, geschützt durch die Ordnungsmacht, in einen Sessel ihrer schwarzen Ledergarnitur, wartete, bis die Polizisten die Familie Walczak hinausgedrängt hatten, und ließ sofort alle Schlösser wechseln. Nun konnte die Familie nachkommen.

Doch wovon sollten sie leben?

Sonia eilte zum Friedhof und sah schon von Weitem, dass die Grabplatte genau an der Stelle zerbrochen war, wo sie ihren Schatz vergraben hatte. Tränen schossen ihr in die Augen: »Du hast nicht aufgepasst, Vater!« Doch beim Nähertreten erkannte sie, dass keine Plünderer am Werk gewesen waren, sondern nur ein umgestürzter Nachbarstein eine Ecke aus der Platte geschlagen hatte. Als sie sich vergewissert hatte, dass niemand sie beobachtete, begann sie hastig mit den Händen zu graben. »Und ich fand alles wieder! Alles!« Die Goldrollen zu einem Pfund und zu einem halben Pfund, den Schmuck von ihren Eltern. »Ich danke dir, geliebtes Väterchen«, hat sie immer wieder überwältigt geflüstert. »Ich danke dir, geliebtes Väterchen!«

»Wir haben so viel Glück gehabt«

Die Umsiedlung der Liselotte von Stackelberg aus dem Baltikum

Auslandsdeutsche – »Heim ins Reich«

Parallel zur Zwangsaussiedlung von Polen und Juden aus den eingegliederten Gebieten erfolgte die Einquartierung von Deutschen. Sie stammten aus Siedlungsgebieten, die nach dem »Grenz- und Freundschaftsvertrag« zwischen Berlin und Moskau am 28. September 1939 außerhalb der Einflusszone des Deutschen Reiches verblieben waren. Im Oktober 1939 und im Januar 1941 kamen 127 000 Deutschbalten beziehungsweise Litauendeutsche aus Estland, Lettland und Litauen, Anfang November 1939 166 000 Volksdeutsche aus Wolhynien und Ostgalizien, im September 1940 212 000 Menschen aus Bessarabien und der Bukowina und Ende 1943 240 000 Schwarzmeerdeutsche aus der Ukraine.

Insgesamt dürften durch die sogenannte »Heim ins Reich«-Politik zwischen 1939 und 1944 etwa 910 000 Auslandsdeutsche umgesiedelt worden sein.

Vor ihrer Ansiedlung stand die »Schleusung« in verschiedenen Durchgangslagern des Reiches: Nach entsprechenden Kontrollen des Körperbaus, der politischen Gesinnung und des Gesundheitszustands erhielten diejenigen Menschen den Stempel »O«, die als »rassisch hochwertig« eingestuft worden waren und zur Siedlung in den eingegliederten Gebieten zugelassen wurden (ca. 650 000). Den Stempel »A« erhielten Menschen, die im Altreich

Das Zeitgeschehen

zunächst »germanisiert« werden sollten (ca. 220 000). Der größte Teil der Umsiedler kam in den Warthegau (85 Prozent) – die Zahl der Volksdeutschen stieg hier von 325 000 im Jahre 1939 auf 1,2 Millionen bis Kriegsende –, nur 7,9 Prozent wurden Danzig-Westpreußen und nur 5,8 Prozent Schlesien zugewiesen. Jede umgesiedelte Familie sollte in etwa ein Äquivalent zum aufgegebenen Besitz erhalten – oft zwei, gar drei polnische Bauernhöfe anstelle des zurückgelassenen –, für zurückgelassene bewegliche Habe wurde sie nicht entschädigt.

Anders als in der Propaganda beschworen, führte die Ansiedlung weder zur Herausbildung einer Gemeinschaft »germanischer Siedler« – dazu waren die einzelnen Gruppen der Volksdeutschen zu heterogen – noch zur Steigerung der landwirtschaftlichen Produktion, da viele Höfe allein von Frauen und polnischen Zwangsarbeitern bewirtschaftet werden mussten. Schlechtere Böden, Kontingentablieferungen und der Wunsch zurückzukehren beeinträchtigten außerdem den Arbeitswillen.

Bei Kriegsende teilten die deutschen Kolonisten das Schicksal der übrigen Deutschen der Ostgebiete. Sie flohen vor der heranrückenden Roten Armee oder wurden, wenn sie überrollt worden waren, später aus Polen ausgewiesen.

»Wir haben so viel Glück gehabt«

Die Umsiedlung der Liselotte von Stackelberg aus dem Baltikum

Am 8. Oktober 1939 stand es in allen lettischen Zeitungen: Die Deutschbalten würden das Baltikum verlassen. Denn der ganze Osten und Südosten Europas – so Adolf Hitler in einer Rede am 6. Oktober – sei mit »nicht haltbaren Splittern des deutschen Volkstums« gefüllt, die es umzusiedeln gelte, damit sich »im Abschluss der Entwicklung bessere Trennungslinien ergeben, als es heute der Fall ist«.

Als Gertrud von Aderkas die Nachricht von der Umsiedlung der Deutschbalten ihrem Mann Gehrt im Krankenhaus von Riga überbrachte, »zog er das Laken über das Gesicht, und sein Schluchzen schüttelte das ganze Bett. Dann aber«, so steht es in ihren privaten Erinnerungen, »schlug er das Laken zurück und sagte mit fester Stimme: Jetzt müssen wir uns ausdenken, was wir in Deutschland unternehmen werden.«

Vielleicht hatte Gehrt von Aderkas insgeheim bereits Zweifel gehegt, ob sich die Deutschen im Baltikum würden halten können. Schon im Winter 1918/19 hatte die Familie vor den einrückenden Bolschewiken nach Riga und weiter nach Libau fliehen müssen, mit Pferd und Schlitten, am Meer entlang nach Süden. Gehrts junge Frau hatte die Zügel geführt, er selbst mit dem Gewehr im Anschlag auf dem Gefährt gesessen. Seine Familie war damals der Soldateska entkommen, denn mit vereinten Kräften hatten Letten und Deutsche die Sowjetarmee zurückgedrängt. Pastor Scheinpflug hingegen, den sie nicht zur Flucht hatten überreden können, weil er seine Gemeinde nicht hatte verlassen wollen, war von den Bolschewiken ermordet worden.

Durch den zunehmenden Druck auf die deutsche Minderheit seitens der lettischen Nationalisten hatte Gehrt von Aderkas 1920 wie alle anderen deutschen Gutsbesitzer seinen Besitz verloren – eine große Fläche von 9000 Hektar, seine Existenzgrundlage. »Nicht einmal ein Adventsbäumchen«, sagt seine Tochter Liselotte, »konnten wir uns mehr schlagen.« Und die 50 Hektar wenig fruchtbaren Bodens, die der Familie als »Restgut« überlassen wurden, reichten als Lebensgrundlage nicht aus.

Gegenüber anderen deutschbaltischen Familien hatte die Familie von Aderkas zwar noch Glück im Unglück. Denn sie durfte die Wirtschaftsgebäude und selbst das Herrenhaus von Gut Kürbis behalten, das sich seit fünfhundert Jahren im Besitz der Familie befand. Und Gehrt, ein studierter Forstmann, wurde mangels lettischer Fachleute zur Verwaltung seines enteigneten Waldbestandes eingesetzt – was ihn, wie er sagte, nicht kränke: Er kenne sich eben am besten in »seinem« Wald aus. Aber es war durchaus fraglich, ob seine Söhne Claus und Heinz als Deutsche in Zukunft auch noch staatliche Anstellungen erhalten würden. Und niemand vermochte vorauszusagen, wie lange sich die jungen Deutschbalten noch an das Ehrenwort halten würden, mit dem sie sich verpflichteten, nach ihrer Ausbildung im Deutschen Reich nach Lettland zurückzukehren.

Bedeutete Hitlers Ruf ›Heim ins Reich‹ jetzt das unabwendbare Ende der Deutschen im Baltikum? Richtete Gehrt von Aderkas deswegen so schnell seinen Blick auf das, »was wir in Deutschland unternehmen werden«? Oder hatte er im Krankenhaus von Riga gar nicht die große Politik im Sinn, wollte seiner Familie vielmehr zu verstehen geben, dass er sie nicht im Stich lassen würde? Dass die lang verschleppte Rippenfellentzündung ihn nicht besiegen, dass er gesunden und gemeinsam mit Frau und Kindern die neue Herausforderung meistern würde?

Es dürfte ihm nicht leichtgefallen sein, sie bei den Vorbereitungen zur Aussiedlung allein lassen zu müssen. Aber sein Zustand verschlechterte sich zusehends. Getrennt von der Familie wurde er auf einem Krankenschiff ins Reich transportiert, nach Swinemünde, wo er, da es noch kein Penicillin und keine Antibiotika gab, wenige Tage nach der Ankunft an Streptokokkenvergiftung starb. Als seine Frau Gertrud, Sohn Claus und die beiden Töchter Liselotte und Ulrike, aufgeschreckt von der Nachricht über seinen schlechten Gesundheitszustand, nach Swinemünde eilten, war er bereits tot. Allein Sohn Heinz hat am Sterbebett des Vaters gesessen.

Gehrt von Aderkas wurde auf der Insel Wollin an der Ostseeküste beigesetzt, gemeinsam mit acht weiteren Deutschbalten in einem Reihengrab. Als Tochter Liselotte 1998 nach dem Grab suchte, konnte ihr niemand Auskunft geben. Der Friedhof war eingeebnet worden, die neuen polnischen Bewohner hatten zur alten deutschen Tradition keinen Bezug. »Es stört mich aber nicht«, sagt seine Tochter, »dass der Friedhof verschwunden ist. Ich brauche keine Gräber. Die, die mir wichtig sind, trage ich im Herzen.«

Liselotte von Stackelberg, geborene von Aderkas, ist eine große, schlanke Frau mit schmalem Gesicht und einem für 83 Jahre auffällig aufrechten und sicheren Gang. Eine Frau ohne jede Larmoyanz – darin ähnelt sie ihrem Vater –, für die, mögen Besitz und gesellschaftliche Stellung auch unwiederbringlich verloren sein, die Haltung zählt, die Disziplin, die Verpflichtung gegenüber Gegenwart und Zukunft, so wie sie es von den Eltern lernte.

In ihrem Wohnzimmer im württembergischen Ludwigsburg hängen eine historische Landkarte vom Baltikum und ein Foto vom Familiengut. Aber Kürbis, benannt nach dem livländischen »Körbs«, der Einöde, ist bei ihr kein Gegenstand des Kults, der sentimentalen Erinnerung, sondern Teil ihres gegenwärtigen Lebens, Ziel einer seit 1996 regelmäßig jedes Jahr wiederholten Reise mit den Geschwistern oder mit den Söhnen und Schwiegertöchtern, auch mit Enkeln und Freunden.

Ihre Heimat, sagt Liselotte, genannt Illo, sei lange schon Ludwigsburg in Deutschlands Südwesten, wo sie seit fünf Jahrzehnten wohne. Doch Kürbis bleibe bis ans Lebensende eine beglückende Erinnerung, die sich mehr und mehr mit der Gegenwart vermische. Wer habe schon das Glück, eine verloren gegangene Sprache wiederbeleben zu können – sie spreche, sagt Illo, Lettisch flott und falsch wie ehedem –, und wer könne schon an alte Kontakte anknüpfen wie sie mit ihrer ehemaligen Nachbarin, die sie bei ihrem ersten Besuch in Lettland 1971 gleich wiederfand?

Die lettische Familie Weinbergs hatte vor dem Krieg zwei Kilometer vom Gut Kürbis entfernt einen kleinen Laden betrieben, den »Krug«, der enteignet wurde, als die Sowjets die Familie im Zweiten Weltkrieg nach Sibirien deportierten, und der in den Besitz der Weinbergs zurückkehrte, als das Sowjetreich zerfiel. Wie oft hat Illo dort als Kind und Jugendliche Salz, Zucker oder Petroleum geholt und anschreiben lassen, wenn der verarmten Familie von Aderkas wieder einmal das Geld fehlte! Wie oft hat umgekehrt Illos enteigneter Großvater aber auch die lettischen Neubauern beraten, die wenig oder keinerlei Erfahrung in der Landwirtschaft besaßen! Vor dem Krieg, sagt Illo von Stackelberg, seien Letten und Deutsche gut miteinander ausgekommen. Aber …

Immer wieder taucht ein »Aber« in Illos Erinnerungen auf, weil das Leben dann doch nicht ungetrübt und frei von Widersprüchen und Spannungen war. Die Interessen kollidierten zwischen den einen, die die jüngst eroberte staatliche Unabhängigkeit festigen und sozial aufsteigen wollten, und den anderen, die ihre Deklassierung hatten hinnehmen müssen und die weitere Beschneidung ihrer Minderheitenrechte fürchteten. Zwischen jenen, die über Generationen hinweg die sozial Schwächeren gewesen waren und nun politisch das Sagen hatten, und den einstigen Herren, die immer noch Tradition und Etikette hochhielten, aber politisch weitgehend machtlos geworden waren. »Letten und Deutsche«, sagt Illo von Stackelberg, »lebten zwar zusammen, aber jeder für sich.«

Draußen sprachen Illo und ihre Geschwister selbstverständlich Lettisch, zuhause aber war der Gebrauch der lettischen Sprache verpönt. Von ihrem religiösen Bekenntnis her waren die Letten genauso evangelisch wie die Deutschbalten – doch in die lettische Kirche »ging man nicht«, auch wenn das bedeutete, dass Familie von Aderkas nur selten den Gottesdienst besuchte, da die deutsche Kirche weit entfernt lag. Einen Letten, das wusste Illo, hätte sie auch nicht heiraten dürfen, außer sie wäre bereit gewesen, von der deutschen Gemeinschaft verstoßen zu werden. Der Erhalt der Gemeinschaft war im Wertekanon der Deutschbalten wichtiger als die Liebe. Denn nur wenn sie der deutschen Sprache und der deutschen Tradition treu blieben, konnte die Identität der Gruppe in der Fremde erhalten werden:

Wir aber, wir wollen nicht wandern gehen,
solange der Heimat zwei Bäume noch stehen
und noch Blüten blüh'n in den Hecken,
solang unser Lied in den Winden treibt

und noch ein Fußbreit Landes uns bleibt.
Und es bleibt uns, wenn wir nur bei ihm bleiben.
(Gertrud von Brincken)

Viele Landsleute waren nach dem Ersten Weltkrieg ins Deutsche Reich abgewandert. Familie von Aderkas aber wollte auf keinen Fall untreu werden – weder der Heimat noch dem Deutschtum. Wenn sich im neuen lettischen Nationalstaat mit dem bescheidenen Salär des Gehrt von Aderkas und kleinen zusätzlichen Einkünften aus der Vermietung des Dachgeschosses an Feriengäste nicht alle Ausgaben begleichen ließen, dann musste man eben – Standesehre hin oder her – vom Lebensstandard Abstriche machen und beim Ladenbesitzer anschreiben lassen, um den deutschen Hauslehrer bezahlen zu können. Niemals hätte das Ehepaar von Aderkas seine Kinder in eine lettische Schule geschickt und dadurch einer Aufweichung der deutschen Tradition auch noch Vorschub geleistet. Selbstverständlich wurden alle vier Kinder auch, nachdem ihnen der staatlich vorgeschriebene Wissensstoff der Grundschule von Hauslehrern vermittelt worden war, im Staatlichen Deutschen Gymnasium in Mitau angemeldet, etwa 150 Kilometer vom Heimatgut Kürbis entfernt – auch wenn die Aderkas-Eltern nur mit Mühe und Not die Pensionskosten aufbringen konnten und beim Schulgeld auf Stipendien des »Deutschen Vereins« und des »Vereins der Deutschen im Ausland« (VDA) angewiesen waren. Doch das war keine Schande. Alle Gutsbesitzer waren ähnlich verarmt, fast alle Schüler in Mitau erhielten Unterstützung aus dem Reich. »Und es war Ehrensache«, sagt Illo, »nicht sitzen zu bleiben, wenn man ein Stipendium hatte.«

In der Abgeschiedenheit von Kürbis, wo kein deutscher Sender empfangen werden konnte, keine Vereine existierten und meist nur im Sommer Verwandte oder Bekannte aus dem Reich einkehrten, erlebte Illo den Nationalsozialismus in erster Linie als Stärkung für die deutschbaltische Minderheit, als eine Stütze für das Deutschtum. Ohne die Hilfe aus dem Reich hätten die deutschen Schulen sicher geschlossen werden müssen. Ohne die Hilfe aus dem Reich hätte die Bibliothek in Riga kein Geld gehabt, um deutsche Literatur per Post in entfernte Winkel Lettlands auszuleihen. Der Bund Deutscher Mädel (BDM) war zwar wie alle nationalsozialistischen Organisationen im lettischen Staat verboten. Aber Illo registrierte mit geheimer Genugtuung, dass ihre Schuluniform mit der weißen Bluse und dem blauen Rock der Jungmädeltracht sehr nahekam – Tuch und Knoten konnte sie sich dazudenken. Dem Nationalsozialismus, der deutsche Kultur, Literatur und Sprache im Ausland zu bewahren half, stand sie positiv gegenüber. Später im Reich brauchte sie allerdings keinen Nationalsozialismus und keinen BDM mehr. Da musste niemand für das Deutschtum kämpfen, denn es war Alltagskultur.

Als die Pläne zur Umsiedlung bekannt wurden, war Illo gerade erst in das Gymnasium von Mitau zurückgekehrt. Um eine Verbreitung von Kinderlähmung zu verhindern, hatte die Schule nach den Sommerferien mit Verspätung angefangen. Doch an Unterricht war nicht mehr zu denken. Alle wollten so schnell wie möglich nach Hause. Auch Bruder Claus, der bei einem deutschen Gutsbesitzer ein landwirtschaftliches Praktikum begonnen hatte, kehrte umgehend auf das Gut zurück. Er hatte den Vater zu ersetzen.

Aber die Heimat auflösen – wie macht man das? Illo, obwohl schon sechzehn, hatte als Mädchen im Familienrat keine gewichtige Stimme, ihre zwei Jahre jüngere Schwester Ulrike erst recht nicht. Und da sich Bruder Heinz, wie Claus in einer Mischung aus Wut und Ironie anmerkte, »aus dem Staub« gemacht und sich als

Begleiter für Viehtransporte »der Allgemeinheit« zur Verfügung gestellt hatte, musste hauptsächlich Claus der Mutter beistehen. Was ihm zahllose schlaflose Nächte bereitete.

Das Vieh, das Korn, die Klee- und Heuernten und die landwirtschaftlichen Maschinen wurden regelrecht verschleudert, da die Preise wegen des Überangebots plötzlich in den Keller purzelten. Eine Kuh kostete umgerechnet noch dreißig Reichsmark. Aber Mutter Gertrud brauchte selbst die kleinen Summen, um die Schulden bei den Ladenbesitzern Weinbergs zu begleichen – sich einfach abzusetzen, verbot ihr das Gewissen –, und sie brauchte Geld für die laufenden Kosten.

Was sollten sie mitnehmen? Was zurücklassen? Zunächst hieß es, nur Handgepäck sei erlaubt. Dann hieß es, auch Möbel und Vieh könnten mitgeführt werden. So nahmen sie eine Kuh und einen Zuchteber mit, die sie nach der Umsiedlung allerdings nie wiedersahen. Sie nahmen drei Pferde mit, die Illo später in Gnesen abholen konnte und auf der Flucht im Januar 1945 vor ihre Wagen spannte. Und sie nahmen, eher sentimental als rational, neben einigen Gebrauchsmöbeln zwei schöne Kommoden mit, ferner den großen Spiegel, in dem sich jedes Jahr der Weihnachtsbaum gespiegelt hatte, und den Blüthner-Flügel, den ein Schreiner so fest in einen riesigen Holzkasten einkeilte, dass er tatsächlich unbeschädigt im Warthegau ankam. Mehrere Einspänner – die Kuh trottete nebenher – brachten die Ladung nach Riga, wo sie in den Speicherhäusern des Hafens zwischengelagert und auf spezielle Viehtransporte verladen wurde.

Dann entfachten sie ein Feuer auf dem Rasenstück an der Vorderseite des Gutshauses, das alles fressen sollte, was ihnen besonders ans Herz gewachsen war und was sie nicht mitnehmen konnten: Puppen, Puppenhäuser, Teddybären, die Familienwiege.

»Am liebsten«, sagt Illo von Stackelberg, »hätte ich das ganze Haus abgebrannt.« Nicht, weil sie den neuen Besitzern missgönnt hätte, was sie zurücklassen mussten. Viel Wertvolles befand sich eh nicht mehr darunter, denn Porzellan und Silber waren bereits gestohlen worden, als die Familie 1918/19 nach Libau hatte flüchten müssen. Andere sollten jedoch nicht benutzen, was mit der Geschichte und dem Geist ihrer, und nur ihrer, Familie verwoben war. Niemand sollte geringschätzig Fotos von Familienmitgliedern in den Abfall werfen, niemand alte Familienmöbel als hinderliches Inventar beiseiteschieben oder gar verheizen, niemand sollte ihr Herrenhaus verunstalten, indem er Ofenrohre aus den Fenstern hinausleitete. Lieber, so dachte Illo, solle die Familientradition zerstört, als von fremden, unsensiblen Menschen entweiht werden.

Und so haben sie Stunde um Stunde nachgelegt. Briefe, Bilder, Bücher, auch Trauer und Enttäuschung gingen in Flammen auf. Als die Familie nach zermürbendem Warten schließlich den Befehl bekam, am 20. November 1939 in aller Frühe aufzubrechen, um den Sonderzug nach Riga zu erreichen, loderte das Feuer immer noch und tauchte das Gutshaus in der Dunkelheit des frühen Herbstmorgens in einen rötlichen Schein. »Das sehen wir nie wieder«, sagte Bruder Claus, als er den Blick ein letztes Mal zurückwandte, und steckte sich, einer ungewohnten sentimentalen Regung folgend, ein kleines Birkenblatt unter eine Folie in seine Konfirmationsbibel.

»Doch dann«, sagt Illo von Stackelberg triumphierend, »sahen wir es doch wieder.« 1971, bei ihrem ersten Besuch im inzwischen sowjetischen Lettland, fand sich ein Taxifahrer aus Mitgefühl bereit, sie trotz Verbot von Riga in die Provinz zu fahren. Und im Dämmerlicht des hereinbrechenden Abends schien es Illo, als seien nur wenige Wochen oder Monate seit ihrer Abreise vergangen. Dieselben Bäume umrahmten die Vorderfront des Gutshauses, immer noch schmückte die säulengestützte Veranda den Eingang, und im linken Flügel des Herrenhauses, in dem früher Vater Gehrts Büro war, strahlte Licht aus einem Fenster, als warte jemand auf sie.

Illo von Stackelberg hat die Szene auf einem Foto festgehalten, das nun in ihrem Wohnzimmer hängt. Seit diesem Besuch hat sie ihren Frieden mit Kürbis geschlossen.

Ein paar Tage lang waren die Deutschbalten ein Niemand – keine lettischen Staatsbürger mehr, aber noch keine deutschen. Doch weit mehr als die Prozedur der Ausbürgerung im prunkvollen Festsaal des Schwarzhäupterhauses bewegte Illo in Riga der Gang durch die vielen jüdischen Geschäfte in der Elisabethstraße. Die Mutter gab aus, was sie an lettischer Währung noch besaßen, das ganze Geld, was vom Verkauf von Vieh und Getreide übrig geblieben war. Illo erhielt einen Wintermantel, ein Kostüm und den ersten und einzigen Hut ihres Lebens, grün mit breiter Krempe, den sie, wie ein Foto verrät, wenige Tage später bei der Einschiffung im Rigaer Hafen keck ins Gesicht gezogen hatte. Da war sie nicht mehr das Schulmädchen aus der Provinz, sondern eine hoch aufgeschossene junge Frau, die ihre Mutter und Schwester um einen halben Kopf überragte.

Sie wollte den Blick nach vorn richten. Seit Bruder Claus 1936 vom Gut Kürbis aus mit dem Fahrrad zu den Olympischen Spielen nach Berlin gefahren und begeistert zurückgekehrt war, erschien ihr das Reich als interessant und verlockend. Was bot diese pulsierende Stadt Berlin für Möglichkeiten! »Ich witterte Morgenluft.« Und so erfüllte sie die Einschiffung mehr mit Neugier als mit Trauer, mehr mit Erwartung als mit Schmerz.

Da hievten riesige Kräne unzählige geschlossene oder gitterförmig zusammengeschlagene Holzkisten in die Bäuche von mächtigen Passagierschiffen, die – meist gestellt von »Kraft durch Freude« – nun Umsiedler auf Decks transportieren sollten, auf denen sich zuvor Arbeiter auf ihren Erholungsfahrten nach Norwegen, Italien oder Madeira amüsiert hatten. Da hockten Großfamilien, Kleinfamilien und Insassen ganzer Kinderheime auf dem Kai mit all den Koffern, Körben, Paketen und Säcken, die sie mit an Bord zu nehmen gedachten, während Gehbehinderte und Alte geduldig abseits warteten, bis Freiwillige sie die Gangway hinauftrugen oder ihnen mit kräftigem Griff unter die Arme halfen.

Und alles ohne Geschrei, alles ohne Panik. Für jeden fand sich nach längerem Warten Platz, auch wenn es eng wurde in den Kabinen und auf den Decks. Letztlich, meint Illo noch heute voller Bewunderung, sei die logistische Herausforderung, 60 000 Menschen innerhalb weniger Tage zu verschiffen, erstaunlich gut bewältigt worden.

Und hin und her gerissen zwischen der alten und neuen Heimat nahmen sie Abschied: Am Bug flatterte die Fahne mit dem Hakenkreuz, und auf den Decks sangen sie dicht aneinandergedrängt: »Dievs svéti Latviju« – Gott segne Lettland – die lettische Nationalhymne.

Zwei Tage später legten die Schiffe im Hafen von Gdingen an, das nun Gotenhafen hieß. Im Seewind blähten sich Hakenkreuzfahnen, Partei- und SS-Funktionäre hießen sie »heim im Reich« willkommen, fast alle Umsiedler hoben, manche noch etwas unsicher mit gespreizten oder leicht gebogenen Händen, den Arm zum Hitlergruß, der fortan zu ihrem Alltag gehören würde.

Sie waren willkommen, auch wenn sie erst offiziell in die »arische Volksgemeinschaft« aufgenommen werden mussten. Die Männer nackt, die Frauen in Unterwäsche, so wurden sie angeleuchtet, ausgemessen und begutachtet: Schädelmaße? Schulterbreite? Körpergewicht? Größe? Augenfarbe? Mit der Aushändigung des provisorischen Ausweises waren sie Anwärter auf die deutsche Staatsbürgerschaft, etwa zwei Monate später wurden sie als Reichsdeutsche endgültig eingebürgert. Da die Polen jedoch nicht so schnell aus dem Warthegau ausgesiedelt werden konnten, wie die Deutschen aus dem Baltikum angesiedelt werden sollten, mussten die Umsiedler für einige Monate in Pommern »zwischengelagert« werden – Familie von Aderkas kam nach Greifswald zu einem alten Pastor und seiner Haushälterin.

Anfang 1940 wurden sie dann in die Parkstraße nach Posen beordert, eine Wartestation, wo sie nur äußerst provisorisch auf Strohsäcken in einer Schule lagerten. Doch hier erfolgte endlich die Zuteilung: Der Friseur erhielt einen Friseurladen, der Schuster eine Werkstatt, der Bauer einen Hof. Bruder Claus konnte unter mehreren Angeboten wählen und entschied sich schließlich für den Weidenhof, Czachory, ein einzeln gelegenes Gut wie das verlassene Kürbis, zwischen den Städten Ostrowo und Kalisch auf der Strecke Warschau–Breslau. Der nächste größere Ort hieß Skalmerschütz, bis 1918 ein preußisch-russischer Grenzübergang, auf dessen östlicher Seite auch 1940 noch kleine russische Zweispänner und auf dessen westlicher Seite breite preußische Vierspänner in der Landwirtschaft eingesetzt wurden.

Der Weidenhof war ein Gut mit 400 Hektar, 45 Pferden, 15 Fohlen, 120 Kühen, 80 polnischen Arbeitern mit ihren Familienangehörigen, einem Hofvogt namens Tyrakowski, einem Feldvogt namens Michalik, dem Schweizer (Melker) Walczak, dem Kutscher Pawlaczyk, einem Schmied, einem Stellmacher, einem Schweinejungen, einer Köchin, einem Zimmermädchen und einem Diener, der im Ersten Weltkrieg das Eiserne Kreuz II. Klasse für seinen Einsatz in Frankreich erhalten hatte. Denn der Weidenhof hatte bis zum Ersten Weltkrieg zum Deutschen Reich gehört, und alle älteren Bewohner sprachen Deutsch. »Deshalb«, sagt Illo voller Bedauern, »habe ich nicht Polnisch gelernt.«

Eine eigenartige Situation. Die Familie von Aderkas war reicher als in Kürbis, obwohl sie nichts mehr besaß, denn erst nach dem Endsieg sollte das Gut in ihr Eigentum übergehen. Sie zog in das Herrenhaus, das allerdings weder über eine Toilette noch über ein Badezimmer verfügte, und musste das eigentliche Sagen dem Nachbarn Otto Hoffmann überlassen, einem ausgezeichneten Landwirt, der als Deutscher in Polen gelebt hatte, mit der Aufsicht über neun Güter beauftragt war und die rechtzeitige Ablieferung der Kontingente zu überwachen hatte. Familie von Aderkas war es nur recht, denn selbst Bruder Claus verstand zu wenig von der Landwirtschaft, um ein so großes Gut zu führen.

Nichts konnte darüber hinwegtäuschen, dass sie Eindringlinge waren. Sie lagen in Betten, in denen bis vor kurzem noch andere geschlafen hatten; sie aßen von Tischen, die andere gerade erst geräumt hatten; sie lebten mit Bildern, Möbeln und Geschirr, die aus einer anderen Familientradition stammten; sie verkehrten mit Landarbeitern, die sie misstrauisch und ablehnend beobachteten. »Man konnte ja verstehen«, schrieb Mutter Gertrud in ihren Erinnerungen, »dass uns die Polen mit Hass empfingen. Aber ich habe in diesen Zeiten erfahren, dass das einzig Richtige und Wahre ist, dass man den Menschen nicht ihre Würde nimmt.«

Schon nach kurzer Zeit erwarb sich Mutter Gertrud das Vertrauen von Frau von Zakrzewska, der ehemaligen Besitzerin. »Sie war«, sagt Illo von Stackelberg, »eine hochgebildete, glühende polnische Patriotin ohne jeden Fanatismus und eine glühende Katholikin ohne jeden Fanatismus.« Ihr ältester Sohn war im Ersten Weltkrieg auf deutscher Seite gefallen, ihren zweiten Sohn hatte sie aus familiären Gründen enterbt. Da sie im fortgeschrittenen

Stadium an Leberkrebs litt, war sie nicht ins Generalgouvernement, sondern mit ihrer Gesellschafterin und ihrem Zimmermädchen in die beiden Zimmer im ersten Stock ihres eigenen Hauses »umgesiedelt« worden. So lebten die polnische Nicht-mehr-Besitzerin und die deutsche Noch-nicht-Besitzerin unter einem Dach. Und da für Frau von Zakrzewska wie für Gertrud von Aderkas Bildung, Herkunft, Charakter und Haltung wichtiger waren als die nationale Zugehörigkeit, entspann sich zwischen der Polin und der Deutschen ein respektvolles Verhältnis, später sogar eine Freundschaft – mit Französisch als Umgangssprache, da Frau von Zakrzewska die Benutzung der deutschen Sprache verweigerte, obwohl sie sie fließend beherrschte.

»Die beiden«, sagt Tochter Illo, »haben sich sehr gut verstanden.« Wenn Mutter Gertrud wieder einmal Edelmetalle oder Textilien für das Reich aus Beständen spenden sollte, die ihr doch gar nicht gehörten, redete Frau von Zakrzewska ihr gut zu: »Warum sehen Sie wieder aus wie ein geprügelter Hund? Geben Sie's doch! Das ist etwas, was Motten und Rost fressen! Das ist doch nichts wert!« Und wenn Mutter Gertrud wieder einmal auf das Misstrauen der Arbeiter stieß, legte Frau von Zakrzewska ein gutes Wort für sie ein, sodass sich langsam ein Vertrauensverhältnis entwickelte. Frau von Zakrzewska war großzügig und souverän. »Da fiel es uns nicht so schwer«, sagt Illo von Stackelberg, »dass wir in ihren Möbeln lebten.« Schließlich ist Frau von Zakrzewska in den Armen von Gertrud von Aderkas gestorben. »Ist das nicht tröstlich?«

Die Trauerfeier, die sich der Beerdigung anschloss, hat die Familie von Aderkas allerdings trotz Einladung nicht besucht. »Meine Mutter sagte: Wenn das rauskommt, sind wir dran. Umgang mit Polen war ja strengstens verboten. Man durfte sie schlagen, aber nicht mit ihnen essen.«

Mutter Gertrud trug innerhalb der Familie die Hauptlast der

Arbeiten für das Gut, als sie die große Buchführung übernahm. Tag für Tag notierte sie aufgrund der Meldungen der Inspektoren, was verkauft und was angeschafft wurde, wie viele Ferkel geboren, wie viele Schweine geschlachtet, wie viele Stuten gedeckt oder welche Löhne den Arbeitern ausgezahlt wurden.

Die Kinder waren fortgezogen. Sohn Claus hatte sich, um der Einberufung zur SS zuvorzukommen, freiwillig zur später umstrittenen Division Brandenburg gemeldet, einer Spezialtruppe der Wehrmacht, die im Feindgebiet bei der Partisanenbekämpfung eingesetzt wurde und in der bekanntermaßen viele Deutschbalten dienten.

Illo und Heinz besuchten eine Schule in Gnesen, Ulrike eine Schule in Wreschen. Nach dem Schulabschluss absolvierte Illo den Arbeitsdienst, was ihr Spaß machte, da sie engeren Kontakt zu Menschen aus Köln, Hamburg und Braunschweig knüpfen konnte, sodass »das Reich«, bisher eher eine fiktive Größe aus dem Bereich der Fantasie, konkrete Gestalt annahm. Danach begann sie im Roten-Kreuz-Krankenhaus von Berlin-Weißensee eine Ausbildung als Schwester. Bereits nach drei Monaten erreichte sie jedoch ein ärztliches Attest, wonach die Mutter innerhalb von vier Wochen erblinden würde. Illo musste zurück auf den Weidenhof und die Funktion als Gutssekretärin übernehmen. Seitdem lag, auch wenn die Mutter glücklicherweise nicht erblindete, die Hauptlast der Arbeiten auf Illo. Da war sie gerade zwanzig Jahre alt.

Den Zustand des Gutes entnahm Illo der Buchführung. Sie sah, was gedieh und was verdorrte, wie viel an Kontingenten abgeliefert und welcher Gewinn gemacht wurde. Sie sah, dass das Gut florierte, obwohl immer mehr Pferde eingezogen wurden. »Wie sollen wir die Kontingente schaffen?«, fragte Mutter Gertrud bei jeder neuen Anforderung entrüstet. »Ein Pferd kann nur arbeiten, bis es umfällt.« Zum Schluss mussten Ochsen statt Pferden eingespannt werden. »Aber das waren tolle Ochsen«, erinnert sich Illo von Stackelberg. »Die hatten einen so schnellen Schritt, dass sie mit den Pferden beim Pflügen gleichauf waren.«

Der Weidenhof hatte gute Verwalter und gute Arbeiter. Sie bauten Rüben an, Roggen, Hafer, Weizen und waren die Kartoffelkönige im Kreis. Zum Ernteeinsatz kamen zusätzlich polnische Schulklassen aus Ostrowo, auch polnische Häftlinge, meist einfache Bauersfrauen, die wegen Diebstahl oder Schwarzhandel bestraft worden waren und von zwei reichsdeutschen Gefängniswärterinnen beaufsichtigt wurden, die oft und gern von ihren Gummiknüppeln Gebrauch machten.

Auf dem Gut experimentierte man auch mit der sagenumwobenen neuen Pflanze Kok-Saghys, einer Art Löwenzahn, deren Wurzeln den schwer zugänglichen Kautschuk ersetzen und dem Reich Gummi liefern sollten – eine der vielen angeblich Wunder wirkenden Erfindungen, die sich als Fehlschlag erwiesen. Das Experiment rief ein großes Echo auf dem Hof hervor, war doch bereits die Saatgewinnung ein aufwendiges Unternehmen. Denn Blüte für Blüte musste nach dem Verblühen mit der Hand eingesammelt werden, da die Saat im weißen Haar verborgen war.

Der Weidenhof war ein Mikrokosmos in sich, voller Spannungen, voller Gerüchte, voller Gehässigkeiten, aber auch voller Zuwendung, Wärme und menschlicher Nachsicht.

Da war die Kriegshochzeit von Bruder Claus im Kreise von deutschen Nachbarn und Verwandten, auf der die polnischen Gutsarbeiter mit Musik aufspielten und die Braut Helga im weißen Kleid mit dem bärtigen alten Hofvogt Tyrakowski tanzte.

Da war der polnische Verwalter, der in regelmäßigen Abständen bei Frau von Aderkas vorsprach: »Pani [Herrin], können Sie meine Männer vor Schanzarbeiten oder vor der Zwangsarbeit im Reich retten?« Wenn es sich gar nicht verhindern ließ, schickte Mutter Gertrud jene, die noch keine Familien hatten.

Da waren die Evakuierten aus dem Reich: Einmal kam ein älteres Ehepaar aus Berlin, das nur kurze Zeit blieb, da der schwer kranke Mann bald verstarb, ein anderes Mal kam eine mannstolle Frau mit fünf Kindern aus Köln, die sich an alle polnischen Arbeiter heranmachte und Gegenstand vieler gehässiger Kommentare wurde.

Da war die krebskranke Frau Walczakowa, die Frau des Schweizers, der Illo Schmerzmittel spritzte, da sie als Polin nicht ins Krankenhaus eingeliefert oder ärztlich behandelt werden durfte. Die Rezepte besorgte sich Illo illegalerweise bei Doktor Wilhelm Kahl, der trotz seines Namens, der eine deutsche Nationalität nahelegte, ein Pole war. Und sie ließ sie einlösen in einer deutschbaltischen Apotheke, deren Besitzer so taten, als sei ihnen die polnische Nationalität von Doktor Kahl nicht bekannt.

Da waren schließlich die Treffen mit den Deutschen aus den umliegenden Gütern, die – vom Betriebsleiter Otto Hoffmann abgesehen – alle aus dem Baltikum stammten. Sie besuchten sich regelmäßig mit Pferdewagen im Umkreis von zehn bis fünfzehn Kilometern. Sie gingen gemeinsam auf Jagd, und sie sprachen immer mehr über den Krieg. »Jeder hatte ja jemanden an der Front. Und jeder sah, dass von einem Endsieg keine Rede sein konnte.« Würden sie überleben, die Männer, die Söhne, die Brüder? Illos Klassenkameradin Rosemarie von Schilling verlor fünf von sechs Brüdern, drei davon in einem Jahr. Illos Bruder Claus wurde erst an der Ostfront, dann in Jugoslawien verwundet. Er verlor einen Arm, wurde auf einem Ohr für immer taub und kann seitdem nur mit Spezialschuhen gehen. Der jüngere Bruder von Mutter Gertrud fiel bei der Zitadelle in Posen, und der ältere Bruder ist, sagt

Illo, »irgendwo vor die Hunde gegangen, als er zum Volkssturm eingezogen wurde«.

Illo von Stackelberg erzählt es ohne jede Regung. Mit welchem Recht könnte sie sich beschweren? Hätte es für die Familie nicht viel schlimmer kommen können? Waren sie nicht verwöhnt im Warthegau, wo sie keinen einzigen Bombenangriff erlebten? Im Vergleich mit anderen, ist Illo von Stackelberg überzeugt, hätten sie keinen hohen Preis im Krieg gezahlt. Nicht einmal den Verlust des Weidenhofes im Herbst 1944 empfand sie als schweren Schlag. Gut vier Jahre war er zwar ihr Zuhause gewesen – aber er hatte ihnen doch nicht gehört.

Schuld an ihrem erneuten Umzug noch knapp drei Monate vor der Flucht war der zuständige Kreisbauernführer Schottke aus der Kreisstadt Ostrowo. Ein Deutscher aus Deutsch-Ostafrika, der ein Auge auf den Weidenhof geworfen hatte, weil er viel abwarf und gut geführt war. Unglücklicherweise war Herrn Schottke zu Ohren gekommen, dass die Familie von Aderkas zwar ein altes Adelsgeschlecht sei – in dem sich aber leider jüdisches Blut eingeschlichen habe.

Der Ahnenpass legte keinerlei Verdacht nahe. Im Genealogischen Handbuch des Adels allerdings war der Urgroßvater mütterlicherseits, ein Militärarzt am Zarenhof namens Blumenthal, als Bruder des Rabbiners Jakobsen verzeichnet. Das Rassenamt sah Klärungsbedarf. Mehrfach wurde Mutter Gertrud nach Berlin zitiert. Aber was sollte sie nachweisen? Dass dieser Urgroßvater konvertiert, also Christ gewesen sein muss, da Juden mit großer Wahrscheinlichkeit nicht am Zarenhof angestellt worden wären? Der Beamte auf dem Rassenamt war bereit, die Sache bis »nach dem Endsieg« auf sich beruhen zu lassen – doch Kreisbauernführer Schottke bestand auf einer Entscheidung. Und so erhielten Illo und ihre Mutter im Oktober 1944 vom SS-Stab die Aufforderung, den Weidenhof zu räumen, da die Familie von Aderkas nicht den erforderlichen Ariernachweis erbracht hätte.

Nur wenige Wochen zuvor war der große Spiegel, in dem sich auf Gut Kürbis immer der Weihnachtsbaum gespiegelt hatte, unter großem Getöse in Tausende von Splittern zerborsten, und die abergläubische Gesellschafterin von Frau von Zakrzewska hatte prophezeit: »Das bedeutet, dass Sie den Weidenhof bald verlassen werden.«

Sie mussten in das sechs Kilometer weiter westlich gelegene Gut Benden umziehen, ein Anwesen mit nur 800 Morgen und einem kärglichen Viehbestand. Hier verbrachten sie ihre letzten Monate im Warthegau, dunkle Monate im Winter, in denen die Arbeit in der Landwirtschaft weitgehend ruhte, Illo mit der Buchführung wenig ausgelastet war und die Front immer näher rückte, ohne dass sie sich dessen bewusst werden wollten.

»Das kam sehr plötzlich über uns«, gestand Mutter Gertrud noch im Alter, »denn irgendwie hatten wir uns durch die Propagandareden von der Wunderwaffe einlullen lassen.« Als dann aber die ersten Trecks von Deutschen aus den weiter östlich gelegenen Teilen des Warthegaus vorbeizogen, begannen auch Mutter und Tochter von Aderkas mit Hilfe des polnischen Verwalters zu packen. Heimlich in der Scheune, damit niemand sie wegen Defätismus anzeigen konnte.

Sie ließen noch ein Schwein schlachten und das Fleisch räuchern, sie ließen die Pferde noch mit Stollen beschlagen, damit sie auf den vereisten Straßen nicht ausrutschen würden. Und ein ganzes Gespann ließen sie mit Hafersäcken beladen, einer Ration, so hatte Illo von Stackelberg berechnet, die vier Wochen lang für sechs Pferde ausreichen würde – denn mit zwei Gespannen mit je drei Pferden wollten sie fahren. Zum Schluss blieb ihnen nichts anderes übrig, als sehnlichst auf den Anruf zu warten, der ihnen den Aufbruch gestatten würde. Am Mittag des 20. Januar 1945 war es so weit. Der Anruf kam. In der Ferne war schon Geschützdonner zu hören.

Da tauchten völlig unerwartet Schwierigkeiten auf. Kein polnischer Arbeiter wollte sie freiwillig kutschieren, jemanden zu zwingen hielt Illo indes für unklug. »Wer nur aufgrund eines Befehls fährt, wird die erste Nacht nutzen, um sich davonzustehlen.« Spätere Erfahrungen bestätigten diesen Verdacht. Was blieb ihnen also anderes übrig, als den eigenen Kräften zu vertrauen, obwohl diese nur begrenzt Vertrauen verdienten? Allein Illo hatte Erfahrung im Umgang mit Pferden und Gespannen; sie fuhr als Erste. Das zweite Fuhrwerk lenkte Schwester Ulrike, ihre Mutter und den Schäferhund Rudi zur moralischen Unterstützung neben sich.

»Für Angst«, sagt Illo von Stackelberg, »blieb keine Zeit.« Und die Fahrt verlangte volle Konzentration.

Als Erstes stellte sich heraus, dass die großen Wagen wegen ihrer Eisenbereifungen auf den vereisten Straßen gefährlich hin und her schlitterten. Als Zweites stellte sich heraus, dass bei der breiten Bespannung mit drei Pferden das dritte Pferd ständig in die Gräben hinabzurutschen drohte.

»Beim nächsten Mal müssen wir das anders machen«, empfahl die Mutter der Tochter in etwas gereiztem Ton.

»Ist gut«, gab Illo in ruhigem Ton zurück. »Aber ein zweites Mal wird es nicht geben!«

Sie fuhren nach Westen. Auf einer Höhe Kalisch–Guben. Eingeklemmt in einen endlosen Treck fast ausschließlich aus Pferdegespannen, die sich auf schnee- und eisbedeckten Straßen im Schneckentempo vorwärtsquälten. Kinder weinten, Fahrzeugführer schrien sich gegenseitig an, manche schlugen sich gereizt mit Peitschen. Der Ton unter den Flüchtlingen war rau, Hilfe und

Mitgefühl waren die Ausnahme. Wer die Pferde füttern musste, scherte aus, um den Zug nicht aufzuhalten. Wer nicht ausscherte und den ganzen Zug zum Halten zwang, steckte Flüche und manchmal auch Faustschläge ein.

Auf der linken Fahrspur hatten Wehrmachtsfahrzeuge absolutes Vorfahrtsrecht. Einmal hatte Illo, um bei einem plötzlichen Halt nicht auf den Vordermann aufzufahren, die Pferde zur Straßenmitte hin gelenkt, als ihr eine Militärkolonne entgegenkam, ein Soldat ihre Pferde wütend zurückstieß und Illo mit dem schweren Wagen und den drei Pferden rückwärts einen vereisten, drei Meter hohen Abhang hinunterrutschte. Pferde und Riemenzeug verhedderten sich zu einem einzigen großen Knäuel. Mit großer Anstrengung kamen zwei Pferde auf die Beine, doch das dritte hing wie tot in seiner Halskoppel. »Bella erstickt!«, schrie Illo ihrer Mutter zu. »Ein Messer, werft mir ein Messer herunter!« Doch niemand hatte ein Messer zur Hand, um die Riemen der Anspannung loszuschneiden. Da warf Bella in ihrer Agonie noch einmal den Kopf hoch, stemmte sich mit den Beinen gegen den Boden, zerriss die Kette, die die Lederkoppel mit der Deichsel verband – und war frei. »Es war wie ein Wunder.«

Illo war unverletzt geblieben, die Pferde waren mit dem Schrecken davongekommen, am Wagen war nichts gebrochen. Ein freundlicher Pole führte Illo zurück auf die Straße.

Erst waren Illo und ihre Schwester mit den beiden Gespannen hintereinander hergefahren. Doch an einer Gabelung diktierte ein braun Uniformierter, eine Zigarre lässig im Mund, eine Pistole gebieterisch in der Hand, die einen nach rechts, die anderen nach links. Mutter Gertrud gab ihm zwar mit ihrer lauten Stimme zu verstehen, dass die Gespanne zusammengehörten, doch er zwang sie – »Halt's Maul, ich kann dich standrechtlich erschießen!« – auf die linke Spur, während Illo bereits rechts abgebogen war. Das

Fuhrwerk mit den Lebensmitteln blieb bei Illo, das Fuhrwerk mit dem Futter für die Tiere bei Schwester Ulrike.

»Beim nächsten Mal nehmen wir nicht mehr zwei Gespanne«, sagte Mutter Gertrud, sobald sie sich wiedergefunden hatten.

»Ganz sicher nicht«, entgegnete Illo, spannte die Pferde vor dem zweiten Gespann aus, übergab zwei von ihnen Soldaten mit einem Schlitten, deren Pferde bereits völlig erschöpft waren, und band das dritte hinter ihren Wagen. Da sie die schweren Hafersäcke nicht vom zweiten Fuhrwerk umladen konnte, schlitzte sie die Säcke auf und verteilte den größten Teil an Bauern im Treck, die in der Eile des Aufbruchs gar nichts hatten mitnehmen können. Später, an einem kleinen Berg, den die Pferde nur mit viel Geschrei und Peitschenknallen gegen die gepflügte Furche hinaufgetrieben werden konnten, verschenkte Illo auch das dritte Pferd. An einen alten weißhaarigen Mann aus dem östlichen Wartheland, der seine Tochter und vier kleine Enkel transportierte. Ein Tier war ihm bereits verendet, das zweite stand nur noch auf zitternden Beinen. »Nehmen Sie meines, und fahren Sie mit Gott«, sagte sie dem Mann und war sogar erleichtert, ihr Pferd mit Anstand losgeworden zu sein. Nun würde es nicht mehr jener SS-Mann requirieren können, der es bereits mehrfach beansprucht hatte.

»Viel Trauriges war zu sehen«, berichtete Mutter Gertrud später einem Enkel. »Erst fragte ich mich, was in den vielen kleinen Päckchen sein könnte, die besonders auf den Kirchentreppen und an Kapellen abgelegt worden waren. Dann wusste ich, es waren die Leichen kleiner Kinder, die den Treck nicht überstanden hatten. Die Menschen hatten sie eingepackt in das Letzte, was sie noch besaßen, um sie der Kirche, dem lieben Gott zu übergeben.«

Und wieder: Hatten sie nicht großes Glück?

Sie wurden nicht wie andere Flüchtlinge von ihren eigenen Landsleuten bestohlen, niemand entwendete ihnen die Pferde oder den Ziehscheit, an dem das Pferd angespannt werden musste. Sie mussten keinen Toten beklagen, brauchten nicht zu hungern, wurden nicht vergewaltigt und waren mit 51, 21 und 19 Jahren alle drei in einem Alter, in dem sie Frost aushalten und Nächte durchfahren konnten. Illos Freundin Erika hingegen quälte sich auf dem Treck mit einem Onkel, dem beide Beine amputiert worden waren. Ihre Freundin Sabine wurde von Soldaten der Roten Armee überrollt, die ihren Vater sofort erschossen und sie selbst, ihre Mutter und Großmutter an den sowjetischen Geheimdienst NKWD überstellten, der sie nach Sibirien deportierte, wo Mutter und Großmutter im ersten halben Jahr aufgrund von Erschöpfung starben. Sabine selbst kam erst nach zwölf Jahren aus Kasachstan zurück.

Nach drei Wochen kamen Illo, ihre Mutter und Schwester im sächsischen Buttstedt bei Weimar an, ihrer einzigen Anlaufstelle im Reich. Hier hatten Frau und Kind von Bruder Claus bei einem Bauern Unterschlupf gefunden, nachdem sie in Frankfurt am Main ausgebombt worden waren.

Erst hier, am Ende des Krieges, erfuhren sie, was der Krieg bedeutet hatte. Da begegnete ihnen erstmals der massenhafte Tod von Zivilisten.

Zwar hatte ein Offiziersanwärter Illo noch im Warthegau vom Warschauer Aufstand berichtet, mit dem sich die polnische Hauptstadt im Spätsommer 1944 zwei Monate lang gegen die deutsche Besatzungsmacht aufgelehnt hatte. Die Kämpfe schienen zwar sehr viele Tote gekostet zu haben, aber – so dachte Illo damals – immerhin hätten Soldaten gegeneinander gekämpft. Dass auch Zehntausende Frauen, Kinder und Männer umgekommen waren, dass sie als lebende Schutzschilde vor den deutschen Panzern eingesetzt oder einfach massenhaft exekutiert worden waren, ihre Verwundungen nicht versorgt und ihr Hunger nicht gestillt worden waren oder dass sie vor Schwäche zusammengebrochen und ertrunken waren, wenn sie sich in den Abwasserkanälen in sichere Stadtteile zu retten versucht hatten – über all das hat Illo erst Jahrzehnte später gelesen.

Von Buchenwald hörten die Frauen von Aderkas allerdings sofort, als sie in die Nähe getreckt waren. Das könne nicht wahr sein, sagten die Menschen in der Umgebung, dass Zehntausende dort umgebracht worden seien. Daraufhin wurde ein Trecker vor einen Ackerwagen gespannt, und neben den Kriegsgefangenen und Zwangsarbeitern, die Verwandte oder Bekannte identifizieren sollten, hockte sich trotz Schneematsch und eisigem Wind auch Mutter Gertrud auf den Wagen. »Sie wollte mit eigenen Augen sehen, ob die Gerüchte wahr sind – denn«, sagt Illo noch heute mit Nachdruck, »ich kann mit bestem Gewissen sagen, dass wir auf dem Weidenhof mit niemandem Kontakt hatten, der uns von den Konzentrationslagern hätte berichten können.«

Gertrud von Aderkas sah, überschüttet mit Chlor, Hunderte von Toten, ausgemergelte Gestalten, Menschen nur mit Haut und Knochen: »Sie kam so erschüttert zurück, wie ich sie nie gesehen hatte. Sie war vollkommen außer sich.«

Später las Illo von Stackelberg über Auschwitz, die Gettos, über die Einsatzgruppen im Osten und ist immer mehr überzeugt: »Wie kann ich Groll empfinden wegen der Dinge, die uns zugestoßen sind? Ich denke umgekehrt: Womit habe ich, womit haben wir verdient, dass wir im Unterschied zu anderen so viel Glück gehabt haben?«

»Wir waren Besatzer in einem fremden Land«

Warum Artur Singer sein Dorf in Bessarabien verlassen musste

Bessarabiendeutsche und die Aktion Zamość

Ursprünglich war die »rassische Neuordnung« des Generalgouvernements im Rahmen des »Generalplans Ost« erst für die Zeit nach dem »Endsieg« geplant. Doch der Lubliner SS- und Polizeiführer Odilo Globocnik regte beim Reichsführer SS, Heinrich Himmler, an, schon 1941 im Kreis Zamość (Bezirk Lublin) mit dem Aufbau eines Mustergaus »reichsdeutscher und volksdeutscher Wehrbauern« zu beginnen – als eine »Volksbrücke« zu Siebenbürgen und dem Baltikum und als Stützpunkt für den zu erobernden Ostraum. Die Stadt Zamość sollte zunächst in Himmlerstadt umbenannt werden, später sollte sie den Namen Pflugstadt tragen.

Die Räumung polnischer Dörfer setzte im November 1941 ein und endete im August 1943. Aus 290 Dörfern wurden insgesamt 110 000 Polen vertrieben. Ein erheblicher Teil der Polen konnte der SS durch Flucht entkommen, über die Behandlung der übrigen entschied eine »rassische Musterung«: Kinder, Kranke und Alte über sechzig wurden in sogenannte »Rentendörfer« abgeschoben; 16 000 »rassisch Minderwertige« kamen in das Konzentrationslager Majdanek, 2000 in das KZ Auschwitz. Arbeitsfähige Menschen zwischen 16 und 60 Jahren ersetzten als Rüstungsarbeiter die in die Vernichtungslager abtransportierten Juden; 4500 Kinder gelangten zur »Germanisierung« ins Reich.

Das Zeitgeschehen

Die Ansiedlung der Deutschen im Kreis Zamość – die meisten kamen aus Bessarabien – begann im Sommer 1942. Im Unterschied zu den Volksdeutschen im Warthegau lebten diese Siedler in ständiger Todesgefahr, denn trotz harter Vergeltungsaktionen gelang es weder der SS noch den zusätzlich abgestellten Einheiten von Polizei und Wehrmacht, die deutschen Kolonisten vor den Angriffen polnischer Partisanen zu schützen. Die »Aktion Zamość« scheiterte vollständig: Im Frühjahr 1943 musste sie vorübergehend eingestellt, am 15. August 1943 vollständig abgebrochen werden. Odilo Globocnik wurde im September 1943 abgesetzt. Anstatt der geplanten 60 000 Deutschen hatten gerade einmal 9000 Menschen in 121 der geräumten Dörfer angesiedelt werden können.

Die Frauen und Kinder wurden angesichts des Vormarsches der Roten Armee im Frühjahr 1944 evakuiert; den Männern wurde der Abzug erst im Juli 1944 erlaubt, als bereits der Geschützdonner von der Front zu hören war.

»Wir waren Besatzer in einem fremden Land«

Warum Artur Singer sein Dorf in Bessarabien verlassen musste

Damals kam er mit Schiff und Bahn nach Deutschland – heute fliegt er in die umgekehrte Richtung mit dem Flugzeug. Damals lag sein Geburtsort in Rumänien und war gerade von der Sowjetunion annektiert worden – heute gehört er zur Ukraine. Damals lebten 482 Familien beidseits entlang der drei Kilometer langen Dorfstraße in sorgfältig aufgereihten Gehöften – heute treiben dort Schafhirten ihre Herden durch wucherndes Steppengras: Hoffnungstal, ein Dorf, das es nicht mehr gibt, gut 2100 Kilometer von Deutschland entfernt in Bessarabien gelegen, einer historischen Landschaft, die nur noch in der Erinnerung alter Menschen existiert.

Wo einst das Elternhaus stand, erkannte Artur Singer bei seinem Besuch 1994 nur noch an den wilden Sauerkirsch- und Aprikosenbäumen dicht an jener kleinen Biegung, die die ansonsten kerzengerade, einst mit Akazien gesäumte Dorfstraße in ihrem nördlichen Teil vollführt. Von den Häusern, den Stallungen, Scheunen, der Schule, der Kirche, dem Friedhof fehlte jede Spur. Ziegel, Türen, Fenster, Grabsteine, das ganze Dorf war Plünderern und Schacherern zum Opfer gefallen, nachdem es von der neuen

Sowjetmacht zum Abriss freigegeben worden war. Ein neuer Militärflughafen sollte hier entstehen. Da inzwischen aber die Sowjetunion und mit ihr der Militärflughafen untergegangen sind, deckt die Natur wieder zu, was ihr seit 1842 von den deutschen Siedlern entrissen worden war. »Ich wusste, dass nichts mehr existiert«, sagt Artur Singer, um seine Enttäuschung angesichts des Wildwuchses zu verbergen. »Das untergegangene Dorf hat mich nicht mehr aufgewühlt.« Dennoch kann er nicht verhindern, dass ihm Tränen in die Augen treten, wenn er nur darüber erzählt.

In seinem Wohnzimmerschrank in Bad Salzuflen verwahrt er das Teilstück eines grauen Dachziegels, den sein Onkel 1928 zum Bau des neuen Wohnhauses aus Sand und Zement fertigte. Daneben steht ein Bildband mit alten schwarz-weißen Fotografien.

Hoffnungstal.

»Mei Kindheit hab' ich dort verbracht
do wo noch Fried' und Ruh hat g'lacht.«[1]

Zwischen dem Dnjestr im Osten und dem Pruth im Westen, in einem bis ans Schwarze Meer reichenden flachwelligen Hügelland, unter dessen baumloser Steppe fruchtbare, schwere Schwarzmeererde liegt. Ein Land, in dem das Getreide bei langer Hitze verdorren oder von Hagel und Sturm vernichtet werden konnte. Ein Land aber auch, das Weintrauben, Aprikosen, Melonen, Mais, Hirse, Tabak, Roggen im Überfluss hervorbrachte, sodass die Bauern für Notzeiten vorsorgen und ihre Produkte vorbeireisenden Händlern oder auf den Märkten in Tarutino oder Wolontirowka anbieten konnten.

Vom Frühjahr bis Herbst ging es vor Sonnenaufgang auf teil-

---

[1] Robert Roloff, Liebe zum Heimatdorf. In: Hoffnungstal. Bilder einer deutschen Siedlung in Bessarabien. Eppingen o.J.

weise weit entfernte Felder hinaus; mit Proviant und Wein für die Arbeiter sowie Futter und einem Wasserfass für die Pferde. Spät am Abend verkündete das Geklapper von Pferdehufen auf der harten, staubigen und 16 Meter breiten Sandstraße die Rückkehr der Erschöpften. Sie arbeiteten hart, die Hoffnungstaler, säten, mähten, droschen, pflügten, butterten, schlachteten, schoren die Schafe – und konnten doch auch feiern und fröhlich sein, wenn Ziehharmonika, Triangel und Trommel auf dem festgestampften, sandigen Tanzplatz im Schatten des Akazienwäldchens zum Krakowiak, zur Polka und zum Walzer riefen, wenn sich die Dorfjugend abends auf der Straße mit Gassenliedern vergnügte oder Verwandte und Freunde in den großen Sommerküchen den neuen Wein probierten.

Hoffnungstal.

Hochzeitsfotos, Konfirmationsfotos, Klassenfotos, deutsche Männer in der Zeit vor 1918 in russischen, in der Zeit nach 1918 in rumänischen Uniformen, Brautpaare und Familienfotos mit immer wieder denselben Namen: Singer, Laib, Schott, Wahl, Hofer, Rieger, Lämmle, Pfitzer; Namen wie aus Dörfern um Stuttgart herum, aus denen ihre Vorfahren aufbrachen, um in der Fremde nach größerem Glück zu suchen.

Gottesfürchtig waren sie, pietistisch, einige vielleicht bigott. »Bete und arbeite«, lernten die Hoffnungstaler von ihren Eltern, und das lehrten sie auch ihre Kinder. Seitdem 1905 in der Mitte des Dorfes eine geräumige, helle Kirche errichtet worden war, drängten sich die Gläubigen zumindest an jedem dritten Sonntag, wenn anstelle von Küster Wernick Pfarrer Baumann predigte, der mehrere Gemeinden zu betreuen hatte. Ohne Gott schien das Leben schwer erträglich. Erfolg und Misserfolg, Tod und Leben lagen dicht beieinander. Gott gab und Gott nahm. Viele Frauen brachten zehn bis vierzehn Kinder zur Welt – doch meist starben ebenso viele, wie überlebten. Wenn der Arzt in Notfällen mit dem Pferdefuhrwerk aus dem Nachbardorf herbeieilte, war es oft zu spät. Medikamente standen nicht zur Verfügung. In leichteren Fällen half eine Hebamme mit Naturheilkräutern. Doch Diphtherie, Pocken und Grippe löschten manchmal ganze Familien aus.

Gott gab Trost – und Gott sprach Deutsch. Mochte die rumänische Regierung Deutsch seit Anfang der dreißiger Jahre als Unterrichtssprache auch durch Rumänisch ersetzt haben, so wurden der Religionsunterricht und der Gottesdienst doch weiter in Deutsch abgehalten. Protestantisches und nationales Bekenntnis standen in enger Wechselwirkung:

»*Um d' Kirch die Leut' sich alle schara,*
weil sie ihr Deutsch dadurch bewahra.«[2]

Wobei die Älteren den Akzent vielleicht etwas mehr auf die Religion, die Jüngeren hingegen mehr auf das Deutschtum legten.

Ja, deutsch wollten sie sein. Am Deutschtum festhalten inmitten von Rumänen, Russen, Bulgaren, Juden. Deswegen waren sie für Hitler. Deswegen war Deutschland ihr Ideal. Ohne dass sie wussten, was in Deutschland vor sich ging. Nur spärlich drangen Nachrichten aus dem fernen Reich in das rumänische Bessarabien. Selbst wer ein Radio besaß, konnte Sendungen aus Deutschland nicht verstehen, denn auf die Entfernung war alles verzerrt.

Auch Artur Singer, geboren 1925, war für Deutschland und für Hitler, um das Deutschtum hochzuhalten. In dem deutschen Knabengymnasium im 25 Kilometer entfernten Tarutino sangen sie Ende der dreißiger Jahre leise und verbotenerweise das Deutschlandlied und grüßten die Mitschüler auf der Straße, wenn

---

[2] Robert Roloff, Liebe zum Heimatdorf, a.a.O.

niemand sie hörte, auf Deutsch mit »Heil«. Besonders verwegene und kräftige Jungen machten sich sogar auf zum jüdischen Gymnasium und provozierten Prügeleien. Obwohl die Polizei eingeschaltet wurde, konnten die Schläger nicht ermittelt werden. Sie hatten die obligatorischen Nummern von ihren Schuluniformen entfernt, sodass sie nicht zu identifizieren waren.

Ja, deutsch wollten sie sein und wären doch gern in Bessarabien geblieben, wenn sie ihr Deutschtum hätten leben können. Nachdem die Sowjetunion allerdings Anspruch auf das Gebiet zwischen Dnjestr und Pruth erhoben und am 28. Juni 1940 in Bessarabien einmarschiert war, da erschien ihnen, als sich der Schock gelegt hatte, die Ausreise als das kleinere Übel. Von Verwandten und Bekannten jenseits des Dnjestr hatten sie die Geschichten von Kollektivierung und Kulakenverfolgung gehört, von Repression und Deportation – unter »dem Russen« wollten sie auf keinen Fall leben. Und so entschieden sie sich zur »Umsiedlung«. Kein Einziger wollte in Hoffnungstal bleiben.

Es ging alles sehr schnell. Im September 1940 zogen vier Mitglieder der Umsiedlungskommission in Hoffnungstal ein – die reichsdeutschen Soldaten Hoffmann, Müller, Pfeuler und Jundt –, und die ganze Jugend bestaunte den großen »Opel Olympia«, ihr Verbindungsfahrzeug, das einzige Auto im Ort. Vor der Schule informierte eine Tafel über die Voraussetzungen zur Umsiedlung, und in den zu Amtsstuben umgerüsteten Klassenzimmern nahmen örtliche Sachbearbeiter die Registrierungen für die Einwandererzentrale vor. Drei »Taxanten« aus der Gemeinde marschierten gemeinsam mit russischen Kollegen von Hof zu Hof und schätzten – häufig unter großem Streit – den Wert des Eigentums, für das im Reich Entschädigung zugeteilt werden sollte. Hartgeld, so erinnert sich Artur Singer, konnte nicht eingetauscht werden.

Die Kommission notierte zwar die Summen, die sie in Empfang nahm, aber niemand hat jemals ein Äquivalent gesehen. Die Hoffnungstaler packten, sie schlachteten, sie suchten ihr Vieh noch zu verkaufen, sie richteten die Planwagen her. Wer kein Gespann besaß, gab seine mit Namen und Adresse beschrifteten Gepäcksäcke vor der Schule ab, wo sie von den Fahrzeugen der SS abgeholt wurden.

Dann galt es Abschied zu nehmen.

Beim Gottesdienst teilte Oberpastor Immanuel Baumann in der überfüllten Kirche das Abendmahl aus, und alle schritten zum Altar, um zum letzten Mal in ihrem Geburtsort Brot und Wein zu empfangen. Auf dem Friedhof an dem sanften Abhang an der Ostseite des Dorfes sprach Küster Wernick ein Abschiedsgebet, und die schwarz gekleideten Frauen und Männer mit den sonnengegerbten Gesichtern, deren Umrisse sich zwischen den hohen, weißen Grabsteinen scharf gegen den bleigrauen Himmel abhoben, falteten die rauen Hände und senkten demütig den Kopf. Mochte Gott ihnen verzeihen, dass sie die Toten zurückließen.

Ab 1. Oktober 1940 standen die LKWs der SS im Dorf. Mädchen putzten die Windschutzscheiben noch einmal für die Fahrt über die staubigen Straßen und schmückten die Motorhauben mit Blumen. Kinder, Alte und Frauen, ausgerüstet nur mit Handgepäck, halfen sich gegenseitig beim Einstieg in die Transportwagen und Kleinbusse. Artur Singer war fünfzehn und fuhr mit Mutter, Vater und Schwestern; seine älteren Brüder zogen zwei Tage später los – in einem langen Treck von Planwagen, die sich tagelang über die Sandstraßen der Steppe quälten, bevor sie in der Stadt Galatz an der Donau ankamen. Keiner sang, keiner triumphierte. Es gab zwar die Verheißung:»Kommt nach Deutschland, Deutschland hat Land genug!«, doch noch trauerten sie:

»Du Land, in allem Gut so reich,
Ins Herz schloss ich dich ein;
Ich bleib' dir in der Liebe gleich,
Im Tode bin ich dein!«[3]

Am 16. Oktober war Hoffnungstal menschenleer.

In den Ställen, so schrieb die rumänische Magd Olga der Familie Singer später nach Deutschland, hätten Kühe mit prallen Eutern gestanden und vor Schmerzen gebrüllt. Da seien Russinnen aus den Nachbardörfern gekommen, um sie zu melken.

Von Galatz ging die Fahrt stromaufwärts. Niemand aus Hoffnungstal war je auf einem Schiff gefahren. »Sieh mal diesen Kirchturm!« Und alle Passagiere liefen nach Backbord. »Sieh mal die Felsen der Karpaten!« Und alle Passagiere liefen nach Steuerbord. »Sieh mal den Vorspann!« Und alle Passagiere liefen zum Bug, vor den sich ein Schlepper gespannt hatte, weil sich ihr Schiff donauaufwärts ziehen lassen musste.

Alles war neu und fremd. Das Sauerteigbrot, das die Besatzung verteilte, ging gleich über Bord – die Umsiedler waren nur ihr selbst gebackenes Weißbrot mit Weinhefe gewöhnt. Später, schon im Zug vom jugoslawischen Semlin nach Deutschland, ging auch der Käse aus Österreich zum Fenster hinaus, denn den Umsiedlern schmeckte nur ihr eingelegter Schafskäse. Damals auf der Reise waren sie noch zuversichtlich, unbekümmert, wohl auch ein wenig hochmütig, weil sie sich nicht vorstellen konnten, dass sie schon wenige Wochen später mit dem Hunger kämpfen würden.

---

[3] Text und Melodie des Bessarabischen Heimatliedes von 1922 stammen vom Schuldirektor Albert Mauch.

Erste Station der Gruppe von Artur Singer im Deutschen Reich war Chemnitz-Schönau. Nach wenigen Tagen ging es weiter in »Reichels Neue Welt«, ein ehemaliges Chemnitzer Ausflugslokal an der Endhaltestelle der Straßenbahnlinie 6. Dass es sich um einen repräsentativen Fachwerkbau mit einem bunt ausgemalten Konzert- und Ballsaal, einer aufwendigen Stuckdekoration an der Decke und Säulengängen auf der rechten und linken Seite handelte, dürften die wenigsten Umsiedler wahrgenommen haben. Im Saal war es eng, stickig und laut. Weit über hundert Menschen drängten sich dicht an dicht in zweistöckigen Betten. Im Laufe der Zeit schirmten sich zwar einzelne Familien durch Decken voneinander ab. Aber Lärm und Licht störten immer. Und einige sagten, obwohl sie hier »eingedeutscht« wurden: »Wären wir doch nur in Bessarabien geblieben!«

Das Lager stand unter Aufsicht der SA. Artur störte sich nicht daran, wenn er ausgerechnet am Sonntag um zehn Uhr morgens zu Versammlungen gerufen wurde, aber seine Mutter mahnte ihn, den Gottesdienst nicht zu vergessen. Noch war Artur kein Mitglied der Hitler-Jugend, aber die Jugendfreizeiten sprachen ihn an. Damals begann sich jene eigentümlich zwiespältige Haltung in ihm herauszubilden, die ihn das bejahen ließ, was ihn gleichzeitig quälte.

Bald tauchte das Gerücht auf, wer kinderlos sei, werde nicht angesiedelt. Und da der Bruder von Arturs Vater keine Kinder hatte, fürchteten die Familien, auseinandergerissen zu werden, wenn die einen in den eroberten Gebieten Polens siedeln würden und die anderen im Reich bleiben müssten. Der Onkel entwickelte sogar die Fantasie, kinderlose Paare könnten irgendwo auf Nimmerwiedersehen verschwinden, da sie keinen Nutzen für das Reich brächten. So musste Artur die Eltern wechseln: Mit Einverständnis seiner Eltern wurde er von seinem Onkel und seiner Tante adoptiert. Er war tief verstört, aber nicht »dem Reich«, sondern seiner Mutter nahm er den erzwungenen Familienwechsel übel, der glücklicherweise nicht einmal ein ganzes Jahr andauerte, da sein Ersatzvater dann drei Kinder adoptierte, die gerade Waisen geworden waren.

Heute ist es Artur rätselhaft, warum ihm damals nicht die mysteriösen Umstände auffielen, unter denen diese drei Kinder – Freunde und Verwandte von ihm – Waisen geworden waren. Ihre Mutter hatten sie bereits in Hoffnungstal verloren, dann starb im Reich plötzlich auch ihr Vater. Immanuel Aippersbach war der letzte Bürgermeister von Hoffnungstal gewesen, ein kräftiger, dynamischer Mann um die vierzig, der auch nach der Umsiedlung noch als Sprecher seiner Landsleute aufgetreten war. Auch er war ein Anhänger Hitlers, den es aber empörte, als ihm eines Tages ein Paket mit Kleidungsstücken und einem kurzen Begleitbrief ausgehändigt wurde: Seine Mutter sei plötzlich verstorben, hieß es da, gemeinsam mit ihrer schwermütigen Schwiegertochter, die sie in einem Heim nicht hatte allein lassen wollen. Als Immanuel Aippersbach nicht nachgab und auf die Klärung der Umstände ihres Todes drängte, verschwand auch er. Und eines Tages erhielten seine drei Kinder ein Paket mit Kleidungsstücken und einem kurzen Begleitbrief: Ihr Vater, so hieß es da, sei plötzlich verstorben, in einem Krankenhaus nach einem Blutsturz.

Artur Singer hat erst im Abstand von 65 Jahren realisiert, dass angeblich minderwertiges Leben wohl einfach beiseitegeschafft worden ist und der aufsässige Bürgermeister gleich dazu. Damals aber wollte er nicht wahrnehmen, was seiner Hinwendung zum Nationalsozialismus hätte Abbruch tun können. Er war stolz auf den älteren Bruder Emil, der mit 21 Jahren zur Schulung nach Sonthofen kam, wo er – weil er Russisch sprach – ausgebildet wurde für die Zivilverwaltung in den gerade eroberten ukrainischen

Gebieten. Er wurde tatsächlich eingesetzt auf einem landwirtschaftlichen Gut, das unter sowjetischer Besatzung zur Kolchose umgestaltet worden war und nach Einnahme der Gebiete durch die deutsche Wehrmacht im Juni 1941 als deutsches Treuhandgut weitergeführt wurde. Wie das Gut hieß, welche Funktion sein Bruder hatte und mit welchen Aufgaben er betraut war, vermag Artur nicht zu sagen. Früher wurde in der Familie nicht darüber gesprochen, und jetzt ist der Bruder tot.

Artur selbst vertrieb sich die Zeit in den verschiedenen Durchgangslagern, in denen sie in den nächsten zwei Jahren hausten, mit Gelegenheitsarbeiten, die ihm etwas Taschengeld und damit zusätzliches Essen verschafften. Während der Zeit in »Reichels Neuer Welt« arbeitete er bei einem Kohlenhändler, wo er aus Sägespänen, Kohlenstaub, Gips und Wasser Briketts zu formen hatte, später verdingte er sich in einer Bäckerei. Im Lager Chemnitz-Rabenstein stellte er in einer Fabrik Schrauben und andere Kleinteile her, und in der Schlossanlage »Sonnenstein« in Pirna, wo – was erst sehr viel später bekannt wurde – die Nationalsozialisten vor ihrer Ankunft etwa 14 000 geistig Behinderte ermordet hatten, schleppte er Kornsäcke in einem Getreidelager.

In Pirna trat Artur Singer in die Hitler-Jugend ein. Das Einzige, was er dem Naziregime übel nahm, war die Behandlung der Hoffnungstaler, die von einem Durchgangslager zum anderen geschoben und immer wieder vertröstet wurden. Die meisten Bessarabiendeutschen waren längst im Warthegau und in Danzig-Westpreußen angesiedelt. Warum mutete man ausgerechnet den Hoffnungstalern nun schon fast zwei Jahre ein karges, beengtes Lagerleben zu? Ohne das Gepäck von zuhause? Ohne geregelte Arbeit? Ohne eigenen Hof?

Im Herbst 1942 war es endlich so weit. Es gab Platz für sie. Allerdings nicht wie erwartet in jenen Gebieten, die dem Reich eingegliedert worden waren, sondern im Generalgouvernement, aus dem die Deutschen zwei Jahre zuvor gerade ausgesiedelt worden waren. Doch nun habe die Zeit begonnen, so wurde ihnen mitgeteilt, auch diese Gebiete zu »vollwertigen Reichsgauen auszubauen« und das Deutschtum weiter nach Osten vorzuverlagern. Und die Hoffnungstaler wollten glauben, sie hätten eine besondere Mission zu erfüllen.

Im Lager Zduńska Wola, noch im Warthegau, wurden die Familien für die einzelnen Dörfer zusammengestellt. Und während sich seine Eltern schon auf den Weg zum neuen Hof im Bezirk Zamość machten, erhielt Artur als frischgebackenes HJ-Mitglied noch von SS-Unterscharführern eine Ausbildung in einer Reichsführerschule in der Nähe von Lodz, das nun Litzmannstadt hieß. Er lernte zu schießen, nach einem Nachtalarm innerhalb von drei Minuten marschbereit zu sein, lernte Skizzen für Spähtrupps anzufertigen und übte Kampfgeist beim Marschieren. Und nach dem Befehl des Unteroffiziers »Singen – drei, vier!« begeisterte er sich mit den anderen:

»An einem Sonntagmorgen
Marschierten wir ins Land.
An einer langen Mauer
Ein kleines Mädchen stand.
Sie hatte rote Rosen
Zum Gruß für mich gepflückt.
Es war, als würd' ich selber
Fest an ihr Herz gedrückt.«

Dann wurde er in den Kriegsalltag entlassen. Wie alle anderen wehrfähigen deutschen Männer im Kreise Zamość erhielt er eine schwarze ehemalige SS-Uniform ohne Abzeichen, einen Karabiner und fünfzig Schuss Munition. Irgendwo besorgte er sich noch eine Handgranate. Als er im Dezember 1942 endlich auf dem Hof Nowy Staw ankam, der seinem Vater abseits des Dorfes Staw Noakowsky gut 20 Kilometer nordwestlich von Zamość zugewiesen worden war, erwarteten ihn allerdings keine Mädchen mit Rosen. Er begegnete vielmehr misstrauischen polnischen Arbeitern auf einem Hof, dessen polnischer Besitzer sich abgesetzt hatte, um der Zwangsarbeit im Reich oder der Einlieferung ins Konzentrationslager Auschwitz zu entgehen.

Das Herrenhaus war noch nicht erbaut, also bezogen die deutschen Siedler die linke Seite des Arbeiterhauses, auf dessen rechter Seite ihre polnischen Vorarbeiter, Kutscher und Knechte wohnten. Auf den ersten Blick schien es, als kämen sie gut miteinander zurecht. Arturs Vater konnte sich auf Russisch mit dem Vorarbeiter verständigen, über die Aufteilung der Arbeit gab es keine Kontroversen. Artur selbst beherrschte bald so viel Polnisch, dass er sich auf Gespräche mit dem Schwiegersohn des Vorarbeiters einlassen konnte. So hörte er beispielsweise, dass die gebrauchten Kleidungsstücke, unter denen sich die Umgesiedelten in Zamość heraussuchen konnten, was sie brauchten, nicht – wie offiziell angegeben – von gefallenen und verstorbenen Deutschen stammen sollten, sondern von Juden, die im Konzentrationslager Majdanek vergast worden seien. Artur wehrte innerlich ab. Gab es nicht schon Gerüchte genug, die sich als Angstvisionen herausgestellt hatten? Außerdem brauchte er nichts aus diesem Kleiderfonds. Über die wenigen Krawatten, die er einmal mitgenommen hatte, hatten sich seine Schwestern lustig gemacht. Am besten schien es ihm, diese letztlich schwer nachprüfbaren Dinge, die ihn zudem verwirrten, zu ignorieren und sich allein um die praktischen Angelegenheiten des Hofes zu kümmern.

Zum Beispiel um den Verkauf des Wodkas. Wenn der Hof seine Kontingente an Zuckerrüben, Getreide oder Milch übererfüllt hatte, erhielt Artur als Teil der Prämien 40-prozentigen Wodka, manchmal gleich kistenweise. Eine heiß begehrte Schwarzmarktware, die er manchmal verschenkte, etwa um der Tochter des polnischen Vorarbeiters einen Arztbesuch zu ermöglichen, meist aber verkaufte, da der Bruder seines polnischen Kutschers in Zamość immer interessierte Abnehmer fand. Die Zeremonie war eingespielt. Gleich nach der Ankunft leerten Anbieter und Kunden eine Flasche, um die Stimmung zu heben, dann begannen die Verkaufsverhandlungen. Meist erhielt Artur 100, in Einzelfällen sogar 150 Zloty für jede Flasche – immerhin 50 bis 75 Reichsmark, eine erhebliche Summe, die angesichts der hohen Schwarzmarktpreise allerdings ebenso schnell zerronnen wie gewonnen war.

Artur Singer war naiv. Er wollte naiv sein. Wollte nicht darüber nachdenken, was ihn die Kontakte mit Schwarzhändlern hätten kosten können. Wollte sich erst recht nicht fragen, ob ihm die polnischen Arbeiter, die ihm mit Respekt begegneten, und die polnischen Mädchen, mit denen er schäkerte, tatsächlich zugetan waren oder ob sie ihre Freundlichkeit nur heuchelten. Wer sich nicht als Herrenmensch verhalte, so dachte er, könne auch mit der Loyalität seiner Arbeiter rechnen; Nowy Staw sei nur eine Variante von Hoffnungstal. So wie er einst mit den russischen und rumänischen Arbeitern zusammengelebt hätte, so würde er jetzt mit den polnischen Arbeitern zusammenleben.

Ohne jeden Argwohn stellte er Polen zur nächtlichen Bewachung seines Hofes auf, und nicht einmal die Nachricht von der Erschießung Irma Laibs, der zwölfjährigen Tochter seiner Verwandten Johann und Christine Laib im Nachbardorf, ließ ihn auf die Idee kommen, seine polnischen Arbeiter könnten sich den eigenen Partisanen gegenüber mehr verpflichtet fühlen als der deutschen Besatzerfamilie.

Er sei, sagt Artur im Rückblick, zu unerfahren gewesen, um Angst zu haben. Denn Angst, behauptet er, hätte er nicht gekannt.

Mein Name ist Janina Smusz. Ich bin die älteste Bewohnerin von Skierbieszów im Bezirk Zamość. Was ich sage, ist die Wahrheit. Schreiben Sie das.

Es war noch ganz dunkel und schneite, als die Deutschen Ende November 1942 lautstark mit Fäusten und Gewehren an unsere Tür klopften und erklärten, alle Einwohner hätten sich innerhalb kürzester Zeit auf dem Schulplatz zu versammeln – selbst jene, die erst Ende 1939 in unserem Dorf angesiedelt worden waren, weil sie ihre Wohnungen im Warthegau für Deutsche hatten räumen müssen. Auch bei uns war damals ein Ehepaar aus Posen mit seinen beiden Mädchen eingewiesen worden.

Jeder versuchte, so viel mitzunehmen wie möglich. Kleidung, Bettzeug, Mehl, sogar geschlachtete Hühner lagen schließlich auf den Pferdefuhrwerken, die in den Nachbardörfern requiriert worden waren, um Gepäck und Menschen nach Zamość zu transportieren. Weil die neuen deutschen Siedler bereits auf der Hauptstraße anrückten, mussten wir über Nebenwege ziehen, was sich jedoch als großer Vorteil für uns erwies. Denn wenn jemand abstieg und hinter Büschen und Bäumen verschwand, um sein Geschäft zu erledigen, ließen die Deutschen ihn gewähren – und er haute ab. Auch unter den Deutschen gab es offenkundig gute Leute. So ist fast die ganze Jugend von Skierbieszów entkommen, und ein Teil hat sich dem polnischen Untergrund angeschlossen.

Auf den Fuhrwerken blieben nur Kinder und ältere Menschen, so wie mein Vater, meine Mutter und meine kleine Schwester. Ich selbst hingegen war schon eine junge Frau. Ich hatte mich gar nicht erst zum

Schulplatz begeben, sondern bin geflohen, wie ich war – ohne Decken, ohne Kleidung, ohne Lebensmittel.

Als der Ort geräumt war, wurde er von den Deutschen übernommen. Auf den Hof meines Onkels Józef Węcławik zog beispielsweise die Familie Köhler aus Bessarabien ein, deren Sohn Horst in Deutschland später Bundespräsident wurde. Die Bessarabiendeutschen waren uns gegenüber von vornherein feindlich eingestellt. Schon bei ihrer Ankunft trugen sie eine Pistole und einen Karabiner. Wir nannten sie »czarni«, die Schwarzen, weil sie lange schwarze Blusen trugen, lange schwarze Hosen und schwarze Stiefel. Das waren keine SS-Männer, aber so schwarz gekleidet wie sie. Und nachts gingen sie Streife.

Der Hof meines Vaters wurde von der volksdeutschen Familie Schramm übernommen. Die Volksdeutschen waren vor dem Krieg als polnische Staatsbürger unsere Nachbarn, Bekannten, manchmal sogar Freunde. Aber sobald sie die Volksliste unterschrieben und sich zum Deutschtum bekannt hatten, wurden sie zu Feinden. Als ich einmal zurück in unser Haus gegangen bin und darum gebeten habe, ein Foto meiner Familie mitnehmen zu können, hat mich Familie Schramm unbarmherzig abgewiesen. Würde ich noch einmal kommen, so sagten sie, würden sie mir die Gendarmen auf den Hals hetzen. Ein Volksdeutscher ist ein Judas, ein Verräter am polnischen Volk. Die Schramms ahnten wohl, was sie von ihren früheren polnischen Nachbarn erwartet hätte. Als sich die Front 1944 näherte, haben sie so viel wie möglich eingepackt und sind abgehauen. Bis nach Amerika.

Die Polen, die bei den Deutschen in Skierbieszów arbeiteten, erhielten eine Unterkunft jenseits des Flusses und einen Ausweis, der sie zum Bleiben berechtigte. Einige arbeiteten bei Bauern, andere in einer Autowerkstatt, und schließlich waren welche in einer Baufirma beschäftigt. Denn die Deutschen rissen einen Teil unserer Holzhütten ab, weil sie ihnen zu ärmlich erschienen, und ließen aus zwei kleinen Häusern ein großes Haus bauen. Sie haben unsere Kultur nicht geachtet. Als die Pfarrstelle ausgesiedelt worden war, wurde in der Kirche ein Magazin mit Korn eingerichtet.

Ich bin zunächst herumgeirrt, habe mal bei dem einen, mal bei dem anderen Cousin übernachtet. Dank einer Volksdeutschen aus Kroatien erhielt ich dann allerdings eine Kennkarte, und dank einer Tochter aus jener Posener Familie, die 1939 bei uns eingewiesen worden war und Deutsch sprach, bekam ich Arbeit in Zamość.

Das Weihnachtsfest 1942 verbrachte ich bei einem Onkel, der, weil die Deutschen unter den Polen Zwietracht säen wollten, Anfang Dezember einen Hof in der Nähe von Zamość erhalten hatte. Eines Tages erschien dort ein junger Pole mit einer Nachricht von meinem Vater – er, meine Mutter und meine Schwester waren im Konzentrationslager Auschwitz gelandet.

Von dem Geld, das ich verdiente, schickte ich Vater jeden Tag ein Päckchen von 250 Gramm. Mit zwei getrockneten Zwiebäcken, einer Knoblauchzehe oder einer Zwiebel und einem Stück Speck. Jeden Tag 250 Gramm. Allerdings habe ich nie erfahren, ob ihn eines dieser Päckchen erreicht hat.

Meine Familie war, das erzählte mir später meine Schwester, zunächst in ein völlig verdrecktes ehemaliges Kriegsgefangenenlager nach Zamość gebracht worden. Von dort ging am 10. Dezember nachmittags um 16 Uhr ihr Transport nach Auschwitz. »Arbeit macht frei« – jeder Pole wusste schon lange durch die Untergrundpresse, dass das Vernichtung bedeutete.

Meine Schwester kam mit der Mutter in ein Frauenlager, mein Vater mit seinem Bruder in ein Männerlager. In der Anfangszeit hat meine Schwester den Vater noch mehrfach bei der Rückkehr von der Arbeit gesehen. Später hat sie vergeblich nach ihm Ausschau gehalten. Aus Dokumenten vom Internationalen Roten Kreuz in der Schweiz und Aussagen von Mithäftlingen geht hervor, dass Vater einmal eine gebrochene Hand hatte, weil ihn ein Blockältester geschlagen hatte – ein Pole, der die Aufsicht über seine Kolonne führte. Woran er wahrscheinlich Ende März 1943 gestorben ist, blieb allerdings genauso ungeklärt wie bei seinem einige Wochen vor ihm verstorbenen Bruder.

Meine Schwester und meine Mutter mussten gleich im Januar 1943 bei großer Kälte Wasserpflanzen aus einem kleinen Fluss ziehen. Sie besaßen keinen Pullover, keine Jacke, nur die dünne Häftlingskleidung und Holzpantoffeln, vielleicht Socken, aber die waren nass und eiskalt. Mutter lag danach mehrfach in der Krankenbaracke. Einmal hatte sie Typhus, ein anderes Mal Durchfall, dann wurde sie noch ein drittes Mal eingeliefert. Sie erhielt zwar kaum Medikamente, aber die Krankenbaracke besaß einen Ofen, sodass sie sich wenigstens aufwärmen konnte. Als sie das dritte Mal entlassen wurde, wurde meine Schwester gerade eingeliefert. So haben sie sich verpasst. Und als die Schwester wieder zurückkehrte, wurde ihr in dürren Worten mitgeteilt, dass unsere Mutter verstorben sei.

Meine Schwester blieb bis zum Schluss in Auschwitz und wurde dann angesichts der nahenden sowjetischen Front über Schlesien, Mauthausen, Ravensbrück bis nach Bergen-Belsen getrieben. Sie lief die ganze Strecke zu Fuß, am linken Fuß einen Schnürschuh, am rechten Fuß eine Galosche. Von den zwei Decken, die ihr beim Abmarsch zugeteilt worden waren, wurde ihr die eine während des Schlafs von einer Ukrainerin und die zweite von einem Deutschen am Wegrand gestohlen. Es grenzt an ein Wunder, dass sie überlebt hat.

Im Kirchenschiff von Skierbieszów, wo die Deutschen ein Magazin mit Getreide eingerichtet hatten, hängt heute eine Tafel mit den Namen von 240 Einwohnern, die als Partisanen oder aufgrund von Hunger, Krankheit oder Zwangsarbeit unter deutscher Besatzung umgekommen sind – wie mein Vater, mein Onkel und meine Mutter.

In Skierbieszów selbst ist es zu keinem einzigen Überfall des polnischen Untergrunds auf die Deutschen gekommen. Hier saß die deutsche Verwaltung für den ganzen Bezirk, hier gab es eine »Deutsche Verkaufsstelle« und eine deutsche Gendarmerie. Ein Angriff wäre zu riskant gewesen. In den umliegenden Ortschaften hingegen haben die »Bauernverbände« oder die »Heimatarmee« verschiedene Aktionen durchgeführt.

Mehr werde ich zum polnischen Untergrund nicht sagen. Polen gehört zwar jetzt zur EU, aber wer weiß, was noch kommt. Ich bin vorsichtig geworden. Ich habe schon so viel erlebt, dass ich auch an öffentlich beschworene Freundschaften nicht mehr so recht glaube.

Mitte Dezember 1943 erfolgte der erste Überfall auf den Hof der Familie Singer.

Gerade hatte Artur seinen Kontrollgang über das Gehöft beendet, als er lautes Hundegebell hörte. Durch das Wohnzimmerfenster beobachtete er, wie mehrere Männer in deutschen Uniformen und mit Maschinenpistolen und Gewehren über den Hof hasteten. »Jetzt sind sie da!«, sagte sein Vater, als er eher resigniert als ängstlich neben ihn trat. Die Eindringlinge stießen einige polnische Arbeiter vor sich her zum Stall, ließen die vier besten Pferde vor zwei Wagen spannen und beluden sie mit mehreren Säcken voller Weizen aus dem Kornlager und mit fünf Schweinen, die sie kurzerhand erschossen hatten.

Dann näherten sie sich der Singer'schen Wohnung.

»Herr Artur, machen Sie auf«, hörte Artur einen seiner Arbeiter rufen.

Er rührte sich nicht.

»Herr Artur, machen Sie auf!«

Sein Vater und er drückten sich in eine Ecke des Wohnzimmers.

»Herr Artur, wenn Sie nicht aufmachen, werden die Partisanen das Feuer eröffnen!«

Als Artur die Tür öffnete, sah er sich in einem Abstand von vielleicht zehn Metern mehreren Partisanen gegenüber.

»Geben Sie den Zucker heraus!«, forderte ihr Anführer, als gebe es keinen Zweifel daran, dass sich Zucker in der Vorratskammer befinde.

Mit drei Sack von je 50 Kilogramm war er jedoch nicht zufrieden.

»Mehr haben Sie nicht?«, fragte er nach, als wisse er, dass sich ein vierter Sack in der Kammer befinde.

»Den letzten Sack«, erwiderte Artur, »brauche ich für die Arbeiter.«

Denn als Teil der Entlohnung erhielten die Arbeiter regelmäßig Naturalien. Da ließen die Partisanen statt des letzten Sacks Zucker einen Pferdesattel mitgehen.

Schon schickten sie sich an, den Hof zu verlassen, da fragte Artur, als handele es sich bei dem Überfall um einen Handel auf dem Markt, ob er nicht wenigstens die Pferde zurückerhalten könnte – die Arbeit auf dem Hof müsse doch weitergehen. Der Anführer wurde herbeigerufen, erklärte sich nicht völlig abgeneigt, und als der Vorarbeiter zwei Tage später zwei Männer losschickte, um sich nach den Pferden zu erkundigen, kehrten sie am Abend tatsächlich mit drei von vier Tieren zurück.

Damals begann Artur erstmals an der Loyalität seiner polnischen Arbeiter zu zweifeln. Woher, wenn nicht durch direkten Kontakt mit den Partisanen, hätten sie wissen können, wo die beschlagnahmten Pferde zu finden waren? Woher, wenn nicht durch Auskünfte seitens der Arbeiter, hätten die Partisanen wissen können, über wie viel Zucker er verfügte? Doch beweisen konnte er nichts, und da er die Auseinandersetzung scheute, blieb alles, wie es war.

Der zweite Überfall auf den Hof der Familie Singer erfolgte im Januar 1944. Da die Partisanen im Dezember nahezu den ganzen Zucker entwendet hatten, machte sich Artur auf, um neue Vorräte zu kaufen. Allerdings sollten die Säcke nicht mehr auf dem eigenen Hof gelagert werden, sondern bei seinem Bruder Reinhold, dessen Hof zwölf Kilometer entfernt mitten in dem Dorf Wołka Złojecka lag und weniger exponiert und bedroht war. Artur setzte die Mutter in Reinholds Haushalt ab, damit sie sich um dessen Kind kümmerte, während er mit dem Bruder weiter zur Zuckerfabrik fuhr.

Als Erstes löste er einen Scheck über 7000 Zloty ein, immerhin 3500 Reichsmark, die Entlohnung für die letzte Lieferung von Zuckerrüben. Danach ließ er Zucker aufladen und antwortete auf die eher beiläufige Frage eines polnischen Arbeiters, wohin es denn gehe, der Wahrheit entsprechend: »Nach Wołka Złojecka.« Sollte der Zucker doch auf dem Anwesen des Bruders zwischengelagert werden.

Als Artur sich nach einem kurzen Zwischenstopp in Wołka Złojecka mit der Mutter auf den Heimweg machte, kamen ihm auf halber Strecke zwei Gespanne entgegen – mit dem Vater und den vier Schwestern.

»Wir sind überfallen worden!«

Kurz nach jener Zeit, zu der Artur hätte zurück sein müssen, wäre er unmittelbar von der Zuckerfabrik nach Hause gefahren, war ein Schlitten mit vier Männern in den Uniformen des nationalsozialistischen Kraftfahrerkorps in den Hof eingebogen. Einer hatte draußen Wache gehalten, die übrigen drei waren mit vorgehaltener Pistole ins Haus gestürmt.

Sie seien russische Partisanen, hatte einer Arturs Vater in Deutsch erklärt und gefordert: »Geben Sie das Geld heraus!«

Doch Arturs Vater hatte weder Geld noch Zucker. Sein Sohn war noch unterwegs.

Offenkundig hatte der Arbeiter der Zuckerfabrik Arturs Angabe, er fahre nach Wołka Złojecka, für eine Lüge gehalten, verrieten ihm doch die Pferde, mit denen der Kutscher häufig Lieferungen brachte, dass das Fuhrwerk von Nowy Staw stammte. Außerdem stand der Ortsname auch auf dem Auslieferungszettel.

Während die Partisanen noch mit dem Vater gestritten und wütend die Vorratskammer durchsucht hatten, um schließlich wenigstens die Hausapotheke, eine Kiste mit vier Litern Wodka und einige Kilo Butter zu greifen, war Arturs Schwester Irma durch ein Fenster entkommen und hatte einen Siedler auf der Straße benachrichtigt, sodass dieser Hilfe aus dem Dorf holte:

»Beim Singer sind die Partisanen!«

Die deutschen Bauern verfolgten die Untergrundkämpfer noch ein Stück, als diese querfeldein zum nächsten polnischen Dorf jagten, schossen auch einige Male hinter ihnen her. Doch obwohl ihr Schlitten einmal kippte, konnten die Partisanen entkommen.

Arturs Vater aber ließ zwei Gespanne herrichten, Bettwäsche, Kleidung und seine vier Töchter aufladen.

»Hier werden wir nicht mehr bleiben.«

Zwei Nächte schliefen sie bei Arturs Bruder Reinhold, dann ließen sie sich ein Haus im Dorf Staw Noakowsky zuweisen. Artur blieb allein auf dem Hof, einen Kilometer von den Eltern entfernt. Tagsüber kam eine seiner Schwestern und kochte für ihn, nachts teilte er sich die Wachen weiter mit seinen polnischen Arbeitern.

Der dritte Überfall auf den Hof der Familie Singer erfolgte im Februar 1944.

Artur hatte sich vom Kutscher nach Zamość fahren lassen, um

einige Behördengänge zu erledigen, und war auf der Rückfahrt bei seinen Eltern in Staw Noakowsky eingekehrt.

»Bleib doch bei uns im Dorf«, bat seine Mutter so lange und so eindringlich, dass er schließlich einwilligte.

Am nächsten Morgen sollte ihn der Kutscher wieder abholen. Doch am nächsten Morgen wartete Artur mehrere Stunden vergeblich. Als der Kutscher endlich erschien, führte er entschuldigend an:

»Wir haben Besuch gehabt. Sie haben überall nach dir gesucht.«

Wieder waren Schweine und ein Gespann verschwunden.

Dieses Mal hatte Artur bereits seine Zweifel. Vielleicht waren gar keine Partisanen da gewesen, und die Arbeiter hatten sich selbst bedient? Oder sie hatten die Partisanen ermutigt zu kommen und ihren Teil dabei eingestrichen?

Seit diesem Vorfall hat auch Artur nicht mehr auf dem Hof geschlafen. Kurze Zeit versuchte er, den Betrieb noch tagsüber weiterzuführen, dann gab er ihn ganz auf und zog zu den Eltern ins Dorf.

Es war sinnlos, auf ein Vertrauensverhältnis mit den Arbeitern zu hoffen. Wie konnte er von Polen auch Loyalität gegenüber Deutschen erwarten, wo sie von deutscher Seite ständig mit Willkür und Gewalt konfrontiert wurden? Auf der Fahrt nach Zamość hatte Artur einmal Gespanne mit den Leichen von fünfzehn Polen gesehen, die von der SS ermordet worden waren, weil sie auf einen ihrer Kollegen geschossen hatten. Arturs Kutscher hatte angehalten und seine Mütze abgenommen, um sein Beileid zu bekunden, Artur hatte regungslos auf dem Kutschbock gesessen – äußerlich ohne jedes Mitgefühl, innerlich erschrocken, beschämt und voller Trauer.

Entsetzt und beschämt war er auch über den Mord im Nachbardorf Nawóz, wo deutsche Siedler einen Polen umgebracht und anschließend in einem Misthaufen verscharrt hatten, sodass polnische Arbeiter, als sie im Frühjahr den Dung ausfahren sollten, auf den Leichnam gestoßen waren. Statt die Mörder zu bestrafen, hatte die SS sie allerdings nur dafür getadelt, dass sie den Leichnam nicht klug und endgültig hätten verschwinden lassen – dann hätte er keine Unruhe und Empörung mehr hervorrufen können.

Mochte Artur derartige Vergeltungsschläge und Morde auch missbilligen, so fiel ein Schatten auch auf ihn. Allein durch seine Anwesenheit als Siedler war er Teil des »Spiels«, das nur die eine Frage kannte: Wir oder sie?

Als einer unter zwanzig Siedlern beteiligte er sich, nachdem er seinen Hof endgültig aufgegeben hatte und zu den Eltern umgezogen war, in Staw Noakowsky am Wachdienst – zwei Mal pro Nacht drei Stunden. Einmal wurde er von deutschen Gendarmen aus dem Nachbardorf um Hilfe bei der Bergung eines Kollegen gebeten, der tags zuvor von Partisanen erschossen worden war.

Mit mehreren Gespannen ging es zu einem Wald in der Nähe. Die polnischen Hilfspolizisten sondierten das Terrain, die Deutschen durchkämmten einen dichten Jungwald. Gerade war der Leichnam gefunden worden, als es hieß: Partisanen im Anmarsch. Jeder rannte, so schnell er konnte, aus dem Gehölz und warf sich auf die Pferdefuhrwerke. Artur war der Letzte. Hätte ein polnischer Kutscher nicht auf ihn gewartet, wäre fraglich, ob er überlebt hätte.

»Wir waren dumm«, urteilt Artur heute. »Den Kollegen konnten wir nicht mehr retten. Wozu da ein Selbstmordunternehmen riskieren?«

Kurz nach diesem Vorfall begann – über Monate und in mehreren Etappen – der Rückzug.

Das erste Mal hieß es Ende Februar 1944: »Der Russe kommt. Wir geben das Dorf auf!«

Einige Familien machten sich gleich in der Nacht aus dem Staub. Das seien, sagt Artur Singer, die sogenannten Kiełbasa-Niemcy (»Wurst-Deutschen«) gewesen, die die Volksliste nur wegen der besseren Lebensmittelkarten unterschrieben hätten. Sie wollten auf keinen Fall in das fremde Deutschland, sondern im vertrauten Polen ein zweites Mal die Seite wechseln. Die übrigen Familien bereiteten sich auf die Evakuierung vor: schlachteten in aller Eile Schweine, füllten das Fleisch in Gläser, beluden die Gespanne mit Bettwäsche, Kleidung und Lebensmitteln – und zogen Richtung Westen. Als es bereits nach einigen Kilometern hieß, der Russe sei zurückgedrängt, alles solle kehrtmachen, weigerten sich die Siedler jedoch. Niemand wollte zurück nach Staw Noakowsky. Nach stundenlangen Verhandlungen erklärten sich die Männer schließlich einverstanden, sich auf die Nachbardörfer zu verteilen. Artur zog zu Bruder Reinhold und ließ, was an Vieh und Getreide noch auf seinem Gut Nowy Staw übrig geblieben war, nach Wołka Złojecka bringen. Die Eltern, die Schwestern und die Schwägerin mit zwei Kindern hingegen zogen fort aus dem bedrohten Gebiet in ein Lager bei Litzmannstadt.

Für Artur war das Leben im Frühjahr 1944 wie ein Tanz auf dem Vulkan. Die Front rückte immer näher. Jeder Tag, Artur wusste es, konnte der letzte in Wołka Złojecka sein. Und trotzdem pflanzte er Kartoffeln an und säte Getreide aus. Trotzdem lieferte er die Milch ab und hielt die landwirtschaftlichen Geräte in Ordnung. Nur manchmal suchten Angst und Unruhe nach einem Ventil. Wie beim Osterfest 1944, das er mit zwei Kumpels aus Hoffnungstal mit polnischen Familien feierte. Sie stießen lautstark und immer wieder mit selbst gebranntem Kartoffelwodka in Wassergläsern an, stärkten sich zwischendurch mit sauren Gurken, roter Beete und fetter Wurst und drehten sich mit polnischen Frauen beim Tanz. Nachts um zwölf, als sie ihre Wache antreten mussten, hatte der Alkohol sie fest im Griff. Das Fass mit Sauerkraut, das sie im Wachhaus vorfanden, war am nächsten Morgen leer.

Noch einmal wurde Artur in jener Zeit mit Partisanen konfrontiert. Das war auf der Rückfahrt von der Mühle, wo er Getreide hatte mahlen und schroten lassen. In einem Wald gerieten seine zwei Gespanne unter Beschuss. Die Pferde scheuten. Artur sprang mit seinem Karabiner vom Wagen und lief, verfolgt von einem Partisanen, in den Wald. Glücklicherweise verfehlten ihn alle Pistolenkugeln, sodass er unbehelligt entkommen konnte. Sein Gespann fiel den Partisanen in die Hände, während der Kutscher mit dem anderen Gespann hatte flüchten können.

Im Juli 1944 wurde Wołka Złojecka endlich aufgegeben. Als Artur vom Anschlag auf Hitler erfuhr, befand er sich mit Bruder Reinhold schon auf dem Weg zu den Eltern im Lager bei Litzmannstadt, einer Kolonie von Holzbaracken in einem lichten Waldgebiet, die vor dem Krieg jüdischen Familien als Urlaubsdomizil gedient hatten. Sie mussten ihre Waffen abgeben – hier bestünde, so hieß es, keine Gefahr durch Partisanen. Und sie mussten die Pferde in Posen abliefern – so weit, hieß es, würde »der Russe« sicher nicht kommen. Auch Artur war davon überzeugt.

Sicherheitshalber galt es sich aber gegen Angriffe zu schützen. Zusammen mit Bruder Reinhold und drei Kumpels aus Hoffnungstal wurde Artur westlich von Litzmannstadt eingesetzt, um das Ausheben von Panzer- und Schützengräben zu beaufsichtigen. Da standen also fünf junge Männer ohne Waffen im Alter von 19 bis 24 Jahren und wiesen tausend polnische Frauen und zweihundert polnische Männer an, pro Person jeweils zwei Meter Erde am Tag auszuheben. In einem Gebiet, das so sandig war, dass selbst Fichtenäste die Böschungen nicht stabilisieren konnten und jeder Panzer eine derartige Barriere in wenigen Minuten überwunden hätte.

Artur wundert sich bis heute, warum sich nur die Hälfte der Polen abgesetzt hat. Was hätten fünf unbewaffnete Deutsche gegen eine Massenflucht von 1200 Zwangsarbeitern ausrichten können? Doch immerhin 600 Polen sind geblieben. Bis zum endgültigen Abzug im Januar 1945.

Artur haben sich diese Monate tief eingeprägt. Denn das erste Mal in seinem Leben hat er eine Frau getroffen, mit der er sein Leben hätte teilen wollen. Alicja Łyszkowska stammte aus Lodz, sprach sehr gut Deutsch und war – wie seine jetzige Frau – ein Jahr älter als er. Sein Verhältnis zu ihr blieb platonisch, als strenge Katholikin hätte sich Alicja niemals einem Mann vor der Ehe hingegeben. Doch eine Ehe, das wussten sie, ohne es offen zu erörtern, war angesichts der Verhältnisse ausgeschlossen.

»Komm mit nach Lodz«, hat Alicja ihn zwar gebeten. Doch was hätte ihn in seiner schwarzen Uniform dort anderes erwartet als das Internierungslager, das gleich nach dem Krieg im Nachbardorf Sikawa für Deutsche errichtet wurde?

Alicja mit auf die Flucht zu nehmen, erschien Artur ebenso wenig möglich. Wie hätte er sie schützen können, wo er nicht sicher war, seine eigene Haut retten zu können?

Es hat ihn gequält, dass er sich nicht einmal von ihr verabschieden konnte. Denn im Januar 1945, als plötzlich der Befehl zum »Abhauen« kam, sah er sie mit anderen polnischen Frauen nur noch weit entfernt auf einer Anhöhe stehen. Der Krieg hatte sie zusammengeführt, das Kriegsende riss sie auseinander. Alicja wandte sich nach Osten, Artur ging nach Westen. Er hat später nie versucht, sie ausfindig zu machen. Doch seine Gedanken kreisen oft und lange um ihre Wohnung in der Lodzer Bahnhofstraße, in der er nie gewesen ist.

Nun gehörte Artur zu jenen Millionen von Flüchtlingen, die sich durch Schnee und Eis vor der Front in Sicherheit zu bringen suchten. Anderthalb Tage marschierte seine fünfköpfige Hoffnungstaler Gruppe ohne Pause durch bis Posen, erst entlang einer Eisenbahnlinie, später über verstopfte Straßen vorbei an Militärfahrzeugen und völlig ermüdeten Frauen, Kindern und Alten. Dank ihrer Uniformen, die viele für SS-Uniformen hielten, fanden sie noch Platz in einem überfüllten Zug und gelangten nach Frankfurt an der Oder.

Den Ernst der Lage hatte Artur immer noch nicht begriffen.

Statt froh zu sein, es so weit geschafft zu haben, stieg Artur in Frankfurt in einen Zug – und fuhr zurück nach Osten. Er wollte die Eltern aus Westpreußen abholen, wo sie seit Herbst 1944 bei Verwandten lebten. Er kam allerdings nur bis Schneidemühl. Nach Osten ging nichts mehr. Alles strömte nach Westen. Und so treckte auch er zurück, schlief nachts irgendwo in Ställen, Scheunen, Dielen zusammen mit Westpreußen, Ostpreußen, Deutschbalten und sogar mit Hoffnungstalern, die in Pommern angesiedelt worden waren, ernährte sich von trockenem Brot und einmal von gefrorener Sahne aus einer Milchkanne, sodass ihm schlecht wurde, landete schließlich auf Rügen in einem ehemaligen Kriegsgefangenenlager und wurde zur Arbeit in der Großküche eingeteilt.

Und wieder war er nicht zufrieden, es so weit geschafft zu haben.

»Wir sitzen hier herum, und an der Front fehlen Leute.«

Als er gemustert wurde und zwei Wochen vor Kriegsende den

Einberufungsbefehl zur Frontausbildung bei der SS in Hamburg erhielt, war er erleichtert. Und fuhr.

Soldaten im Zug machten sich lustig über ihn: Das hätte ihm früher einfallen sollen, dass er für das Vaterland kämpfen wolle! Doch er wollte immer noch glauben, dass die V1 zum Einsatz komme. Oder die V2. Dass ein Wunder geschehe und die Kriegsgegner mit Deutschland Frieden schließen müssten. Und er war enttäuscht, als er in der Kaserne keinerlei Ausbildung mehr erhielt, vielmehr die Zeit totschlagen musste.

Sie lungerten herum und spielten Karten – Siebzehnundvier. Und am 6. Mai hieß es: Verpflegung fassen, so viel ihr könnt! In der Nacht zog seine Kompanie Richtung Dänemark, innerhalb eines Tages setzte sich die Hälfte der 150 Mann ab. Dann kam das Ende. Deutschland kapitulierte. Der Krieg war vorbei. Und Artur erhielt einen SS-Entlassungsschein, der bestätigte, dass er auch ohne Ausbildung zum Gefreiten befördert worden war.

Heute schämt er sich. Für seine Naivität. Für seine Angepasstheit. Für sein Nicht-wissen-Wollen.

»Für kein Geld der Welt würde ich mehr als Besatzer in ein fremdes Land gehen. Und wenn ich etwas wiedergutmachen könnte, würde ich es tun.«

Wenn im Frühsommer polnische Studentinnen nach Bad Salzuflen kommen, um an den Verkaufsständen am Stadtrand Erdbeeren zu verkaufen, drängt es ihn zum Austausch einiger polnischer Wörter, einiger polnischer Sätze. Als wolle er demonstrieren, dass er nie die Mentalität eines Herrenmenschen besessen hat, sondern der Sprache und Kultur des besetzten Landes zugetan war. Manchmal singt er dann ein altes, melancholisches Trink- und Liebeslied, das ihn der Schwiegersohn des polnischen Vorarbeiters lehrte. Und fast immer denkt er dann an Alicja.

Wina, wina, wina dajcie,	*Wein, Wein, gebt mir Wein*
A jak umrę pochowajcie	*Und beerdigt mich,*
	wenn ich sterbe
Na zielonej Ukrainie	*In der grünen Ukraine*[4]
Przy kochanej mej dziewczynie	*Bei meinem geliebten Mädchen*

PS: Von den Hoffnungstalern sind 24 Personen im Zweiten Weltkrieg gefallen, 16 im Krieg vermisst, 27 wurden an ihren Umsiedlungsorten ermordet, 15 kamen auf der Flucht um, und 23 wurden auf der Flucht vermisst oder in die Sowjetunion deportiert.[5]

---

[4] Das Gebiet der heutigen Westukraine gehörte vor 1939 zu Polen.
[5] Peter Krug, Hoffnungstal, Gnadenheim, Philippowka. Von der Gründung bis zur Umsiedlung 1940. Bietigheim 1983.

Die Tochter ihres Vaters

Die Deportation von Stanisława Chęcińska nach Kasachstan

Deportationen aus Ostpolen unter sowjetischer Herrschaft

Unmittelbar nach dem Einmarsch der Sowjettruppen in Ostpolen am 17. September 1939 begann die Zerschlagung der polnischen politischen Strukturen. Als Erstes wurde die bisherige Elite verhaftet: Staatsbeamte, Polizisten, Richter, Staatsanwälte, Aktivisten politischer Parteien, Großgrundbesitzer und Vertreter der »Bourgeoisie« – die Gesamtzahl der Verhafteten 1939–1941 wird auf eine Zahl zwischen 62 500 und 130 000 geschätzt.

Danach kam es zwischen Anfang 1940 und Mitte 1941 zu vier Deportationswellen:

Die erste Deportationswelle vom 10. Februar 1940 erfasste ehemalige Soldaten, die nach dem Ersten Weltkrieg als Siedler in Ostpolen Land zugeteilt bekommen hatten, ferner polnische und ukrainische Waldarbeiter und Förster. Von den knapp 140 000 Deportierten der ersten Welle waren über 81 Prozent Polen, es folgten Ukrainer und Weißrussen mit jeweils gut acht Prozent.

Die zweite Deportationswelle ab dem 13. April 1940 betraf die Angehörigen verhafteter Personen, außerdem die Familien von Offizieren, Polizisten, Grundbesitzern, Fabrikanten und Staatsbeamten. Die meisten dieser rund 61 000 Deportierten waren ebenfalls Polen; sie wurden vorwiegend in Kasachstan angesiedelt.

Das Zeitgeschehen

Die dritte Deportationswelle ab Ende Juni 1940 umfasste 75 000 Personen – knapp 85 Prozent davon waren Juden, die aus dem Generalgouvernement geflüchtet waren und im sowjetisch besetzten Ostpolen die Annahme der sowjetischen Staatsbürgerschaft verweigert hatten.

Die vierte Deportationswelle schließlich im Mai/Juni 1941 hatte die »Säuberung« Ostpolens von »konterrevolutionären« und »nationalistischen Elementen« zum Ziel; sie begann in der Westukraine und wurde auf die baltischen Staaten ausgedehnt.

Die polnische Exilregierung in London ging während des Krieges noch von mindestens 600 000 deportierten polnischen Staatsbürgern aus; nach den amtlichen Angaben, die inzwischen von der Sowjetunion freigegeben wurden, hat es sich eher um 315 000 – 330 000 Personen gehandelt. Knapp 100 000 Verhaftete und Deportierte haben die Sowjetunion im Sommer 1942 als Soldaten (oder deren Familienangehörige) der polnischen Anders-Armee verlassen, weitere 34 000 ein Jahr später mit der polnisch-kommunistischen Berling-Armee. Weitere 260 000 polnische Staatsbürger kehrten aufgrund des polnisch-sowjetischen Vertrags vom 6. Juli 1945 über die Evakuierung polnischer Staatsbürger zwischen 1946 und 1950 nach Polen zurück.

Die Tochter ihres Vaters

Die Deportation von Stanisława Chęcińska
nach Kasachstan

Als Ersten holten sie ihren Vater. Irgendwann Ende September 1939, nachdem sowjetische Panzer, Panzerspähwagen, Kavallerie und Infanterie von Osten nach Polen eingedrungen waren. Die polnische Familie Kuc war verunsichert, ja bestürzt. Wollte Moskau ihr Land im Kampf gegen den deutschen Besatzer unterstützen oder Polen wie vor dem Ersten Weltkrieg aufteilen? Waren die Sowjets als Freunde oder nicht eher als Feinde gekommen?

»Es wird schlecht für mich ausgehen«, ahnte Bazyli Kuc. Er hatte schlimme Erfahrungen mit den russischen Kommunisten gemacht.

Als Bazyli Kuc 1893 südöstlich von Wilna geboren wurde, gehörte sein Heimatdorf Kućki zum Zarenreich. Als russischer Staatsbürger besuchte er eine zaristische Offiziersschule und diente im Ersten Weltkrieg in der russischen Armee. Während des Bürgerkriegs als Weißgardist von den Bolschewiki in Petersburg verhaftet, geriet er in die berüchtigten Kasematten der Peter-und-Paul-Festung und wurde zum Tode durch Erschießen verurteilt.

»Doch Gottes Hand hat über ihm geschwebt«, ist Tochter Stanisława überzeugt, denn sie ließ ihn auf einen russischen Bewacher desselben Nachnamens stoßen. Selbst als sich herausstellte, dass der polnische Kuc nicht mit dem russischen verwandt war, hat der russische Kuc dem polnischen das Leben geschenkt. Sein russischer Bewacher führte den zum Tode Verurteilten an das Ufer der Newa, schoss aber an ihm vorbei. »Du musst ins Wasser fallen, als wärest du tot«, hatte er ihm vorher eingeschärft, »und dich dann unbemerkt forttreiben lassen.« So entkam Bazyli Kuc den Bolschewiki, tauchte kurz bei einer entfernten Cousine in Petersburg unter und schlug sich wieder zu den Weißgardisten durch, kehrte 1921 in seinen Heimatort zurück, der gemäß dem Versailler Vertrag polnisch geworden war.

Für die Sowjets war Bazyli Kuc ein typischer Repräsentant polnischer Herrschaft, ein *Pan*. Nicht nur ein Gutsbesitzer, sondern obendrein ein Bürgermeister und Abgeordneter im polnischen Parlament. Von polnischen »Herren« wie ihm, hochnäsigen, arroganten Aristokraten, so verkündete es die sowjetische Propaganda, gelte es die einheimischen Weißrussen und Ukrainer zu befreien. »Gibt es hier *Pans*?«, fragten die Sowjetsoldaten oft als Erstes, wenn sie in ein Haus eindrangen. Der *Pan* war der Klassenfeind.

Viele Weißrussen, Ukrainer und Juden sind tatsächlich froh gewesen, die »polnischen Herren« los zu sein, weil sie sich im polnischen Staat gegängelt fühlten. Sie haben den einmarschierenden Sowjetsoldaten zugejubelt, sie mit Brot und Salz begrüßt und in den ersten Wochen und Monaten ihren Nutzen aus der Entmachtung der Polen gezogen. Das Bürgermeisteramt von Bazyli Kuc ging erst an einen Russen, dann an einen Juden über. Ein Jude war auch Gefängnisdirektor in Wołożyn geworden, wo Bazyli Kuc nach seiner Verhaftung im September 1939 durch den sowjetischen Geheimdienst NKWD einsaß. Da dieser Jude aber ein guter Bekannter ihres Vaters war, hoffte Tochter Stanisława auf sein Verständnis und seine Hilfe. Zu Fuß lief sie in die 30 Kilometer entfernte Kreisstadt, bat um eine Unterredung, wurde tatsächlich vorgelassen, obwohl sie erst fünfzehn war – und hatte Erfolg. Ihr Vater kam frei! Er müsse, schärfte ihm der Gefängnisdirektor allerdings ein, unbedingt aus der Gegend verschwinden, denn sicher würde der NKWD wieder nach ihm suchen. Leider hielt sich Bazyli Kuc nicht an den Rat, und so führten sie ihn Anfang November ein zweites Mal ab. Wegen Mitgliedschaft in konterrevolutionären Organisationen wurde er zu acht Jahren Arbeitslager im Innern der Sowjetunion verurteilt.

Tochter und Ehefrau verloren ihn aus den Augen.

Stanisława erfüllte die Verhaftung des Vaters mit tiefem Groll. Dem Vater fühlte sie sich weit mehr verbunden als der Mutter. Sie hatte seine schwarzen, vollen Haare geerbt, seine dunkelbraunen Augen, und sie eiferte ihm nach im Dienst am Gemeinwohl. Zwar war der Vater wegen seiner politischen Verpflichtungen viel unterwegs, aber war er zuhause, schenkte er der Tochter seine ganze Aufmerksamkeit und Wärme. Nicht der Mutter, sondern dem Vater berichtete die Tochter stolz und verlegen vom ersten Kuss. Nicht die Mutter, sondern der Vater beriet sie in Liebesdingen und entwarf ihr die Antwort auf den ersten Brief eines Verehrers – sie brauchte seinen Text nur noch ins Reine zu übertragen.

Stanisława liebte und verehrte den warmherzigen, humorvollen Mann, der sein Gehalt als Bürgermeister spendete, damit in seiner Gemeinde eine Grundschule gebaut werden konnte. Denn Bildung, so schien ihm, besonders die Erziehung zum Patriotismus, bilde die Garantie für das Überleben des Polentums auch in Zeiten der Unterdrückung. Polen war seine Mission, dem wieder erstandenen Vaterland galt seine ganze Energie.

Nicht ungern überließ er seiner Ehefrau Paulina die Verwaltung des Gutes, auch wenn diese Aufgabe sie so manches Mal überforderte, im Umgang mit den Knechten unnachsichtig werden und in Krankheiten flüchten ließ. Aufbegehrt hat sie allerdings nie, fühlte sie sich im Patriotismus doch tief verbunden mit dem Ehemann. Und so erzählte auch sie Tochter und Sohn abends beim Petroleumlicht von bewundernswerten Vorbildern wie jener polnischen Gutsbesitzerin, die im Zarenreich, als die polnischen Schulen geschlossen waren, polnische Kinder zu sich rief und ihnen heimlich Polnisch zu lesen und zu schreiben beibrachte. Solche Menschen lernte Stanisława im Elternhaus zu verehren und die Heimat, die stets von den übermächtigen Nachbarn bedrohte und nur mühsam wiedererrungene Heimat, zu schätzen und zu lieben.

Schon als Kind freute sie sich über die Natur – die blühenden Bäume, die reifen Kornfelder, den Bach mit seinem klaren, sprudelnden Wasser. Sie liebte die schwermütigen Lieder, die die Einheimischen anstimmten, wenn sie abends von schwerer Arbeit auf dem Feld zurückkehrten, und sie genoss die träge dahinfließende Zeit, in der sich die Bauern nur durch ein Gewitter zur Eile antreiben ließen. Als Pfadfinderin lernte sie, »Gott und dem Vaterland« zu dienen, und gelobte, ritterlich und opferbereit gegenüber dem Nächsten zu handeln. Abends am Lagerfeuer sang sie mit tiefer Hingabe nationale und militärische Lieder, schrieb später selbst patriotische Gedichte und rezitierte bei Veranstaltungen ihre geliebten Schriftsteller Henryk Sienkiewicz, Stefan Żeromski und Adam Mickiewicz.

»*Litauen, du mein liebes Vaterland!*«,

deklamiert sie die berühmten Verse aus dem Nationalepos »Pan Tadeusz« von Adam Mickiewicz noch heute mit leuchtenden Augen:

»Du bist wie die Gesundheit, die nur der
So recht zu schätzen weiß, der sie verloren.
Erst jetzt erkenn ich deine ganze Schönheit
In ihrem vollen Glanz und will sie hier
Besingen, denn ich sehne mich nach dir.«[1]

Ja, sie sehnt sich bis heute nach ihrer ostpolnischen Heimat, in der Polen, »Einheimische« – wie die Weißrussen damals genannt wurden –, Juden und Tataren bis zum Kriegsausbruch in gutem Einverständnis miteinander lebten. Sie gehörten verschiedenen Völkern an, aber sie respektierten einander, auch die Schüler aus ihrer Gymnasialklasse in Oschmjany: zehn Juden, zehn Polen, drei Glaubenslose und zwei Tataren. Und wenn ihre Mutter zur Maiandacht das Kreuz auf dem Hof mit Birkenlaub schmückte, feierten polnische Katholiken und einheimische Orthodoxe den Gottesdienst gemeinsam. Gemessen an dem, was der Krieg bringen sollte, strahlen Kindheit und Jugend daher wie Vorboten des Paradieses.

Nach der Verhaftung ihres Vaters registrierte Stanisława kaum, was um sie herum vorging. Sie war mit sich und ihrer Angst beschäftigt. Plötzlich lebten aus der Familie nur noch die beiden Frauen auf dem Hof, denn auch Stanisławas Bruder Jan war verhaftet worden. Er hatte sich Mitte September an den Kämpfen zur Verteidigung Wilnas beteiligt und war, nachdem die Sowjettruppen die Stadt eingenommen hatten, in einem Lager auf litauischem Boden interniert worden. Auch ihn hatten Mutter und Tochter aus den Augen verloren.

Was nun? Von den Knechten, den zwei Dienstmädchen, dem

---

[1] Übersetzung von Pentz, 1955.

Hirten und den Saisonarbeitern, die früher auf dem Gut beschäftigt waren, war gerade einmal ein Dienstmädchen verblieben. Mutter und Tochter fühlten sich der Besatzungsmacht hilflos ausgeliefert. Ihr Heu, ihr Getreide und all ihre Pferde waren von den Rotarmisten requiriert worden, ihnen blieben nur zwei Kühe, einige Schweine und Hühner, und sie konnten von Glück sagen, dass sie nicht vom Hof verjagt, sondern nur in ein Schlafzimmer verbannt wurden. Ihr Esszimmer hingegen wurde in einen Klubraum verwandelt, und abends hörten Mutter und Tochter die Soldaten tanzen und in Liedern über die »Hunden-Atamane« und die »polnischen Herren« triumphieren.[2]

Da hockten sie verschreckt im Schlafzimmer und beteten. Hofften, dass Gott ihnen genügend Kraft geben würde, den nächsten Tag auch ohne Vater und Bruder zu bewältigen. Und waren immer wieder überrascht, wie sie es schafften: Die Reste vom Getreide ließen sie zu Mehl mahlen, sodass sie Brot backen konnten; die Milch der beiden verbliebenen Kühe verarbeiteten sie zu Käse, Eier kamen von den Hühnern. Auch ohne Geld überstanden sie das halbe Jahr, das noch bis zu ihrer Deportation vergehen sollte.

Sie spürten: Es lag etwas in der Luft. Auf Flugblättern wiegelten die Sowjets Weißrussen auf mit Losungen wie »Alle Polen, feinen Herren und Hunde sollen wie räudige Hunde sterben«.[3] Sie wunderten sich zwar: Diese ungehobelten Gesellen sollten Vertreter einer neuen, besseren Ordnung sein? Die Sowjetsoldaten besaßen nur abgetragene Uniformen, waren unterernährt, ritten teilweise ohne Sattel, drehten sich ihre Zigaretten mit Zeitungspapier und stanken, weil sie Schmiere zur Imprägnierung ihres Schuhwerks

---

[2] Atamane oder Hetmane waren Heerführer im polnischen und litauischen Militär.
[3] »Polakam, panam, sobakam – sobachaya mert.«

nutzten. Und in den Läden stürzten sie sich auf Uhren, Kleidung, Wurst, Fahrräder und andere Waren, die für polnische Staatsbürger selbstverständlich, für die Sowjetbürger hingegen unbekannte Luxusgüter waren.

Doch mochten die sowjetischen Soldaten auf den ersten Blick auch unterlegen erscheinen, so wussten Stanisława und ihre Mutter aus eigenen Erfahrungen auch, zu welchen Repressionen sie fähig waren. Bei der ersten Deportationswelle im Februar 1940 blieben sie als zivile Personen noch verschont. Betroffen waren vor allem die entmachteten Repräsentanten des polnischen Staates: Beamte, Polizisten, Forstleute und Siedler, fast alles Polen.

Doch kapp zwei Monate später, in der Nacht zum 13. April 1940, klopften zwei Sowjetsoldaten und ein Einheimischer auch an ihre Tür: Mutter und Tochter sollten sich zur Aussiedlung fertig machen. Dieses Mal standen die Familienangehörigen der zuvor Verhafteten auf den Listen – alles Frauen und Kinder.

Äußerlich blieb Stanisława gefasst und packte, da die Soldaten sie gewähren ließen, Kleidung, einen Sack Mehl, einen Sack Grütze und einen großen Fleischtopf auf ein Pferdefuhrwerk. Ihre Mutter hingegen verlor die Fassung, lief aufgelöst durch alle Zimmer, riss die Blumentöpfe von den Fensterbrettern und schlug blindwütig auf die großen Pflanzen ein, die in Kübeln auf dem Boden standen. Sie zerstörte, woran ihr Herz hing, die Blumen, die sie im Winter sorgsam im Warmen zu verwahren pflegte und im Frühjahr wieder ins Freie stellte. Als sie das Haus verließen, waren die Fußböden übersät mit zerrissenen, zertrampelten Blättern – ein Ausdruck ohnmächtiger Wut, die die Mutter gegen sich selbst gerichtet hatte.

Niemand wusste, was ihnen bevorstand. Sie wussten nur, es geht nach Osten. Dreißig bis vierzig Frauen und Kinder teilten sich einen Viehwaggon. Pro Tag erhielten sie zwei Eimer Wasser und eine stinkende Kohlsuppe, auf die Stanisława und ihre Mutter aufgrund ihrer Vorräte glücklicherweise nicht angewiesen waren. Wenn der Zug irgendwo in kleinen Orten oder auf offenem Feld hielt, damit sie austreten konnten, kauerten sie sich einfach neben die Waggons. Anfangs genierte sich die fünfzehnjährige Stanisława. Später gewöhnte sie sich an die beschämende Situation und hockte sich demonstrativ vor die Wachen.

Meistens lagen oder saßen die Frauen apathisch auf ihren Gepäckstücken, schwiegen, wollten nicht einmal etwas essen und wechselten tagelang nicht die Kleidung, sodass sich schnell Läuse einnisteten. Viele Kleinkinder erkrankten aufgrund der Hitze, der schlechten Luft und der Mangelernährung. Sie fieberten, bekamen Durchfall, Angina. Es stank schrecklich, da sich die Windeln nicht waschen ließen. Das Baby von Stanisławas Cousine verhungerte, seine Mutter reichte den Leichnam bei einem Halt einfach aus dem Waggon – wie Abfall. Was sollte sie machen? Es gab keine Möglichkeit, die Toten zu begraben.

Manche Frauen fantasierten, sie würden zu ihren Ehemännern oder Vätern transportiert – so hatte man es ihnen versprochen. Andere Frauen, meist Lehrerinnen, stimmten abends religiöse Lieder an und trugen patriotische Gedichte vor. Selbst in diesem Albtraum appellierten sie an den Patriotismus und warben für Vernunft.

Nach fast vier Wochen gelangte der Zug in der Steppenlandschaft des nördlichen Kasachstan nach Pawlodar, in eine Stadt, die heute weit über 300 000 Einwohner zählt, damals aber gerade einmal ein Zehntel dessen besaß. Die ersten Tage waren ein Schock. Hunderte von Frauen und Kindern kampierten auf den Wiesen am Ufer des Irtysch wie auf einem persischen Markt und warteten darauf, von einem Kolchos- oder Fabrikvorsitzenden für geeignet befunden und mitgenommen zu werden. Währenddessen gingen sintflutartige Regengüsse nieder, die die Erde fortspülten und auch den Leichnam einer sechzigjährigen Frau mit sich rissen, die gerade beerdigt worden war.

Die meisten kamen auf Kolchosen, da schon Achtjährige Schafe hüten konnten. Mutter Paulina und Stanisława hingegen wurden mit einem LKW in ein Dorf transportiert, in dem in großer Armut und nach traditioneller Art in Jurten ausschließlich Kasachen lebten. Die Angehörigen dieses turkstämmigen Volkes lehnten das stalinistische System zwar ab, hatte es sie Anfang der dreißiger Jahre doch gewaltsam sesshaft gemacht und dabei in eine Hungersnot getrieben, in der über anderthalb Millionen Menschen umgekommen sein sollen. Gleichzeitig kannten sie die Polen aus der Sowjetpropaganda aber nur als verachtenswerte »feine Herren«, die – Mutter Paulina und Stanisława bewiesen es mit ihren Lebensmittelsäcken – selbst noch bei der Deportation von ihrem Reichtum zehrten. Und so begannen sie, kaum waren die beiden Frauen vom LKW heruntergeklettert, ungeniert an deren Säcken zu ziehen und zu zerren. Es war der 8. Mai, Stanisławas Namenstag – daran kann sie sich noch gut erinnern. Sie fühlte sich vollständig ausgeliefert, setzte sich auf die Säcke, wehrte hilflos die gierigen Hände ab und weinte bitterlich.

Da näherte sich plötzlich ein Fuhrwerk mit zwei Kühen. Es stellte sich heraus, dass der LKW-Fahrer die brenzlige Lage der beiden Polinnen erkannt und seine Schwester um Hilfe gebeten hatte. Diese freundliche Russin nahm die Deportierten mit in ihr Haus, zeigte ihnen eine Ikone, um ihnen zu verstehen zu geben, dass sie gläubig sei und sie Vertrauen zu ihr haben könnten, und reichte ihnen heißes Wasser: Mehr, erklärte sie, könne sie nicht anbieten, denn mehr besitze sie nicht. Da zog Mutter Paulina Brot aus einem ihrer Säcke, und gemeinsam aßen sie Abendbrot.

Gerade hatten sie sich voller Erleichterung schlafen gelegt – beide in einem Bett, Mutter Paulina mit dem Kopf zum einen, Tochter Stanisława zum anderen Ende –, da klopfte es ans Fenster. Private Übernachtung, hieß es in strengem Ton, sei nicht gestattet. Noch in der Nacht wurden sie erneut auf einen LKW geladen und 50 Kilometer entfernt mitten in der Steppe in einer Ziegelei ausgeladen. In einem Ort im Nirgendwo.

Als die Polen der ersten Deportationswelle hier angekommen waren, hatte es nichts gegeben außer Himmel, Erde und Gras. Sie arbeiteten und schliefen unter freiem Himmel, obwohl die Temperaturen nachts noch weit unter null fielen. Zwei Monate später standen wenigstens schon Lehmhütten, eine Baracke für die Polen und eine Jurte für die Kasachen. Aber sonst? Kein Brunnen, keine Läden, nichts. Das Brot wurde aus der 25, 30 Kilometer entfernten Siedlung Maikain angeliefert – es blieb das einzige Nahrungsmittel, das sie gegen das geringe Entgelt für ihre Arbeit kaufen konnten. Auch Wasser musste herbeigeschafft werden, in Fässern, aus denen sie kleine Mengen in Schüsseln abzapften, in denen sie sich wuschen – mit Sand, denn Seife gab es auch nicht.

Wasser blieb auch später ein Problem. In Maikain holte Stanisława das kostbare Nass bei Temperaturen über null Grad von einer öffentlichen Pumpe, im Winter schmolz sie einfach Schnee. Und in Pawlodar schöpfte sie es aus den Fluten des Irtysch mit zwei Eimern, die sie nach Art eines Wasserträgers an den beiden Enden eines Holzbalkens über der Schulter nach Hause trug. Manchmal wusch sie sich auch im Fluss, was aufgrund der starken Strömung nicht ungefährlich war. Einmal hätte sie sie fast mitgerissen.

In der Ziegelei schliefen in Stanisławas Barackenzimmer sechzehn Menschen – Stanisława mit Mutter Paulina wieder zusammen in einem Bett: der Kopf der einen zum einen, der Kopf der anderen zum anderen Ende, die übrigen Mitbewohner auf Pritschen, Kinderbetten und auf ausklappbaren Hockern. Wie die Heringe lagen sie nebeneinander. Nichts blieb den anderen verborgen. Zunächst versuchten Mütter, ihre ledigen Töchter beim An- und Ausziehen noch mit Laken vor den Blicken der Junggesellen zu schützen. Später unterblieb selbst das. Sie waren wie eine große Familie.

Später, in Maikain, mussten sich Stanisława und ihre Mutter den einen, einzigen Raum einer Hütte aus Lehm und Stroh mit einer Kasachenfamilie teilen. Eine Petroleumlampe stieß solchen Ruß aus, dass sich die dunklen Partikel bei Mutter Paulina, die mit dem Stricken von Pullovern und Strümpfen beauftragt war, in den feinen Härchen über der Oberlippe verfingen und ihr einen Schnurrbart malten.

Erst als sie nach Pawlodar zogen, erhielten die beiden Frauen ein Zimmer für sich, in einem Holzhaus, das im Gegensatz zu den vorherigen Behausungen sogar einen Fußboden besaß.

Die Arbeit war hart und wurde durch die winterlichen Temperaturen zusätzlich erschwert. Dem Einsatz in der Ziegelei folgte der Einsatz in der Goldmine von Maikain. Nach einer Woche unter Tage musste Stanisława die kleinen Waggons, die voll beladen aus der Grube zurückkehrten, vom Schachtausgang zu einer 50 Meter entfernten Stelle schieben, wo das Fördergut auf Pferdefuhrwerke umgeladen und zu einer Waschanlage transportiert wurde. Trotz 40 Grad Frost konnte sie sich nirgends aufwärmen. Kaum war eine Erkältung abgeklungen, stellte sich die nächste ein. An ihren Beinen bildeten sich Geschwüre, ihre Periode blieb aus. Gehungert haben Stanisława und Paulina zwar nicht, da ihnen aufgrund ihrer Arbeitsleistung 400 Gramm Brot für harte und 300 Gramm für leichte körperliche Arbeit zustanden und sie in der Kantine gegen Bezahlung Kohlsuppe und Grütze erhielten. Doch Fleisch und Zucker haben sie in Maikain nicht gesehen, ebenso wenig Obst und Gemüse, sodass Stanisława aufgrund von Skorbut schon früh ihre Zähne verlieren sollte.

Am schwierigsten war die Situation für Frauen mit Kindern. Manche Mütter gaben die ewig hungrigen Kinder aus Verzweiflung in Waisenhäuser, auch wenn sie dadurch nicht selten ihre Namen vergaßen und vollständig russifiziert wurden. Andere schickten sie umgekehrt aus Angst, sie könnten der polnischen Kultur und dem Katholizismus entfremdet werden, nicht in die sowjetischen Schulen, auch wenn das zur Folge hatte, dass die Kinder verwilderten. Und jene Kinder, die sowjetische Schulen besuchten, waren unglücklich, denn sie mussten sich von Lehrern Geschichten vom verachtenswerten »aristokratischen, herrschaftlichen Polen« anhören.

Einige Deportierte verfielen in Depressionen, andere streckten sich umgekehrt nach dem bisschen Leben, was ihnen blieb. Schon in der Einöde der Steppe trat im Versammlungsraum der Baracke am arbeitsfreien Sonntag ein kleines Orchester auf: Ein junger Mann spielte Akkordeon, ein zweiter Geige, andere schlugen mit Löffeln gegen Flaschen, die in unterschiedlicher Höhe mit Wasser gefüllt waren und nach Art des Xylophons verschiedene Töne von sich gaben. Wenn dann alle gemeinsam polnische Lieder sangen, liefen den Alten die Tränen über die Wangen, und die Jungen strahlten. »Der Optimismus«, sagt Stanisława, »ist das Privileg der Jugend.« Sie haben es einfach nicht ernst genommen, wenn Funktionäre immer wieder behaupteten: »Ein polnischer Staat wird nie wieder auferstehen! Ihr werdet nie nach Polen zurückkehren.«

Das erste Mal hofften sie im Sommer 1941 auf die Wende zum Besseren. Aus Polen, dem bis dahin zur Hälfte von Sowjets besetzten Land, war nach dem Überfall Hitlers auf die Sowjetunion ein Verbündeter Stalins geworden. Die polnischen Häftlinge und Deportierten fielen unter eine Amnestie, und in Moskau eröffnete wieder eine polnische Botschaft. Polen waren freie Bürger, und wer irgendwie bei Kräften war, zog aus dem kalten Sibirien in die wärmeren Republiken Usbekistan, Kasachstan und Kirgisien – oder er meldete sich zur neu entstehenden polnischen Armee. Wie Bazyli Kuc, der polnische Patriot und Offizier aus zaristischen Zeiten. Doch in der russischen Stadt Tockoje, wo General W. Anders die 6. Infanteriedivision aufbaute, lehnte man Stanisławas Vater wegen seines schlechten Gesundheitszustands für den Militärdienst ab und entsandte ihn stattdessen in die Diplomatie – rein zufällig nach Pawlodar, wo er in der neu errichteten Botschaftsfiliale zu seiner großen Freude erfuhr, dass Ehefrau Paulina und Tochter Stanisława in dem nahe gelegenen Maikain eingesetzt waren. Nach zwei Jahren, in denen sie nichts voneinander erfahren hatten, kamen Vater, Mutter und Tochter wieder zusammen.

Zunächst arbeitete Bazyli Kuc als »Vertrauensmann« in Maikain, nach seiner Berufung zum Vizekonsul in der Botschaftsvertretung zogen alle drei nach Pawlodar.

Es schien, als werde nun alles gut.

Die jungen Polen drängten zum Militärdienst. Stanisława spürte ihre Kampfbereitschaft und ihren Optimismus, wenn sie ihnen als Vertreterin der polnischen Jugend von Maikain zum Abschied kleine Pakete mit Schmalz und Konserven überreichte, bevor ein Traktor sie auf Schlitten zur Bahnstation in das 150 Kilometer entfernte Pawlodar zog. Diese jungen Männer gingen, weil sie den Kampf für das Vaterland als ihre patriotische Pflicht erachteten. Sie gingen, weil sie mit ihrem Einsatz die Rückkehr in die Heimat zu beschleunigen hofften. Und niemand ist damals auf die Idee gekommen, sie würden ihr geliebtes Wilna, ihr geliebtes Lemberg nicht wiedersehen.

Die Zurückbleibenden genossen mit zahlreichen Kulturräumen und drei Schulen nicht nur mehr kulturelle Freiheit, auch ihre materielle Situation verbesserte sich. Allein im Oblast Pawlodar existierten eine große Kantine, 43 Orte für die Speisung von 1800 Kindern, sechs Nachtherbergen; zudem wurden 900 000 Rubel verteilt – Geld, für das man auf den Märkten Gemüse, Mehl und sogar Fleisch und in Kantinen eine Suppe kaufen konnte. Außerdem erhielt Pawlodar 86 Tonnen Spenden aus den USA und England: Zucker, Schmalz, Weizenmehl, manchmal sogar Luxusartikel wie Kaffee, Tee, Kakao, auch warme Mäntel, Decken, dicke Socken, Lederschuhe, Pullover, Medikamente und sogar polnische Zeitungen.

Die Freude über die neuen Errungenschaften dauerte jedoch nur wenige Monate. Schon im August 1942 mussten 42 000 Soldaten und Offiziere der Anders-Armee mit 28 000 Familienangehörigen aus der Sowjetunion nach Persien evakuiert werden – Stalin wünschte auf sowjetischem Boden kein polnisches Heer mehr, das der Exilregierung in London unterstellt war. Im Spätsommer wurden mehrere Büros polnischer Botschaftsvertretungen unter fadenscheinigen Gründen geschlossen, und im Januar 1943 gingen alle polnischen Sozialstationen in die Hände von Sowjetorganen über. Stalin war der unabhängige polnische Verbündete lästig.

Zum endgültigen Bruch kam es im Frühjahr 1943. Die deutsche Wehrmacht hatte im Wald von Katyń Massengräber mit Leichen polnischer Offiziere entdeckt, die, wie spätere Untersuchungen bestätigten, von den Sowjets im Frühjahr 1940 durch Genickschüsse umgebracht worden waren. Moskau hingegen machte Berlin für die Morde verantwortlich. Als die polnische Exilregierung in London eine Untersuchung des Verbrechens durch das Internationale Rote Kreuz beantragte, brach Stalin die diplomatischen Beziehungen ab – wegen der angeblichen Komplizenschaft der polnischen Exilregierung mit dem Hitler-Regime. Die Auswirkungen für die Deportierten waren einschneidend.

Der polnische Kulturklub von Pawlodar wurde geschlossen. Die polnischen Schulen wurden geschlossen. Die Gottesdienste, die ein katholischer Priester vor einem Altar aus Pappkartons gehalten hatte, wurden wieder verboten.

Und Bazyli Kuc wurde am 30. Januar 1943 wieder verhaftet und zu zehn Jahren Gefängnis und fünf Jahren Verlust der bürgerlichen Ehrenrechte verurteilt.

Wenn sie Stanisława als Tochter des vermeintlichen Spitzels und Konterrevolutionärs nachts zu Verhören holten, konnte sie den Vater durch ein Fenster im Hof des NKWD-Gefängnisses Nr. 14 beobachten. Er war so schwach, dass er während seines Ausgangs nur noch auf allen vieren kroch. Die Drohung stand unverhüllt im Raum: »Wenn du nicht gestehst, wirst du Hündin so sterben wie dein Vater!« Doch was sollte sie gestehen? Dass ihr Vater Verbindungen zu den Führern des neu aufgestellten polnischen Heeres besessen hatte? Dass er als ehemaliger Weißgardist eine konterrevolutionäre Verschwörung gegen die Sowjetunion vorbereitet und für den englischen Geheimdienst gespitzelt hatte? Stanisława arbeitete damals als Leiterin einer Brigade auf einer Station, wo das Salz aus den Seen der Steppe in Züge verladen und zu Schiffen auf dem Irtysch transportiert wurde. Tagsüber ging sie zur Arbeit, nachts wurde sie verhört. Sie war übermüdet, hungrig, abgemagert. Damals dankten ihr die Kasachen für die Geschichten und Märchen, mit denen sie sie aufgemuntert hatte, bevor man sie zu der schweren Arbeit an die Seen schickte. »Leg dich schlafen!«, hörte sie nicht nur einmal. »Wenn ein Aufseher kommt, wecken wir dich rechtzeitig auf.« Oder jemand brachte ihr ein Ei, wenn sie völlig kraftlos im Büro saß: »Iss, du bist hungrig!« Auch die Köchin aus der Kantine, eine russische Jüdin, hatte Mitleid mit ihr und stellte manchmal Kartoffeln, manchmal einen Hering, manchmal eine Suppe für sie zurück.

Von dem Geld, das sie verdiente oder das die Mutter durch den Verkauf ihrer letzten schönen Kleider auf dem Markt erstand, kauften sie Lebensmittel für den Vater im Gefängnis. Mutter Paulina gab die Pakete am Tor ab, erfuhr aber nie, ob sie ihn auch erreichten. Kontakt hatten sie nur über einen alten Militärmantel, der wegen angeblicher Änderungen hin- und hergeschickt wurde. Die Wachen schöpften nie den Verdacht, dass in den hohlen Knöpfen des Mantels kleine Nachrichten geschmuggelt werden könnten – herzliche Grüße oder einige aufmunternde Worte. Ausführlichere Informationen über den Vater erhielten Ehefrau und Tochter allerdings erst von einer russischen Gefängnisärztin, die sich mit ihm angefreundet hatte und durchsetzte, dass er wegen seines schlechten Gesundheitszustands zeitweilig auf freien Fuß gesetzt wurde. Frau und Tochter holten den Schwerkranken am 21. Mai 1944 aus dem Gefängnis. Doch ohne Medikamente und nur mit Hundefett – etwas anderes gab es nicht – konnte er auch zuhause nicht zu Kräften kommen. Am 17. November 1944 ist Bazyli Kuc im Alter von 51 Jahren an den Folgen der Haft verstorben.

Stanisława hat es gespürt, als sich der Tod ihm näherte, und ist von der Arbeit zurück nach Hause gelaufen. »Mein Käferchen ist gekommen«, hat er noch zärtlich gesagt, als sie durch die Tür trat. Danach war er nicht mehr ansprechbar. Sein linker Arm war gelähmt, der rechte fuhr aufgeregt durch die Luft, hinauf und hinunter, hinauf und hinunter. »Ich bin unschuldig«, hat er in seiner Umnachtung immer wieder auf Russisch hervorgestoßen. »Ich bin unschuldig.« Dann ist er verstummt.

»Er war ein guter Vater«, sagt Stanisława. »Er war ein guter Ehemann und ein guter Pole.«

Über hundert Menschen folgten dem schlichten Brettersarg bis zu einem kleinen Friedhof mitten in der Steppe, wo der orthodoxe Pope die letzten Segensworte sprach, da dem katholischen Priester die Amtsausübung untersagt war.

»Es schien schon«, schrieben Stanisławas Kollegen aus dem Jugendklub über Bazyli Kuc, »als könnte Dir die Pflege Deiner Lieben Gesundheit und die Energie zur Arbeit zurückgeben. Es schien, als reichten Deine Kräfte schon aus, um ins Vaterland zurückzukehren und Deine Tätigkeit fortzuführen. Polen hätte Dich gebraucht. Das zerstörte, zerschlagene Polen wartet auf seine Söhne, auf seine Besten, auf Menschen wie Dich. Aber das schreckliche Schicksal wollte es nicht. An einem windigen Novembertag hat Dich die Erde von Pawlodar ein für alle Mal fortgenommen. Du Märtyrer, Du Held! Du hast Dein Leben gelassen, indem Du die Ehre des Vaterlands verteidigtest. Du warst aus Granit. Du hast den Feinden gezeigt, dass ein Pole stirbt und seinen Idealen treu bleibt.«

Und: »Sei stolz«, wandten sich die Unterzeichner des Epitaphiums an Stanisława, »dass Du seine Tochter bist!«

Noch während Stanisławas Vater im Gefängnis gesessen hatte, war die Kampagne zur Übernahme der sowjetischen Staatsbürgerschaft angelaufen. Wieder einmal. In ihrem Heimatdorf Kućki waren Stanisława und Mutter Paulina von der Einbürgerungswelle nicht mehr erfasst worden, in Kasachstan konnten sie die anfänglichen Einbürgerungsversuche irgendwie umgehen. Nach der Amnestie im Sommer 1941 glaubten sie sogar, das Problem sei zu ihren Gunsten gelöst, denn sie erhielten »einstweilige Dokumente« (»zaświadczenie«), die in polnische Pässe umgetauscht werden sollten. Doch statt polnischer Pässe erwartete sie nach dem Abbruch der diplomatischen Beziehungen eine neue Kampagne der »paszportyzacja«, zur Verleihung der Staatsbürgerschaft. Und dieses Mal mit massivem Druck. Die Ablehnung der sowjetischen Staatsbürgerschaft zog sofort Repressionen nach sich. Stanisława und Mutter Paulina mussten ihr Zimmer im Haus einer Russin räumen. Drei Monate hatten sie weder Arbeit noch Unterkunft und lebten – Gott sei Dank war Sommer – unter freiem Himmel. Aus Mitleid gestattete ihnen die Russin, sich wenigstens zum Schlafen in ihren Schuppen zu legen. Andere Polen traf es noch härter. Sie wurden so häufig von der Miliz heimgesucht, dass sich viele einen Sack mit getrocknetem Brot bereitlegten. Lieber ins Gefängnis, als Verrat zu üben – so dachten die meisten Deportierten in Pawlodar. Das sowjetische System war verhasst, und Wanda Wasilewska, die wohl bekannteste polnische Kommunistin jener Zeit in der Sowjetunion, wurde als Landesverräterin verachtet. »Ich bringe Wanda Wasilewska um«, lautete einer der Sprüche unter den jungen polnischen Deportierten, »entweder noch in Russland oder schon auf polnischem Gebiet.«

Aber dann profitierten auch die Antikommunisten von der Tätigkeit der polnischen Kommunisten. Denn zeitgleich zum Abbruch der Beziehungen zur »bürgerlichen« polnischen Regierung in London hatte Stalin den Aufbau der prokommunistischen »Vereinigung Polnischer Patrioten« betrieben. Unter anderem Vorzeichen entstanden fast alle Institutionen wieder, die einige Monate zuvor geschlossen worden waren: Auch die »Vereinigung Polnischer Patrioten« stellte eine Armee auf – allerdings unter sowjetischem Oberkommando; und auch diese Vereinigung entfaltete eine soziale Aktivität – wenn auch nur im Rahmen einer sowjetischen Organisation. Doch immerhin: In Pawlodar öffneten wieder ein polnischer Kindergarten, eine polnische Schule, ein polnisches

Altersheim. Die polnischen Deportierten lasen wieder polnische Zeitungen, feierten wieder polnische Feiertage, und Stanisława gründete mit ihren Kollegen wieder einen Kulturklub.

Für ihre Auftritte verfassten die Mitglieder des »Dramatischen Kreises« ihre Drehbücher selbst und nähten auch die Kostüme. Eine Frau arbeitete im Krankenhaus, wo sie Gaze besorgte, die mit Gräsern aus der Steppe gefärbt, dann zu Blumen geformt und an Kleider geheftet wurde. Ein Mann spendierte eine englische Militäruniform aus den Lieferungen der Exilregierung, die, ebenfalls gefärbt, zu verschiedenen Kostümen und Trachten umgearbeitet wurde. Sie reisten mit ihren Gedichten und Liedern durch die Dörfer, traten in der Philharmonie von Pawlodar auf, hatten Erfolg sogar vor russischem Publikum und spendeten die Einnahmen dem Kindergarten und dem Altersheim. Im sowjetischen Alltag waren sie wieder so gut wie gleichberechtigt – obwohl sie gar keine Staatsbürgerschaft mehr besaßen. Es war bitter für Stanisława, den Vater in einer Zeit sterben zu sehen, in der die Befreiung Polens von den deutschen Besatzern in greifbare Nähe zu rücken schien. Seit es Erfolge auf dem Vormarsch zu vermelden gab, informierten riesige Lautsprecher auf den Straßen über das Kriegsgeschehen. Endlich, im Januar 1944: Sowjettruppen überschreiten die alte polnisch-sowjetische Grenze! Im Sommer: Die Rote Armee rückt bis zur Weichsel vor! Die Soldaten der prokommunistischen polnischen Einheiten erhielten polnische Pässe!

Bald, so glaubten die Deportierten in Pawlodar, würden auch die Zivilisten mit polnischen Pässen zurückkehren und wieder in einem polnischen Staat leben können.

Ihre Geduld wurde zwar noch lange auf die Probe gestellt, doch am 6. Juli 1945 war es so weit. Polen polnischer und jüdischer Nationalität, so meldeten es die Lautsprecher, erhielten die polnische Staatsbürgerschaft und würden nach Polen evakuiert werden. Stanisława war glücklich.

Einen Monat später kam jedoch der Schock: Die Potsdamer Konferenz, so hieß es nun, habe die Westverschiebung Polens beschlossen. Jetzt gelte der Grenzvertrag, den die prokommunistische polnische Regierung bereits ein Jahr zuvor mit Moskau ausgehandelt hatte. Stanisława war verzweifelt. Ihre ostpolnische Heimat, sie gehörte ihr nicht mehr! Wo sollte sie hin? Ihr Geburtsort lag jetzt in der weißrussischen Sowjetrepublik, einem fremden Land – und dorthin wollte sie nicht gehen

Eine depressive Stimmung breitete sich aus. Wer würde die Gräber der Vorfahren pflegen? Wer die Häuser und Gärten übernehmen? Würden sie ihre Verwandten je wiedersehen? Nur zwanzig Jahre war ihre Heimat in der Zwischenkriegszeit unabhängig und frei gewesen – und jetzt sollten sie sie wieder verlieren. »Das war schrecklich«, sagt Stanisława, »das war schrecklich.«

Die meisten weigerten sich, die Tatsachen als endgültig zu akzeptieren.

Glücklicherweise ließen die Vorbereitungen für die Rückfahrt nicht allzu viel Zeit zum Jammern und Klagen. Viele hatten Probleme beim Nachweis, vor 1939 polnische Bürger gewesen zu sein. Es war grotesk: Erst hatte man sie als – politisch feindliche, konterrevolutionäre, bourgeoise – polnische Staatsbürger deportiert, jetzt sollten sie es auch noch schwarz auf weiß beweisen! Stanisława hat die Verzweiflung vieler Menschen miterlebt, denn wegen ihrer inzwischen guten Russischkenntnisse musste sie die polnischen Dokumente ins Russische übersetzen. Erst als auf eindringliche Interventionen auch Bescheinigungen über Militärdienst, Zeugnisse oder Geburtsurkunden und schließlich zwei Zeugenaussagen akzeptiert wurden, stand der Rückkehr der Mehrheit nichts mehr im Wege.

Ende 1945 sollte die »Umsiedlung« bereits beendet sein. Da aber die Prozedur zur Verleihung der polnischen Pässe erst zwei Monate nach Unterzeichnung des Vertrags ins Laufen kam, verzögerte sich die Abreise bis ins Jahr 1946. Stanisława und Mutter Paulina gehörten zum ersten Transport, der im Februar aus Pawlodar abging. Sie saßen in ähnlichen Viehwaggons wie bei der Hinfahrt, doch nun ließen sich die Türen öffnen. Sie teilten sich den Waggon nur noch mit 25 statt mit 40 Personen, und sie waren nur noch anderthalb statt vier Wochen unterwegs.

Unvergesslich ist Stanisława die Ankunft am Grenzübergang in Brześć geblieben. Spontan formierten sich die Insassen des Transports zu einem langen Zug und zogen in abgerissenen Kleidern, mit verhärmten Gesichtern und doch voll freudiger Erwartung durch die Stadt zur Kirche – zu ihrer katholischen Kirche, auf deren Botschaft sie in Zukunft nicht mehr würden verzichten müssen. Sie würden ihre Toten nicht mehr ohne priesterlichen Beistand beisetzen oder irgendwo an Stellen vergraben müssen, über die nach kurzer Zeit die Tiere der Sowchose laufen würden. Sie würden beim Gottesdienst wieder den rauschenden Klang der Orgel vernehmen, wieder öffentlich beten und öffentlich singen können.

Die Menschen schrien, weinten, klagten, sie fielen auf die Knie, lagen sich gegenseitig in den Armen. Trauer, Groll, Erleichterung, alles brach sich Bahn. »Es war«, sagt Stanisława, »unbeschreiblich.«

Sie waren wieder zuhause.

Fast alle Insassen ihres Transports kamen nach Słubice, direkt an die neue Grenze zu Deutschland. Stanisława aber wollte nach Sulęcin, etwa 40 Kilometer weiter im Landesinnern, denn dort hatte sich bereits ihr Bruder mit seiner Frau niedergelassen. Das hatte er ihr in einem Brief noch nach Kasachstan mitgeteilt. Er war, das erzählte er Mutter und Schwester nach ihrer Ankunft, aus dem sowjetischen Kriegsgefangenenlager in Litauen geflohen, hatte sich bei Bekannten versteckt und war, als die Deutschen das Baltikum im Juni 1941 einnahmen, zurück in die alte Heimat gegangen. Zeitweilig hatte er sogar das eigene Gut in Kućki bewirtschaftet. Als 1944 erneut die Sowjets einzogen, hat er sich der Kościuszko-Division angeschlossen, der einzigen polnischen Formation, die an der Seite der Roten Armee an der Erstürmung Berlins beteiligt war. Und da ihm bei Kriegsende die Rückkehr in den polnischen Osten versperrt war, beschloss er, in den – wie Stanisława noch immer sagt – »wiedergewonnenen polnischen Westgebieten« zu bleiben.

Fast sechzig Jahren wohnt sie jetzt in Lagow, einem wunderschönen Ort zwischen zwei von dichten Buchenwäldern umsäumten Seen. Es gefällt ihr dort. Aber weit mehr als mit der neuen ist sie mit der alten Heimat verbunden. Schon sechzehn Mal hat sie sich seit 1989 mit den Klassenkameraden aus dem Gymnasium von Oschmjany getroffen, acht Mal mit den Deportierten im »Klub von Pawlodar«, und ein Mal ist sie mit dem Zug nach Kasachstan gefahren. Eine ganze Woche hin, eine ganze Woche zurück. Mit 74 Jahren. Das war sie ihrem Vater schuldig.

Noch bevor sie nach Polen zurückgekehrt war, hatte sie ihm aus gestohlenem Zement und gestohlenen Steinen ein Grabmal errichten lassen und mit dem Finger in den noch nassen Sockel graviert:

Bazyli Kuc
* 31.3.1893 † 17.11.1944
POLEN

So hat es ein schwarz-weißes Foto festgehalten: ein außergewöhnliches, weil steinernes Grab auf einem kleinen Friedhof mitten in der kasachischen Steppe.

1994 fiel ihr aus einem Brief plötzlich ein Farbfoto in die Hände: von einem außergewöhnlichen, weil steinernen Grab auf einem kleinen, von weißen und roten Cosmeen übersäten Friedhof, der rundum von Hochhäusern umstellt war. Ein pensionierter Wissenschaftler, so stellte sich heraus, war bei seinen Recherchen über deportierte Polen auf das Grab gestoßen und hatte die Tochter des Verstorbenen über den »Verein der Sibirier« ausfindig gemacht.

In Stanisławas Seele kehrte tiefer Frieden ein. Holzkreuze waren inzwischen verfault, Blechschilder verrostet, aber ihr steinernes Grab hatte fünf Jahrzehnte unbeschädigt überdauert.

Der Bürgermeister von Pawlodar sicherte ihr zu, den kleinen Friedhof zu erhalten, auch wenn er inzwischen mitten in der Stadt liegt. Und eine Klasse aus dem Gymnasium Nummer 3 versprach, die Pflege des Grabs zu übernehmen, weil auch den deportierten Polen Ehre gebührt. Zwar musste die Tochter den geliebten Vater in fremder Erde zurücklassen, doch weiß sie seine letzte Ruhestätte gut betreut. Wenn Deutsche in das einst deutsche Lagow kommen und ebenfalls nach den Gräbern ihrer Vorfahren suchen, kann Stanisława sie gut verstehen. »In jedem Menschen«, sagt sie, »bleibt die besondere Verbundenheit zu Orten, an denen er Menschen weiß, die er liebte.« Der Ehrlichkeit halber, sagt sie, solle man allerdings hinzufügen: »Nicht wir Polen haben die Situation herbeigeführt, in der die Deutschen gehen mussten. Das haben sie selbst verursacht, indem sie den Krieg begannen.«

Drama unter Brüdern

Ukrainer und Polen im Dorf Kuropatniki

»Evakuierung« der Polen aus Ostpolen

Fast ein Jahr vor Ende des Krieges, am 27. Juli 1944, verständigte sich das neu gegründete prokommunistische Polnische Komitee der Nationalen Befreiung (PKWN) mit der Sowjetunion auf einen Grenzverlauf im Osten: Die Sowjetunion erhielt im Wesentlichen jene Teile Ostpolens, die sie im Herbst 1939 besetzt hatte. Nur wenige Wochen später, im September 1944, folgten Verträge über einen Bevölkerungsaustausch mit der Ukraine, Weißrussland und Litauen: Etwa 1,8 Millionen Polen sollten aus den nun sowjetischen Gebieten nach Polen, 700 000 Ukrainer und einige Zehntausend Litauer und Weißrussen umgekehrt in die Ukraine, nach Litauen und Weißrussland umgesiedelt werden.

Die Zustimmung unter den betroffenen Polen zu der zunächst als »Evakuierung«, später als »Repatriierung« bezeichneten Aktion hing stark von ihrem Verhältnis zu den Nationalitäten in ihrem Umfeld ab. In Wolhynien und Ostgalizien – in Gebieten also, die von ukrainischen Nationalisten für eine unabhängige Ukraine reklamiert wurden – waren die Polen seit 1943 massiven Verfolgungen seitens der UPA (Ukrainische Aufstandsarmee) ausgesetzt gewesen. Wer als »Fremder« nicht in sein Land auswandere – so die Linie der UPA –, müsse mit seiner Vernichtung rechnen. Insgesamt, so die Schätzungen polnischer Historiker, sind in den Jahren 1943/44 bei teilweise äußerst grausamen Überfällen

Das Zeitgeschehen

durch ukrainische Nationalisten etwa 100 000 Polen in Wolhynien und Ostgalizien ermordet worden. Zehntausende Polen suchten damals Schutz in den von der deutschen Besatzungsmacht kontrollierten Städten.

Da die Überfälle der UPA auf polnische Siedlungen selbst nach dem Einmarsch der Roten Armee im Sommer 1944 weitergingen und gleichzeitig Mitglieder der polnischen Untergrund-Heimatarmee (Armia Krajowa) vom sowjetischen Geheimdienst NKWD verfolgt und nach Sibirien oder Kasachstan deportiert wurden, sahen die meisten Polen in der »Repatriierung« in die neuen polnischen Westgebiete, die nie ihre »Patria« gewesen waren, die einzige Überlebenschance.

Bezeichnenderweise reisten aus der Westukraine 91,7 Prozent aller registrierten Polen (787 524 von 858 548) aus, während es in Weißrussland und in Litauen, wo ein geringerer Druck durch Partisanen oder den NKWD bestand, nur 54,8 Prozent beziehungsweise 48,4 Prozent waren.

Als der Bevölkerungsaustausch Ende 1946 abgeschlossen wurde, hatten insgesamt 1,25 Millionen Polen ihre ostpolnische Heimat verlassen – unter ihnen mindestens 30 000 Juden, die vor 1939 die polnische Staatsbürgerschaft besessen hatten.

Drama unter Brüdern

Ukrainer und Polen im Dorf Kuropatniki

Auf den flachen Wiesen beidseits des sprudelnden Baches weiden schwarz-weiß gescheckte Kühe, von fern schallt das Bellen einiger Hunde, Gänse wechseln flügelschlagend von der Landstraße auf die Wiese, wenn sich manchmal – sehr selten – ein Auto auf der schmalen Teerstraße aus der Kreisstadt nähert. Kuropatniki liegt weitab großer Verkehrswege zwischen zwei Hügelketten an den Ufern des Baches Ceniówka in einem einsamen, stillen breiten Tal, gut 100 Kilometer südöstlich von Lemberg.

Auf der kahlen Anhöhe nördlich des Baches erhebt sich eine römisch-katholische Kirche. Das Gebäude ist verwittert, der Mauersockel mit Feuchtigkeit durchtränkt, und die scheibenlosen Fenster liegen wie dunkle, leere Augenhöhlen in einem zerfurchten Antlitz. In den fünfzig Jahren, in denen das Gebäude als Magazin diente, verschwanden die Gemälde im Kircheninnern; zurück blieben graue Löcher in nackten, unverputzten Steinen.

Außen haben sich Büsche, mannshohes Unkraut und junge Baumtriebe an die Mauern herangeschoben, nur ein Trampelpfad führt durch den Dschungel des angrenzenden Friedhofs, in dem plötzlich moosbewachsene Holzkreuze, leere Steinsockel und Engelsfiguren mit abgeschlagenen Köpfen und Armen wie Skelette aus einer anderen Zeit aufragen.

»Als wir im Juni 1945 ausreisten«, sagt Stefania Michałczyszyn, »hat niemand aus meiner Familie geweint. Wir waren froh, dass wir mit dem Leben davongekommen waren.«

Vor dem Zweiten Weltkrieg zählte das ostpolnische Kuropatniki 2640 Einwohner – drei Viertel davon Polen, ein Viertel Ukrainer, dazu zwanzig jüdische Familien. Bis zum Zweiten Weltkrieg, behauptet Stefania Michałczyszyn, hätten Polen und Ukrainer gut miteinander gelebt. Es gab sehr viele gemischte Ehen, Ukrainer und Polen besuchten dieselbe Schule, Polen und Ukrainer luden sich gegenseitig zu ihren Festen ein, und der blinde griechisch-katholische Priester Załuski predigte in der römisch-katholischen Kirche, wenn Priester Jastrzębski verhindert war.

Bis zum Krieg, sagt Stefania, hätten Polen und Ukrainer gut miteinander gelebt. Obwohl, ja, obwohl vielleicht einige Ukrainer unzufrieden waren, weil der Bürgermeister, der Förster und der Waldaufseher immer Polen waren, in der Schule Polnisch zur Unterrichtssprache erklärt worden war und Ukrainisch nur als zweite Sprache gelehrt wurde. Ja, sicher hat es kleine Querelen gegeben – wie Mitte der dreißiger Jahre den Streit um die Nutzung einer Parzelle im Dorfzentrum. Die Ukrainer wollten eine Kirche, die Polen eine Schule darauf erbauen. Durchgesetzt haben sich die Polen, und die griechisch-katholische Kirche musste 300 Meter entfernt aufgestellt werden. Die Ukrainer müssen sich wohl zurückgesetzt gefühlt haben, denn als ihre Kirche eingeweiht wurde, ist es trotz der Anwesenheit des griechisch-katholischen Weihbischofs aus Lemberg zu einem Zwischenfall gekommen. Polnische Katholiken, die sich der Prozession zur Kirche anschließen wollten, wurden angepöbelt und eine junge Polin mit einer Fahne regelrecht verprügelt. Und dann sind auch noch die Getreideschober des polnischen Grafen Potocki in Brand gesteckt worden, sodass Wachen aufgestellt wurden, um weitere Anschläge zu verhindern.

Aber wie hätte man damals ahnen können, wohin das führen würde? Streit gab es auch in der eigenen Familie. Aber blieb sie nicht trotzdem als Familie verbunden?

Denn es war so: Die Großmutter von Stefania Michałczyszyn war Ukrainerin, ihr Großvater war Pole. Und da entsprechend der Tradition die Töchter nach dem Glauben der Mutter und die Söhne nach dem Glauben der Väter getauft wurden, waren Stefania Michałczyszyns Tanten Ukrainerinnen, das heißt griechisch-katholischen Glaubens; ihr Vater und ihre beiden Onkel Michał und Józef hingegen waren Polen, das heißt römisch-katholischen Glaubens. Allerdings war diese Ordnung in der Familie zugunsten der Ukrainer durchbrochen, da Onkel Michał, als er eine Ukrainerin heiratete, die Seite wechselte.

»Wenn er regelmäßig zur griechisch-katholischen Kirche ging«, sagt Stefania Michałczyszyn, »muss er sich schon wie ein Ukrainer gefühlt haben.«

Stefanias Vater und Onkel Michał haben auf den Familienfesten jedenfalls immer laut und erbittert miteinander gestritten. Sie stimmten nie überein.

Aber hätte man daraus schon schließen können, wohin das führen würde?

Die Gewalt setzte wenige Tage vor Ausbruch des Zweiten Weltkriegs ein. Da ermordeten Ukrainer den polnischen Waldaufseher, entkleideten ihn bis auf die Unterwäsche und vergruben ihn im Wald – seine Familie fand ihn nur durch Zufall nach zwei Tagen. Wenige Tage später wurden ein polnischer Pächter und der polnische Förster ausgeraubt, einem polnischen Bauern wurde die Scheune angezündet, und unter dem Glockengeläut der griechisch-katholischen Kirche attackierten Ukrainer die neue Grundschule, in der Mitglieder des polnischen Schützenvereins einen Wachdienst für die Schüler eingerichtet hatten. Aus dem Nachbardorf Byszki drang die Information, Soldaten des zurückflutenden, geschlagenen polnischen Heeres seien entwaffnet, gefoltert und dann erschossen worden.

Wer hätte gedacht, dass sich so viel Neid, untergründige Wut, so viel Hass und Aggression aufgestaut hatten? Oder ging jetzt die Saat der Propaganda von OUN auf, der Organisation Ukrainischer Nationalisten, die sich 1935 mit immerhin achtzehn Mitgliedern in Kuropatniki gegründet hatte?

Jedenfalls nutzten die Ukrainer den Ausbruch des Krieges, um die Verhältnisse in Kuropatniki umzudrehen: Ukrainer bildeten nun die Polizei, die rot-weiße polnische Nationalfahne wurde durch die blau-gelbe der Ukrainer ersetzt, in der Schule durfte nur noch Ukrainisch gesprochen werden. Stefanias Eltern beschlossen, die Tochter nicht mehr zur Schule zu schicken.

Als die Sowjets ihre Herrschaft in Ostpolen etablierten, rückte der polnisch-ukrainische Zwist etwas in den Hintergrund. Das war die Zeit, als beide Volksgruppen fast gleichermaßen unter den Steuern und Zwangsabgaben der Besatzungsmacht litten und die Wiesen und Felder der griechisch-katholischen Kirche von Kuropatniki genauso konfisziert wurden wie die der römisch-katholischen Kirche. Zwar betrafen die Deportationen fast nur Polen und Juden, aber auch einige Ukrainer wurden dadurch erfasst.

Sobald sich aber im Sommer 1941 mit dem Einmarsch der Deutschen ein Machtvakuum ergab, flammte der alte Hass wieder auf.

Stefania war gerade vom Feld nach Hause gegangen, um die Kühe zu melken und ihren Eltern das Essen zuzubereiten. Da kam aufgeregt die Großmutter gelaufen.

»Stefka, wo ist dein Vater?«
»Mit Mutter auf dem Feld und hackt Rüben.«
»Dann geh und sag ihm, etwas Schreckliches sei passiert. Sein Bruder Józef ist umgebracht worden.«

Józef, Vaters jüngerer Bruder, ein Mann Mitte zwanzig, Offizier in der polnischen Kriegsmarine, war nach Kriegsausbruch in deutsche Kriegsgefangenschaft geraten, von dort geflohen und in seine ostpolnische Heimat zurückgekehrt. Da er noch ledig war, lebte er bei der Mutter. Das ging nicht ohne Spannungen, denn sein Vater und er fühlten sich als Polen, während die Sympathie der Mutter und Schwestern den nach Unabhängigkeit strebenden Ukrainern galt.

An jenem Sonntag Mitte Juli 1941 hatte sich Onkel Józef mit dem Fahrrad in den Nachbarort Kozowa begeben, wohin ihn die Schuldirektorin zum Essen eingeladen hatte. Beim Gottesdienst in der Kirche ist er noch gesehen worden, in der Wohnung der Schuldirektorin ist er allerdings nicht mehr angekommen.

Besorgte Nachfragen der Schuldirektorin in der Nähe der Kirche ergaben, dass er gemeinsam mit Ukrainern den Ort verlassen haben musste. Andere wollten kurz darauf einen Schuss gehört haben.

Die fünfzehnjährige Stefania durfte nicht mitgehen, als sich Großmutter, Vater und zwei Schwager auf die Suche machten. Sie fanden Onkel Józef nach anderthalb Tagen einen guten Kilometer außerhalb von Kozowa, wo verdorrtes Kartoffelkraut auf einem Feld ahnen ließ, dass hier gegraben worden war. Außerdem hatten Wagenreifen ihre Spuren im Sand hinterlassen, und blutverschmiertes Stroh lag verstreut auf dem Boden, als sei es von einem Fuhrwerk gerutscht.

Der Tote lag dicht unter der Erde. Hände und Füße waren gefesselt, der Körper entblößt bis auf Unterhemd und Unterhose, in der Schläfe klaffte ein Loch. Schläge mit Stacheldraht hatten so blutige Furchen in die Haut gegraben, dass Stefania sich nicht mehr von dem entstellten Toten verabschieden durfte.

Józefs Mutter sammelte das blutige Stroh von der Erde, barg es in ihrer Schürze und schrie: »Die Ukraine hat mir meinen Sohn ermordet!« Und wieder: »Die Ukraine hat mir meinen Sohn ermordet!« Denn sie, die Ukrainerin, war sich sicher, dass ihr Sohn, der Pole, von ukrainischen Landsleuten ermordet worden war. Von gut informierten dazu, denn kaum hatte die Familie Józefs Fahrrad, das einzige in ganz Kuropatniki, aus dem Nachbarort zurückgeholt, erschienen einige Ukrainer und forderten seine Aushändigung. Stefania hat alles von ihren beiden jüngeren Brüdern erfahren, die zufällig zu Besuch bei den Großeltern waren. In ihrer Angst, als Polen ebenso wie Onkel Józef ermordet zu werden, hätten sich die Brüder mit dem Großvater unter dem Ehebett versteckt, Stefanias Tante hingegen, eine Schwester des Ermordeten, sei mit einem der Männer auf den Dachboden gegangen und habe ihm das Fahrrad umstandslos herausgegeben.

Bis heute weiß Stefania nicht, ob die Tante nur dem Druck gehorchte oder ob sie, die sich als Ukrainerin fühlte, mit den Männern unter einer Decke steckte und ihnen half, ein Fahrrad für Kurierdienste zu erwerben.

Die Familie fiel entzwei. Die Loyalität gegenüber der eigenen Volksgruppe wurde wichtiger als die Loyalität gegenüber den Familienmitgliedern. Das jedenfalls mutmaßte damals Stefanias Familie: dass Onkel Józef, der Pole, umgebracht worden sei, weil er gesehen hatte, wie sein Bruder Michał, der Ukrainer, mit anderen Ukrainern bewaffnete Untergrundaktionen vorbereitete. Nichts ahnend war Józef seinem Bruder Michał eines Tages in den Garten eines Nachbarn gefolgt und hatte gesehen, wie gerade

Waffen ausgegraben wurden. Sobald die Ukrainer Józef entdeckt hätten, erzählte Onkel Józef später Stefanias Vater, hätten sie ihn beschimpft und des Gartens verwiesen. Und Józef war verzweifelt nach Hause gegangen und hatte geweint. Wo würde das alles enden?

Kann es also sein, dass der »konvertierte« Michał von dem geplanten Anschlag auf seinen Bruder gewusst hat? Dass er die Tat hat geschehen lassen, ohne Józef zu warnen? Dass ihm die Loyalität gegenüber der ukrainischen Nationalbewegung wichtiger war als die Loyalität gegenüber seinem Bruder? All diese Fragen wurden nie geklärt. Jedenfalls reiste Michał 1945 nicht mit nach Polen aus, sondern blieb als Ukrainer in der Ukraine. Genauso wie seine Schwestern, Stefanias Tanten. »So war es eben«, sagt Stefania bitter. »Mein Großvater, mein Onkel Józef und mein Vater fühlten sich als Polen, meine Großmutter, meine Tanten und Onkel Michał fühlten sich als Ukrainer – und plötzlich waren sie Feinde.«

Das Misstrauen gegenüber den griechisch-katholischen Mitgliedern der Familie saß so tief, dass Stefanias kleine Brüder, die vorher regelmäßig bei der Großmutter und den Tanten geschlafen hatten, sie nach dem Mord nie mehr über Nacht besuchen durften.

Onkel Józef wurde unter großer Anteilnahme der Einwohner von Kuropatniki zur letzten Ruhe geleitet – nicht allein von Polen, denn getragen haben den Sarg vier Freunde, die ebenfalls aus gemischten Ehen stammten. Priester Jastrzębski hielt die Trauerrede, und die Familie errichtete ein Holzkreuz mit dem Foto des Ermordeten an der Stirnseite des Grabes. Später, schon im polnischen Westen, träumte Stefania, das Porträtfoto sei herausgerissen und das Holzkreuz umgestürzt worden. Ihre ukrainische Tante in Kuropatniki, der sie den Traum sofort voller Besorgnis mitteilte, blieb ihr eine Antwort schuldig. Doch bei einem Besuch in der alten Heimat sah Stefania den Traum bestätigt. Das Grab war tatsächlich geschändet, in der Zwischenzeit jedoch von der Familie in Kuropatniki durch ein gemauertes Denkmal ersetzt worden.

Als die Deutschen ihre Herrschaft in Ostpolen etablierten, traten die polnisch-ukrainischen Spannungen in Kuropatniki wieder eine Zeit lang in den Hintergrund.

Das war die Zeit, in der ukrainische wie polnische Bauern zu hohen Lebensmittelabgaben verpflichtet wurden, viele zum Anbau von Tabak gezwungen waren und Zwangsarbeiter ins Deutsche Reich geschickt wurden. Das war die Zeit, als die Juden von Kuropatniki ins Getto von Brzezany geführt und eine Jüdin und ihr Sohn in ihrem Versteck bei einer ukrainischen Familie ermordet wurden. Erst nach dem Krieg stellte sich heraus, dass Priester Jastrzębski eine Jüdin mit gefälschten Papieren als Haushaltshilfe angestellt und einer zweiten einen Unterschlupf in seiner Scheune gewährt hatte. Und dass die Schwestern Stefania und Franciszka Rokosz eine siebenköpfige jüdische Familie in ihrem Keller versteckt hatten, wofür sie später von der Gedenkstätte Yad Vashem in Jerusalem als »Gerechte unter den Völkern« ausgezeichnet wurden.

Abgeschwächt entluden sich die Spannungen zwischen Polen und Ukrainern allerdings auch in dieser Zeit. Etwa als die Tochter des ukrainischen Bürgermeisters einen Ukrainer heiratete. Die Trauung war entsprechend der Sitte in der Kirche der Braut geplant – das heißt bei Priester Jastrzębski, da die Braut aufgrund der polnischen Mutter dem römisch-katholischen Glauben angehörte. Die Polen nahmen es der Braut jedoch übel, dass sie einen Ukrainer heiratete, und zogen alle Fahnen in der Kirche ein, sodass nur die nackten Fahnenstangen entlang des Mittelganges emporragten. Die Braut weinte, als sie den Priester am Abend zuvor zur Beichte aufsuchte und die geplante Demütigung erkannte. Ihre Mutter versuchte zwar noch, bei Stefanias Vater zu intervenieren, weil er im Gemeinderat war. Doch Stefanias Vater erklärte, er wisse von nichts – und unternahm auch nichts. Notgedrungen musste die Tochter des ukrainischen Bürgermeisters ohne die Farbenpracht der Fahnen heiraten, und die Polen konnten sich einbilden, dem ukrainischen Bürgermeister seine Grenzen aufgezeigt zu haben.

Seit jenem Ereignis rächte sich der ukrainische Bürgermeister an Stefanias Vater, wo er nur konnte, denn als Mitglied des Gemeinderats, so seine Meinung, hätte er die Schande verhindern können. Er schickte ihn mit seinem Fuhrwerk mal hierhin und mal dorthin, setzte ihn gemeinsam mit seinem erst vierjährigen Sohn bei Brückenarbeiten über die Ceniówka ein, verlangte die Entsendung von Stefania als Zwangsarbeiterin nach Deutschland (was ihr Vater verhinderte, indem er sie in der Kreisstadt zur Schule anmeldete) und erteilte ihm kurz vor dem Einmarsch der Sowjets den Befehl, die abrückenden Deutschen mit einem Proviantwagen bis nach Berlin zu begleiten.

Stefanias Familie wusste, dass ihr Gefahr vonseiten der Ukrainer drohte. Nach Ausbruch des deutsch-sowjetischen Krieges 1941 hat sie fast nie mehr zuhause geschlafen. Zumindest der Vater verkroch sich jede Nacht woanders. Im Frühjahr und Sommer übernachtete er unter freiem Himmel in einem Gebüsch oder im Korn oder legte sich längs in eine Kartoffelfurche. In kälteren Zeiten ging er mal in eine Erdhöhle, die er im eigenen Garten gegraben hatte, mal in die Scheune von armen, alten Polen am Dorfrand, mal zu Stefanias künftiger Schwiegermutter, die am Fluss wohnte und im Garten ebenfalls ein Versteck geschaffen hatte, das sie mit Egge und Pflug verstellte.

Ja, Stefanias Familie fürchtete sich. Es schwirrten Gerüchte, in einem Dorf sei jemand ermordet worden, als er sein Feld bestellte, in einem anderen, als er im Wald Holz sammelte. An der Sprache ließen sich Polen zwar nicht identifizieren, denn alle Bewohner der Gegend verwandten denselben Dialekt – eine Mischung aus Ukrainisch und Polnisch mit russischen und deutschen Versatzstücken. Deswegen forderten die Partisanen Unbekannte in der Regel auf, sich zu bekreuzigen. Stefania weiß bis heute, wie man nach orthodoxem Ritus Daumen, Mittel- und Zeigefinger in ausladender Bewegung von der Stirn zur Brust und dann – genau umgekehrt wie in der katholischen Kirche – von der rechten zur linken Schulter führt. Sie hätte, denkt sie, als Ukrainerin durchgehen können.

Wenn die Partisanen allerdings nachts in die Häuser eindrangen, um Lebensmittel für ihren Aufenthalt im Wald zu requirieren, nutzte es nichts, eine ukrainische Herkunft vorzutäuschen. Die Partisanen wussten genau Bescheid, wo Polen wohnten – entweder weil sich Einheimische unter ihnen befanden oder weil sie sich von Einheimischen gut hatten informieren lassen. So musste man geben, was sie verlangten.

Im Haus von Stefania forderten sie ein Schwein und einige Säcke Mehl.

Bei der Schwester der Mutter entwendeten sie das Fuhrwerk und die Pferde.

Bei der Nachbarfamilie ließen sie sich Hühner und einige Säcke Roggen aushändigen.

Und alle gaben, denn wer sich weigerte, musste damit rechnen, ermordet zu werden wie der 75-jährige Michał Michałczyszyn, ein entfernter Verwandter von Stefania, der, als er die Partisanen bat, ihm wenigstens die Schweine zu belassen, mit einem Bajonett verletzt und dann erschossen worden war.

Eines Abends fand Stefania einen Zettel auf dem Küchentisch mit der Warnung an ihren Vater: »Wenn du leben willst, versteck dich.«

Es kam die Nacht vom 3. auf den 4. April 1944.

Jan Adamów, Sohn eines Ermordeten
Es war schon dunkel, später Abend, und ich lag mit Vater im Bett. Mutter hantierte noch nebenan in der Küche. Da schlugen Partisanen das Schlafzimmerfenster ein und gaben einen Warnschuss ab. Mutter hörte das Fenster splittern, hörte den Schuss. Sie stürzte ins Zimmer, riss mich aus dem Bett und schrie: »Lasst mir wenigstens das Kind!« Während sie mich an sich presste, gaben die Partisanen einen gezielten Schuss auf Vater ab. Die Kugel riss ihm die Schädeldecke weg, das Gehirn spritzte an die Wand.

Das hat mir Mutter später erzählt, denn ich selbst erinnere mich an nichts. An gar nichts. Ich war damals gerade vier Jahre alt und habe während des ganzen Überfalls geschlafen – ja, trotz der Schüsse und des Geschreis habe ich geschlafen. Mutter hat später immer gesagt: »Das hat Gott gegeben, dass das Kind nicht aufgewacht ist.« Ich weiß erst wieder, wie Vater am nächsten Morgen in einem primitiven Holzsarg im Hausflur aufgebahrt wurde und ich mich von ihm verabschieden sollte. Ich habe ihn geküsst. Aber ich habe mich vor dem entstellten Kopf geekelt.

Paraskevia Semeniona Wojtuś, Ehefrau eines Ermordeten
Frau Paraskevia Semeniona, 95 Jahre alt, braucht Schwiegertochter oder Sohn als Vermittler zur Umwelt, denn ihre Sprache ist für Fremde schwer zu verstehen.

»Versteck dich«, hat sie ihrem Mann damals in böser Vorahnung zugerufen, als sie Schüsse im höher gelegenen Dorfzentrum jenseits der Flusswiesen hörte. »Versteck dich, denn sie bringen die Polen um!« Doch

ihr Mann schickte nur die vierzehn und neun Jahre alten Töchter zu den ukrainischen Nachbarn hinüber, während er selbst einfach hinter den Schrank im Schlafzimmer kroch. Die Partisanen schossen bereits durch das Fenster, eine Kugel durchbohrte die Schrankwand, drang durch sein linkes Auge ins Gehirn – Wojtuś sen. war auf der Stelle tot.

Frau Paraskevia Semeniona ist seit damals taub. Von dem Detonationsknall sind ihr beide Trommelfelle geplatzt. Und Sohn Wlodimir, den sie, am Boden liegend, mit einem Kopfkissen schützte, leidet seitdem unter Albträumen. Wieder und wieder sieht er das Blut vom Bett tropfen, auf das sie den toten Vater gezerrt hatten, sieht den dünnen roten Strahl auf dem unebenen Lehmfußboden in die Mitte des Zimmers rinnen und langsam in einer kleinen Mulde versickern. Wieder und wieder sieht er auch die kleine Schar der Trauergäste dem einfachen Sarg auf den Friedhof folgen und erschreckt auseinanderfahren, als sie unter den Beschuss der ukrainischen Untergrundkämpfer aus dem gegenüberliegenden Wald gerät. Und jedes Mal wacht er schweißnass auf.

Obwohl Frau Paraskevia Semeniona ihren ukrainischen Landsmann Mykola Szkrynda als einen der Täter erkannte, hat sie ihn nie angeklagt. Sie fürchtete die Rache der Ukrainischen Untergrundarmee UPA, die jeden tötete, den sie für einen Verräter und Kollaborateur hielt. Also hat sie geschwiegen, um weiter im Dorf leben zu können, wo sie wenigstens eine Kuh, einige Hühner und einen Garten besaß, die ihr und den drei Kindern das Überleben sicherten. Sie hat die Tradition des polnischen Ehemannes aus dem Haushalt verbannt und mit den Kindern nur noch Ukrainisch gesprochen.

Allerdings konnte sie ein Gefühl der Genugtuung nicht verbergen, als Mykola Szkrynda vom sowjetischen Geheimdienst wenig später in einem Versteck aufgestöbert und erschossen wurde. Das erschien ihr als ein Akt ausgleichender Gerechtigkeit. Bitter stimmt sie nur, dass Mykola Szkryndas Name auf dem großen marmornen Denkmal eingemeißelt wurde, mit dem die Kreisstadt Brzeżany nach dem Zusam-

menbruch des Kommunismus seine UPA-Mitglieder auf dem Friedhof ehrte. Wie können Mörder von Zivilisten als Freiheitskämpfer verehrt werden? Ja, wie können ganz gemeine Mörder zu Helden erklärt werden?

Michał Medvid, Sohn eines Ermordeten
»Sie kamen spät am Abend. Die Eltern lagen bereits im Bett.«
Michał Medvid ist ein großer, stämmiger Mann von gut sechzig Jahren mit kurz geschorenen Haaren und einem braun gebrannten, runden Gesicht, in dem beim Reden Goldzähne aufblitzen. Ein Tischler von Beruf, dem ein Holzsplitter bei einem Berufsunfall das linke Auge zerstörte. Sein Haus in Kuropatniki steht, wie das aller anderen auch, abgeschirmt zur notdürftig mit Steinen aufgeschütteten Dorfstraße hinter einer hohen Mauer.

»Sie standen im Türrahmen und drohten: Wenn sich jemand rührt, werfen wir eine Granate.«

Alles, was Medvid weiß, weiß er von seiner Mutter. Denn er selbst kam erst vier Monate nach dem Überfall zur Welt.

»Es gelang Vater nicht mehr, sich in einer Kammer zu verstecken. Da griff er zu einer Axt, um sich zu verteidigen.«

Medvid sitzt angespannt auf der Kante des Sofas im Wohnzimmer, macht lange Pausen zwischen den Sätzen, als müsse er die Erinnerung erst beleben.

»Erst haben sie auf ihn geschossen ...«
»Und dann?«
»Haben sie ihm mit seiner eigenen Axt den Kopf eingeschlagen.«
»Und dann?«

Mehr hat Michał Medvid nicht zu sagen. Die Geschichte ist zu Ende.

Im Bauch der Mutter hat Medvid ihren Schrecken miterlebt und später als ihr engster Vertrauter ihren Groll, ihre Angst und ihr Misstrauen aufgesogen. Das hat ihn einsilbig und verschlossen werden lassen.

»Wie konnten Sie weiter hier in Kuropatniki leben?«
»Schlecht.«
»Kannten Sie den Mörder?«
»Ja.«
»Wie sind Sie mit ihm umgegangen?«
Schweigen hängt in der Luft. Ein Schweigen, das gefüllt ist mit unterdrücktem Hass, mit Wut und stolzem Trotz.
»Ich wollte ihn erwürgen.«
»Und?«
»Mama hat gesagt: Sie werden dich töten wie deinen Vater. Und was wird dann aus mir? Soll Gott ihn richten.«
Da hat er auf Rache verzichtet. Aber er hat den Mörder seines Vaters all die Jahrzehnte, die er mit ihm im Dorf zusammenleben musste, nie gegrüßt, nie beachtet, er hat ihm nie verziehen. Semen Kostyrzyn ist erst vor wenigen Jahren gestorben. Erstickt. Sein Sohn hat sich erhängt und der zweite Mann seiner Mutter ebenfalls. Das sei die Strafe Gottes gewesen, sagen die Leute im Dorf.

»Ich bin der letzte Pole von Kuropatniki«, sagt Michał Medvid, da Wlodimir Wojtuś mit seiner Mutter Paraskevia Semeniona schon in den sechziger Jahren in die Kreisstadt zog.

»Und Ihre Tochter?«

Die ganze Zeit hat sie das Gespräch schweigend verfolgt.

»Das ist mein Schmerz«, sagt Medvid. »Die Tochter spricht kein Polnisch und fühlt sich als Ukrainerin. Sie wollte nicht anders sein als die anderen.«

Doch die Religion, die untergehen sollte, soll wieder leben. Der Menschen, die vergessen werden sollten, soll wieder gedacht werden. Auf dem verwahrlosten, von mannshohem Unkraut überwucherten Friedhof hat Michał Medvid den Grabstein seines Vaters freigelegt und ihn mit Blumen und Kerzen geschmückt. Und die Kirche, deren Dach bereits erneuert wurde, wird auch wieder Fenster und eine Eingangstür erhalten.

Das ist Michał Medvid, der Tischler, seinem Vater und den ermordeten und vertriebenen Polen von Kuropatniki schuldig.

Stefanias Vater ist nach den Morden gleich in die Kreisstadt Brzeżany geflohen und erst Ende April 1944 zurückgekehrt, als die Deutschen eine Ortskommandantur in Kuropatniki einrichteten. Da waren die Polen erleichtert, dass sich Deutsche in ihren Häusern einquartierten, denn sie boten Schutz vor den Ukrainern. Für alle Fälle war auch eine kleine »Selbstverteidigung« aufgebaut worden: Frauen sollten, sobald sie etwas Verdächtiges bemerkten, Alarm auf Blechen oder Töpfen schlagen, Männer mit Sensen, Forken, Äxten und einigen Waffen im Notfall Abwehr leisten. Sogar Stefanias vierjähriger Bruder hat sich nachts an Kontrollgängen beteiligt; er hatte seinen ganzen Ehrgeiz darauf verwandt, einen Karabiner schnell und fachmännisch auseinandernehmen und wieder zusammensetzen zu können.

Manche Polen mögen nicht gern darüber reden. Aber so war es: Polen verbündeten sich zeitweilig mit den Deutschen gegen die Ukrainer. Und als die Sowjets einmarschierten, verbündeten sie sich auch mit dieser Besatzungsmacht, ließen sich in den *Istrebitelnyje Bataliony* (»Vernichtungsbataillonen«) mit Waffen ausrüsten und lagen am 26. August 1944 eine ganze Nacht lang in Kuropatniki auf der Lauer, um die »Banderowcy«[1] zu liquidieren. Aber die »Banderowcy« griffen nicht an, da sie offensichtlich gewarnt worden waren.

Nach all dem, was geschehen war, sagt Stefania, erschien ein weiteres Zusammenleben mit den Ukrainern undenkbar.

---

[1] Anhänger des ukrainischen Untergrundkämpfers Stepan Bandera, der die Zusammenarbeit mit den deutschen Besatzern gesucht hatte, aber 1941 von ihnen inhaftiert worden war.

Und da die Polen zudem nicht unter sowjetischer Herrschaft leben wollten, ließen sich fast alle von der »Repatriierungskommission« als Ausreisewillige erfassen und den Wert des zurückzulassenden Vermögens schätzen – in vergleichbarer Höhe sollte ihnen in Polen Entschädigung zuteilwerden. Schon wenig später, im Juli 1945, kam die Aufforderung, sich zum Bahnhof in dem 16 Kilometer entfernten Ort Potutory zu begeben, da der Bahnhof der Kreisstadt zerstört war.

Stefanias Familie belud ein Pferdefuhrwerk mit drei Säcken Weizen, drei Säcken Roggen, einem Sack Grütze, einigen Hühnern, mit Brot und Gläsern, die gefüllt waren mit dem Fleisch eines unmittelbar zuvor geschlachteten jungen Kalbes, und sie trieb eine Kuh neben dem Wagen her, um sich auf der Reise mit Milch zu versorgen. Acht Tage lagerte die Familie noch unter freiem Himmel vor dem Bahnhof in Potutory. Dann setzte sich der Zug mit siebzig Waggons und 1600 Menschen endlich in Richtung Westen in Bewegung.

»Wir waren froh«, sagt Stefania. »Wir wollten einfach irgendwohin, wo man wieder im eigenen Hause schlafen kann.«

Etwa sechs Wochen waren die Polen aus Kuropatniki unterwegs. Jeweils 25 Stück Vieh oder etwa dreißig Menschen in einem Waggon. Den Boden bedeckten Säcke mit Getreide, darauf lagerten Menschen, Haushaltsgegenstände und Ackergeräte. Die Wagendeichseln ragten wie Geschützrohre aus den offenen Waggons und ließen den Zug von Weitem wie einen Kriegstransport erscheinen. Als der Zug nach einer guten Woche Oberschlesien erreichte, wurden fast alle von Krätze geplagt.

Kattowitz-Ligota war ein pulsierender Umschlagplatz für Züge von West nach Ost und von Ost nach West. Von hier rollten Transporte mit deutschen Zwangsarbeitern und Beutegut aus Deutschland in die Sowjetunion, und hier kamen polnische »Repatrianten« aus der inzwischen sowjetischen Ukraine auf dem Weg in die ehemaligen deutschen Ostgebiete an. Hier machten auch polnische Zwangsarbeiter und Soldaten Halt, die aus dem Deutschen Reich zurück in die polnische Heimat strömten. Tausende von Zetteln klebten an Litfaßsäulen, Strommasten und Wänden, auf denen Söhne ihre Mütter, Töchter ihre Väter und Frauen ihre Männer suchten.

Hier stieß auch Stefania auf den Vater. Er war mit seinem Pferdefuhrwerk auf dem Rückweg von Berlin, wohin er die zurückflutenden deutschen Truppen hatte begleiten müssen, um ihre Verpflegung zu transportieren. Gemeinsam mit ihm besuchte sie hier das erste Mal in ihrem Leben ein Restaurant, denn im Unterschied zur Mutter besaß sie noch ein sauberes, nicht von Läusen wimmelndes Kleid.

Nach einer Woche setzte sich der Transport erneut in Bewegung. Nun nach Norden, über Schlesien und Posen bis nach Pommern. Es regnete in Strömen. Die Ungeduld wuchs. Wann endlich würde die Reise zu Ende sein? Und wo würde sie zu Ende sein?

Auf dem Bahnhof des pommerschen Stargard hieß es: Ausladen. Doch die Familien aus Kuropatniki sahen das Ruinenfeld der Stadt, sahen sowjetisches Militär auf Bahnsteigen, auf denen massenweise Fäkalien lagen – und sie sagten: Nein. Łobez, das ehemalige Labes, war zwar ähnlich zerstört, aber es konnte ihnen als Ausgangspunkt dienen. Jeder, sagt Stefania, habe sich selbst eine Unterkunft in den umliegenden Dörfern gesucht – zu Fuß oder, wer hatte, zu Pferd. Und wer sich für ein Haus entschieden hatte, hisste eine weiße Fahne, um kenntlich zu machen, dass das Haus besetzt sei.

Sielsko, das ehemalige Silligsdorf, verfügte zwar nur über einen kleinen Dorfkern, doch in den angrenzenden Arbeitersiedlungen fanden dreißig Familien Platz. Da suhlten sich, schimpfte Stefanias Mutter zwar nach der Besichtigung, Schweine in völlig verdreckten Zimmern und die Fenster besäßen kein Glas. Das Anwesen besitze auch keinen Obstgarten, sei weit kleiner als ihr Hof in Kuropatniki, außerdem leide das ganze Dorf unter einer schrecklichen Mäuseplage. Doch immerhin würde sie sich mit einigen Verwandten und alten Nachbarn austauschen und wie früher zu Priester Jastrzębski in den Gottesdienst gehen können.

Am 12. August 1945 wurde die gesäuberte, schöne, alte evangelische Dorfkirche von 1560 ihrer neuen Bestimmung übergeben und erhielt wie die katholische Kirche in Kuropatniki den Namen von Johannes dem Täufer. Und Priester Jastrzębski zelebrierte den Gottesdienst mit den vertrauten Messgewändern, Fahnen und liturgischen Gegenständen aus Kuropatniki – einen Hauch der alten spürten die Gläubigen auch auf der neuen Erde.

Dennoch war der Anfang schwer. Nicht nur den Heimatort hatte Stefanias Familie eingebüßt, die Familienbande waren nun endgültig zerrissen. Alle drei Schwestern von Stefanias Vater waren in Kuropatniki geblieben, desgleichen sein Bruder Michał und seine Eltern. Auch der Bruder und die Schwester von Stefanias Mutter waren geblieben, wobei die Schwester stark unter der Entscheidung litt und ständig von Kopfschmerzen geplagt wurde. Sie alle waren mit Ukrainern verheiratet und verleugneten – teils freiwillig, teils unfreiwillig – den polnischen Teil der Familientradition. Nur wenige antworteten, wenn Stefania regelmäßig Briefe schickte, da sie den Kontakt aufrechterhalten wollte. War sie doch überzeugt, die ausgereisten Polen würden bald in ihre ostpolnische Heimat zurückkehren. Welche Tragödien sich in den Familien abgespielt haben, wenn sich Menschen zwischen ihrer alten polnischen und neuen ukrainischen Gemeinschaft entscheiden mussten, wurde manchmal erst nach dem Krieg deutlich. So habe es, sagt Stefania, in Kuropatniki einen Polen gegeben, der bei der Heirat mit einer Ukrainerin wie ihr Onkel Michał die Seite gewechselt habe. Um zu überprüfen, ob sie ihm trotz seiner polnischen Herkunft wirklich trauen könnten, hätten ihn die ukrainischen Partisanen mit der Ermordung eines ehemaligen Schulkameraden beauftragt – und Stanisław T. hat Józef Rokosz bei der Aktion am 3./4. April 1944 tatsächlich getötet.

Das erfuhren die Ausgereisten Mitte der sechziger Jahre, als die Reisebeschränkungen fielen und einige erstmals in die alte Heimat zurückgefahren waren. Stanisław T. dürfte von ihrem Wissen nichts geahnt haben, sonst hätte er danach wohl schwerlich das polnische Sielsko besucht und, als habe er sich nichts vorzuwerfen, bei den Geschwistern des Ermordeten hereingeschaut. »Für ihn muss es ein Schock gewesen sein, als ihm Familie Rokosz zu verstehen gab, dass sie wusste, dass er ihren Bruder ermordet hat.«

Nach der Rückkehr nach Kuropatniki, sagt Stefania, habe sich Stanisław T. erhängt.

Józef Rokosz' Name ist mit weiteren 32 Namen auf einem dunklen Marmorstein eingraviert, den die Ausgereisten zum Gedenken an ihre ermordeten Familienmitglieder auf dem Friedhof von Sielsko aufgestellt haben. Auch Stefania hat an der Einweihung am 31. August 2002 teilgenommen, auch die Familie Rokosz und über hundert weitere Witwen, Schwestern, Brüder, Kinder, Enkel, Schwiegertöchter und Schwiegersöhne der Ermordeten. Erschienen waren zudem der Bürgermeister der Gemeinde, der Vorsitzende des Kreises, Vertreter von Verfolgtenorganisationen, mehrere Priester und sogar der Bischof aus Stettin.

»Es geht uns nicht darum, schon verheilte Wunden wieder aufzureißen«, sagte Jan Adamów, der vier gewesen war, als sie seinen Vater ermordet hatten. Heute wohnt er in der Kleinstadt Łobez nur wenige Häuser von Stefania entfernt. »Wir wollen nur zeigen, wohin Nationalismus führt. Wohin es führt, wenn man sein eigenes Volk anbetet und über andere Völker stellt. Wohin eine Ideologie führt, die auf Hass gründet.«

»Ich bin stolz, dass ich ein Pole bin«, hörte Stefania dann den Bischof von Stettin in seiner Predigt sagen. »Denn das gibt es nicht in unserer Geschichte, dass wir jemanden vertrieben oder ermordet hätten. Dass unser Volk jemanden umgebracht hätte, schon gar nicht für die Idee des Nationalismus. Nein! Wir vergeben jenen, die Böses getan haben, denn wir haben gelernt: Und vergib uns unsere Schuld, wie auch wir vergeben unseren Schuldigern.«

Ob die Betroffenen zur Vergebung imstande sind, scheint Stefania allerdings zweifelhaft. Im Namen der Nachkommen der Ermordeten erklärte Jan Adamów:

»Die Ukrainer in der Westukraine haben sich noch nicht von ihrem verbrecherischen Nationalismus distanziert, sie kultivieren ihn sogar. Nach Völkermördern und Kindesmördern benennen sie ihre Straßen und errichten ihnen Denkmäler als Helden und Kämpfer für eine freie Ukraine.«

Weil eine wirkliche Versöhnung aufgebaut sein müsse auf der »objektiven und sachlichen Wahrheit«, gilt das Gedenken an die Ermordeten daher auch der Verurteilung der Mörder:

Den Polen
Einwohnern von Kuropatniki
Aus der Wojewodschaft Tarnopol in der Zweiten Polnischen Republik
Die ermordet wurden von den nationalistischen ukrainischen Banden
OUN/UPA.

Einen Tag vor der Enthüllung des Gedenksteins kam ein Schreiben aus Warschau. Die Inschrift werde nicht genehmigt, hieß es da, denn die Bezeichnung als »Banden« könne von den Ukrainern als Verletzung empfunden werden. Doch die Nachkommen der Ermordeten konnten sich den Bedenken nicht anschließen und ließen alles, wie es war. Und niemand hat weiteren Einspruch erhoben.

»Sprich nicht so laut«

Jarosław Bodnar und die trügerische Idylle von Krężelin

»Evakuierung« der Ukrainer aus Polen

Während die Polen aus den neuen Sowjetrepubliken nach Polen ausreisten, wurden zahlreiche Ukrainer aus ihrer polnischen Heimat in die ukrainische Sowjetrepublik ausgewiesen. Der Beginn ihrer »Evakuierung« war für den 15. Oktober 1944, ihr Ende für den 1. Februar 1945 vorgesehen. Solange die Behörden die versprochene »Freiwilligkeit« der Aussiedlung einzuhalten versuchten, reisten jedoch – bis zum März 1945 – nur 81000 Menschen von insgesamt rund 700000 in Polen lebenden Ukrainern aus. Erst als polnisches Militär und polnische Untergrundeinheiten Dutzende ukrainischer Dörfer überfielen und Hunderte Zivilisten ermordeten, verließen bis Ende August 1945 230000 Ukrainer fast panikartig das Land. Die ukrainischen Untergrundeinheiten der UPA erlebten zwar starken Zulauf, konnten die Landsleute jedoch letztlich nicht vor Verfolgung und Vertreibung schützen. Ein Stillhalteabkommen, das die UPA mit dem polnischen Untergrund im Frühjahr 1945 vereinbarte, ließ die Umsiedlungsaktion noch einmal ins Stocken geraten. Im Frühherbst 1945 sah sich die polnische Regierung gezwungen, zusätzliche Militär- und Spezialeinheiten in den polnischen Südosten zu schicken, um die weitere Aussiedlung zu erzwingen. Bis zum 1. Juli 1946 wurden knapp eine halbe Million Ukrainer in die ukrainische Sowjetrepublik abgeschoben.

Das Zeitgeschehen

Die in Polen verbliebenen Ukrainer mussten ihre Heimat knapp ein Jahr später verlassen. Von Ende April bis Ende Juli 1947 vertrieben Militär, Miliz und Sicherheitsdienst 140 000 Personen – meist Bauern – in knapp 500 Eisenbahntransporten aus dem polnischen Südosten in die nordöstlichen Wojewodschaften Allenstein/Ostpreußen und Danzig sowie in die westlichen Gebiete um Stettin/Pommern beziehungsweise Breslau/Niederschlesien.

Knapp 4000 Ukrainer, die man der Unterstützung der UPA verdächtigte, wurden in das Lager Jaworzno eingeliefert, eine ehemalige Außenstelle des Konzentrationslagers Auschwitz. 161 Personen starben dort aufgrund von Folter bei den Verhören, aufgrund von schlechter Ernährung oder Krankheiten wie Typhus.

Insgesamt – so die Schätzungen polnischer Historiker – kamen zwischen 1943 und 1948 auf dem Boden des heutigen Polen in den polnisch-ukrainischen Auseinandersetzungen zwischen 7000 und 8000 Polen und 10 000 bis 12 000 Ukrainer um.

»Sprich nicht so laut«

Jarosław Bodnar und die trügerische Idylle von Krężelin

»Sprich nicht so laut«, sagt seine Frau. »Gegenüber pflückt jemand Johannisbeeren.« »Nennen Sie meinen Namen nicht«, sagt seine Nachbarin. »Mein Sohn könnte Probleme auf der Arbeit bekommen.« »Wir kannten uns zwanzig, dreißig Jahre«, sagt er selbst über einen jüngst verstorbenen polnischen Bekannten. »Doch meine Geschichte habe ich ihm nie erzählt.«

Jarosław Bodnar lebt in Krężelin, einer misstrauischen, einsamen Idylle in der ehemaligen deutschen Neumark. Jedes unbekannte Auto zieht die Aufmerksamkeit der Einwohner auf sich, und jeder Fremde fühlt fragende, prüfende Blicke auf sich ruhen: ein Freund oder ein Feind? Ein Verwandter oder ein Beamter?

Angst und Misstrauen lassen sich wachrufen, als läge das Schicksalsjahr 1947 erst wenige Wochen oder Monate zurück. Als müssten Krężelins Einwohner immer noch fürchten, denunziert, ausspioniert und bestraft zu werden wie damals, als sie aus Ostpolen umgesiedelt wurden, weil sie Ukrainer sind. Jeden zweiten oder dritten Tag waren Angehörige der Miliz erschienen, um zu kontrollieren, ob sich kein Mitglied der Familie Bodnar unerlaubt von zuhause entfernt oder sich nicht umgekehrt ein Gast einquartiert hatte, der nicht die erforderliche spezielle Meldekarte besaß.

Versuchte etwa ein Mitglied der zerschlagenen ukrainischen Untergrundorganisation UPA, ein neues Netz aufzubauen? In Krężelin brauchten die Ukrainer zwar keine polnischen Nachbarn zu fürchten – sie waren ganz unter sich. In anderen Orten hingegen hatten Sicherheitsbeamte die polnischen Bewohner aufgehetzt: »Kontrolliert die Banditen gut! Sie planen ein zweites Wolhynien!« Manchmal bedurfte es dieser Propaganda nicht einmal, um polnische Bewohner aggressiv gegen die Ukrainer zu stimmen, hatten ihre Familien ihrerseits doch die Verfolgungen vor der Umsiedlung in Wolhynien oder Galizien erlebt. Nun sollten sie wieder mit ihnen zusammenleben? In einem niederschlesischen Dorf zogen umgesiedelte Polen umzusiedelnden Ukrainern mit Äxten, Sensen, Forken und Spaten auf der Straße entgegen; als sie ihren Zuzug nicht verhindern konnten, deponierten sie Äxte neben ihren Betten – fünf, sechs Jahre lang, bis sie von der Integrität ihrer neuen Nachbarn überzeugt waren.

Es ist heiß, schwül, die Sonne strahlt von einem wolkenlosen Himmel. Nur im Schatten eines Apfelbaumes oder in einem abgedunkelten Wohnzimmer lässt sich reden. Reden? Jarosław Bodnar ist nicht gewohnt zu reden.

Die Uhr tickt laut in das Schweigen hinein. Eine dicke Fliege sucht unablässig am Fenster nach einem Ausgang. Der große, schwere Mann findet keinen Anfang.

»Fragen Sie!«

Der Anfang: die Eltern, das Dorf, die Kindheit …

Was einfach scheint, ist schwer. Er schluchzt.

Mit Machnow hat er nicht nur die Heimat, sondern auch ein Familienleben verloren, als es sich gerade zum Besseren wendete.

Sieben Jahre hatte der Vater gebaut, über sieben Jahre mit Frau und Sohn Jarosław in sehr beengten Verhältnissen bei seinen Schwiegereltern gewohnt: Erst dann konnte er Frau und Sohn in ein eigenes Haus führen und ein zweites Kind zeugen – in einem Abstand von dreizehneinhalb Jahren zum Erstgeborenen.

Gerade damals verschwand er aus ihrem Leben.

Am 20. Juli 1944, die Deutschen waren kurz zuvor abgezogen, marschierten die Sowjets in Machnow ein. Das war ein Donnerstag. Am folgenden Sonntag kam der Befehl zur Mobilisierung. Die Deutschen hatten nur drei oder vier Jahrgänge eingezogen, die Sowjets hingegen zogen alle Männer zwischen 18 und 50 ein, insgesamt 180, und drohten jedem, der sich entzog, mit dem Militärgericht – und das bedeutete Tod.

Da hat auch Jarosławs Vater mit den anderen 179 der Einberufung in die Sowjetarmee Folge geleistet. 60 Kilometer liefen sie zu Fuß, dann wurden sie auf Lastwagen, später in Zügen in den Ural transportiert. Drei Monate dauerte die militärische Ausbildung, die meisten kamen danach an die Front, Jarosławs Vater – so schien es – hatte Glück, als er nur in eine Munitionsfabrik und nach Kriegsende zu einer Feuerwehr beim Militär abkommandiert wurde. Es ging auch lange gut, und schon war klar, dass er in wenigen Tagen die Rückfahrt nach Polen antreten würde, als seine Gruppe zu einem letzten Löscheinsatz gerufen wurde. Der Fahrer hatte Probleme, den schweren Lastwagen zu manövrieren, offenbar versagten die Kupplung und die Bremsen. Da ist Jarosławs Vater, als er aus dem rückwärts rollenden Fahrzeug sprang, unter die Räder geraten.

Jarosław erfuhr es von seinem Onkel, der, ebenfalls in der Sowjetarmee stationiert, an der Beerdigung teilgenommen hatte.

Jarosław, sein Bruder und seine Mutter haben das Grab nie besucht.

Erst wussten sie nicht, wie sie die 6000 Kilometer hätten überwinden sollen. Später wussten sie nicht, ob das Grab überhaupt noch existiert.

Mutter Bodnar hat nie wieder geheiratet. Sohn Jarosław übernahm mit fünfzehn Jahren die Rolle des Familienoberhauptes. Für seinen dreizehn Jahre jüngeren Bruder wurde er zum Vater, für das Schicksal der Familie bei der bevorstehenden Aussiedlung trug er die Verantwortung. Verantwortung zu tragen wurde Teil seines Charakters. 33 Jahre war er Gemeindevorsteher von Krężelin, die Hälfte davon in kommunistischen Zeiten, obwohl er nie der Partei beitrat.

Jarosław Bodnar blickt fragend auf. Was soll er noch erzählen? Er sucht den Zuspruch, den aufmunternden Blick vom Gegenüber. Ist sein Gegenüber wirklich an seiner Geschichte interessiert?

Seine Frau hat in der Zwischenzeit den Tisch gedeckt: geräucherte Hühnerbrust, Schinken, heiße Würstchen, eingelegte Paprika, Tomaten, frisches, helles Brot. »Tee oder Kaffee?«

Jarosław Bodnar wählt Tee, aber er nippt nicht einmal an dem Glas; seine Gedanken sind in einer anderen Zeit, in einem anderen Haus, in einem anderen Dorf.

Seit dem Spätherbst 1944 wussten sie, dass Polen sich ihrer ukrainischen Minderheit entledigen wollte.

Es stand in den Zeitungen: Die Polen in der neu entstandenen Sowjetukraine sollten nach Polen, die Ukrainer aus Polen in die Ukraine »evakuiert« werden.

Doch Familie Bodnar wollte sich nicht aus der Heimat werfen lassen. Wie die meisten Landsleute in ihrem Dorf malte sie sich zwei Szenarien aus. Entweder – das hofften sie – begännen die Amerikaner einen dritten Weltkrieg und drängten die Sowjetunion zurück, dann würde Machnow sicher einer freien Ukraine angeschlossen. Oder – das fürchteten sie – die bestehenden Grenzen blieben erhalten, dann wollten sie lieber im polnischen Staat bleiben.

»Südostpolen betrachteten wir als Teil der zukünftigen Ukraine, die Sowjetukraine aber gehörte für uns nicht zur Ukraine, sondern zu Russland.«

Auf jeden Fall galt es abzuwarten und auszuharren.

Aber wie?

Noch unter deutscher Besatzung hatten sich seit Frühjahr 1943 heftige Kämpfe von Cholm bis Przemyśl entwickelt, ein »Krieg im Krieg« zwischen polnischem und ukrainischem Untergrund. Jede Gruppe meldete ihren Anspruch für die Zeit nach dem Krieg an: Polen mit dem Verweis auf die alten Vorkriegsgrenzen, die Ukrainer mit dem Verweis auf die ethnische Zusammensetzung. »Treibt die Lachy[1] bis hinter Lublin!«, lautete eine populäre Losung der ukrainischen Nationalisten. Manche wünschten die »Lachy« sogar bis hinter Krakau, und sie kämpften umso unerbittlicher, je mehr sich der Krieg dem Ende näherte.

Ukrainische Untergrundkämpfer überfielen polnische Dörfer und – nach dem Einmarsch der Sowjets – auch polnische Milizstationen, vertrieben oder töteten gar polnische Einwohner und setzten polnische Häuser in Brand: Das Land sollte für eine freie Ukraine vorbereitet werden.

Polnische Untergrundkämpfer und polnisches Militär überfielen ukrainische Dörfer, vertrieben oder töteten gar ukrainische Einwohner und zündeten ukrainische Häuser an: Im Land sollten nur noch Polen leben.

Auge um Auge, Zahn um Zahn.

Jarosław Bodnar wusste nur selten, welche Orte umkämpft waren, wer gerade angegriffen oder aber aus Rache einen Gegen-

---

[1] Verächtliche Bezeichnung für Polen.

schlag ausgeführt hatte. Das las er erst fünfzig Jahre später, als die Archive freigegeben wurden und ukrainische und polnische Wissenschaftler die weißen Flecken aufzuarbeiten begannen.

»Aber fast jede Nacht sahen wir den Feuerschein von brennenden Dörfern am Horizont – mal im Norden, mal im Westen, mal im Süden.«

Anfang April 1944 verlief die polnisch-ukrainische Frontlinie knapp 20 Kilometer nördlich von Machnow; zwei Dörfer gingen mehrfach von einer Hand in die andere, am Schluss der ganztägigen Kämpfe standen die beiden Dörfer in Flammen.

Mitte Juni 1944 steckten Einheiten der ukrainischen Untergrundarmee UPA einen Teil des Dorfes Łaszczów in Brand; eine Woche später, als die Polen aus dem Ort geflüchtet waren, ging der Rest der Gebäude in Flammen auf.

Auch Männer aus Bodnars Dorf waren in derartige Kämpfe verwickelt.

Denn von den neun Ukrainern, die zur SS eingezogen worden waren, sagt Bodnar, seien zwei von den Sowjets gefangen genommen und nach Sibirien deportiert worden, die übrigen sieben hätten sich hingegen angesichts der deutschen Niederlage heimlich von ihrer Division abgesetzt oder seien beim Heimaturlaub untergetaucht – und hätten die Seiten gewechselt.

»Wir wussten alle im Dorf, wer in die UPA eingetreten war«, sagt Bodnar. »Das war kein Geheimnis.«

Vier von diesen sieben UPA-Mitgliedern, sagt Bodnar, hätten noch einmal die Seiten wechseln müssen. Denn als die Sowjets im Juli 1944 ins Dorf einmarschierten, seien sie zwangsweise für die Rote Armee mobilisiert worden.

Inzwischen sind fast alle ehemaligen UPA-Mitglieder aus Machnow tot. Und wer noch lebt – einer von ihnen, sagt Bodnar, wohne unweit von ihm im polnischen Westen –, verschweige gegenüber der Umwelt sowohl seine SS- wie seine UPA-Mitgliedschaft. Bodnar versteht und billigt dieses Leugnen. Wie oft hat er Polen höhnisch und verächtlich fragen hören: »Die Ukrainer wollen Patrioten gewesen sein? Nein, das waren Kollaborateure, die sich mit der deutschen Besatzungsmacht eingelassen haben.«

Und wie oft hat er stumm ihre Diskreditierungen ertragen: »In der UPA wollen Soldaten gewesen sein? Nein, das waren Banditen, Mörder, die selbst Häuser mit Kindern in Brand gesteckt haben.«

Jarosław Bodnar verbittert, wenn mit zweierlei Maß gemessen wird. Die Ukrainer wollten dasselbe wie der polnische Untergrund – einen eigenen, unabhängigen Staat. Warum soll der Kampf der einen patriotisch, moralisch gerechtfertigt, sogar heldenhaft, der Kampf der anderen aber kriminell und verbrecherisch gewesen sein?

Es stimmt: Bei Kriegsausbruch haben noch viele Ukrainer auf Deutschland gesetzt. Doch als die Machnower 1943 zur SS eingezogen wurden, hatten sie ihre Illusionen über den vermeintlichen deutschen Bündnispartner längst verloren. Niemand in seinem Dorf, sagt Bodnar, habe mehr auf den Kurs von Andrij Melnik gesetzt, der seine Anhänger zum Eintritt in die deutsche Hilfspolizei und SS aufgefordert habe. Die Männer aus Machnow seien gegangen, weil sie gehen mussten. Ihre Sympathien aber hätten dem von Deutschen inhaftierten Stepan Bandera gegolten, dessen Anhänger eine eigenständige Partisanentätigkeit begonnen hatten.

Der militärische Dienst galt den »Banderowcy«, den Anhängern von Bandera, als patriotische Pflicht. Wer sich zu entziehen suchte, den setzten sie unter Druck. »Du hast eine militärische Ausbildung«, hielten sie einem Machnower vor, als er sich nach dem SS-Dienst zu verstecken suchte. »Du musst für das Vaterland kämpfen.« Also folgte auch er der UPA in den Wald und kämpfte einen Kampf, der äußerst brutal und politisch zunehmend aussichtslos wurde.

Über die Aufgaben und Einsatzorte ihrer Söhne und Männer wussten nicht einmal die Familien Bescheid.

»Darüber durften sie nicht reden.«

Nur manchmal kamen sie für wenige Stunden oder Tage nach Hause – mangels eigener ukrainischer Militärkleidung in SS-, in sowjetischen oder polnischen Uniformen, in denen sie ihre Gegner nicht selten überlisteten, sich beispielsweise als polnische Soldaten in einem polnischen Dorf willkommen heißen ließen, um dann Jagd auf die entsetzten Einwohner zu machen. Hätten sie auf Taktiken verzichten sollen, die auch der Gegner anwandte?

»Sie nannten uns Banditen«, sagt Jarosław Bodnar. »Aber sie waren selbst Banditen.«

Aus dem Nachbardorf Nowosiółki Kardynalskie weiß Jarosław Bodnar, wie polnische Untergrundkämpfer eine junge Ukrainerin zwangen, sie mit ihrem Pferdefuhrwerk fünf, sechs Kilometer aus dem Ort zu fahren, bevor sie sie mit Messerstichen in den Unterleib töteten. In einem anderen Fall ritten vier Polen zwei ukrainische Jungen im Galopp nieder, als sie Kühe auf dem Feld hüteten. Jarosław kannte die Jungen, sie waren mit ihm zur Schule gegangen.

In der Angst vor Übergriffen stellte Machnow Tag und Nacht Wachen an den Ausgängen des Dorfes auf. Die Männer verfügten über keine Waffen, hätten sich also nicht verteidigen, wohl aber durch lauten Alarm die Bevölkerung zur Flucht veranlassen können. Doch Machnow war nicht von dichten Wäldern umgeben, in denen Partisanen hätten Unterschlupf finden können, Jarosław

Bodnar weiß auch von keinen Bunkern der UPA – von direkten Kampfhandlungen blieb Machnow also verschont.

Und trotzdem hatten die Bewohner Angst.

Das Dorf lag nur wenige Kilometer von der neuen polnisch-sowjetischen Grenze entfernt. Da über die Grenze Waffen, ukrainische Kämpfer und Kuriere geschleust wurden, fanden in Machnow oft Kontrollen statt. Einmal entdeckten polnische Soldaten eine Granate unter dem Kopfkissen eines kranken UPA-Mitglieds – sie verhafteten und erschossen ihn, als er zu fliehen versuchte. Ein anderes Mal stieß eine sowjetische Kontrolle auf ein UPA-Mitglied, das gerade aus seinem Versteck gejagt worden war, weil sein bisheriger Gastgeber kein Risiko mehr eingehen wollte – sie erschossen ihn, als er zu seiner Einheit in den Nachbarort zu entkommen suchte. Und schließlich fasste der sowjetische Geheimdienst NKWD zwei Frauen, die als Kuriere für die UPA gearbeitet hatten, und verurteilte sie zu zehn Jahren Zwangsarbeit im Bergwerk.

Jarosław Bodnar hält inne. Er zögert.

Kann er sich an weitere Morde oder Festnahmen in jener Zeit erinnern?

Er sagt nicht »Nein«, schüttelt nur abwehrend den Kopf. Und schweigt. Wieder ist nur das Ticken der Uhr zu hören. Und das Summen der Fliege, die sich in der weißen Baumwollgardine verfangen hat.

»Sie pflücken noch immer Johannisbeeren«, sagt seine Frau, als sie von einem Kontrollgang um das Haus zurückkehrt. »Sie fragen, wer bei uns zu Besuch ist.« Und – als wären Fenster und Türen trotz der Hitze nicht fest geschlossen – noch einmal die Bitte: »Sprich nicht so laut.«

Jarosław Bodnar spricht nicht laut. Allerdings weniger aus

Rücksicht auf neugierige Nachbarn als aus Unsicherheit darüber, ob er erzählen soll, was er noch weiß. Denn es gab weitere Morde in Machnow.

Am 14. Dezember 1944 sind zwei ukrainische Schwestern erschossen worden – nicht von den Fremden, sondern von den Eigenen. Die eine zusammen mit ihrem Mann, ihrem Sohn und einem zufällig anwesenden Bekannten, die andere mit ihrer neunjährigen Tochter und dem zufällig anwesenden Sohn eines Freundes. Als Einziger ist ein erwachsener Sohn den Morden entkommen, weil er während des Überfalls in den Schornstein kroch und dort überlebte, als das Holzhaus in Brand gesteckt wurde. Mit den »seksoty«, den Verrätern in den eigenen Reihen, verfuhr die UPA genauso erbarmungslos wie mit den polnischen und sowjetischen Gegnern. Die Schwestern hätten mit dem NKWD kollaboriert, lautete der Vorwurf. Sie hätten sich als Informanten missbrauchen lassen. In manchen Orten wurden die Verräter zur Abschreckung sogar an Pfählen oder Bäumen auf öffentlichen Plätzen gehängt.

»Wir wussten«, gibt Jarosław Bodnar zu, »dass die UPA auch Ukrainer ermordet.«

Da der Untergrund keine regulären Strafverfolgungen hätte durchführen können und keine Gerichte besaß, hätte – sagt Jarosław Bodnar – gegenüber Feinden wie Verrätern in den eigenen Reihen nur die Alternative gegolten: »Töten oder frei lassen«.

Es fällt Jarosław Bodnar schwer, die Eigenen zu belasten. Das sei, denkt er, Wasser auf die Mühlen der Polen. Das belebe, sagt er, die alten Vorurteile über die ukrainischen Banditen, Mörder, Faschisten, »rezuny«[2]. Aber haben die Polen die Verräter nicht auch bestraft? Haben sie sich nicht auch an Zivilisten vergangen?

---

[2] Schlächter.

Mag sein, dass stimmt, was polnische Wissenschaftler behaupten: dass UPA-Einheiten bis Ende 1947 in seiner ehemaligen Gegend – in den Kreisen Lubaczów, Jarosław und Tomaszów Lubelski – über eintausend Zivilpersonen umgebracht haben. Aber ... Jarosław Bodnar hat in Zeitungsberichten und historischen Artikeln sorgfältig die neuesten Forschungsergebnisse verfolgt: Sind nicht fast 1500 Ukrainer – überwiegend Frauen und Kinder – umgekommen, als polnische Partisanen im Frühjahr 1944 ukrainische Dörfer im Raum Zamość überfielen? Hat der polnische Untergrund im Dorf Pawłokoma nicht 365 ukrainische Einwohner umgebracht? Und im Dorf Piskorowice nicht zwischen 300 und 400 ukrainische Frauen und Kinder ermordet? Und in Zawadka Morochowska nicht fünfzig? Und in Lubliniec nicht mindestens hundert? Und, und, und ...

Wie die meisten Ukrainer im polnischen Südosten hat Jarosław Bodnar in der UPA die legitime Interessenvertreterin seiner Volksgruppe gesehen, die sie schützte, die sie rächte und die schließlich alle Kräfte mobilisierte, um die Aussiedlung in die Sowjetukraine zu verhindern, sodass sie zeitweilig tatsächlich zum Stillstand kam.

UPA-Einheiten überfielen Umsiedlungskommissionen, sprengten Eisenbahn- und Straßenbrücken in die Luft, zerschnitten Telefonleitungen, zerstörten Gleise und Bahnhöfe, brachten Züge zum Entgleisen, befreiten Ukrainer, die vor den Stationen schon auf ihren Abtransport warteten, und setzten Züge und Gebäude in Brand.

In der Nacht vom 8. zum 9. März 1946 überfielen UPA-Einheiten gleichzeitig drei Nachbarorte; fünf Waggons und zehn Häuser in Lubycza Królewska sowie 20 Prozent der Gebäude von Kniazie gingen in Flammen auf.

Am 18. April 1946 stoppte eine UPA-Einheit auf der Strecke von Lubycza Królewska nach Bełżec einen sowjetischen Tankwagen und setzte ihn in Brand.

In der Nacht vom 24. auf den 25. April 1946 überfielen UPA-Soldaten die Station der Grenzwache in Żużel und zündeten sie an. Der rot glühende Schein der Brände, der sich in den Nachthimmel fraß, verbreitete in Jarosław Bodnar ein Gefühl der Befriedigung. Noch waren sie nicht geschlagen, noch gab es Hoffnung.

Er erhebt sich schwerfällig und begibt sich in das angrenzende halbe Zimmer. Unter den Pullovern im oberen Fach des Kleiderschranks tastet er nach einem festen, kartonierten Umschlag – erkennbar aus einem Fotogeschäft.

»Das hat mein Bruder gemacht. Er ist Fotograf.«

Zwei glänzende und groß auf Pappe gezogene Farbfotos zeigen ihn und seine Frau neben einem fast mannshohen, mit kyrillischen Buchstaben beschriebenen Grabstein auf einem Friedhof in der alten ostpolnischen Heimat.

Tränen treten ihm in die Augen.

»Hundert Namen sind hier eingraviert«, sagt er. »Hundert Namen.«

Namen von UPA-Mitgliedern, die in der Gegend rund um sein Heimatdorf umkamen oder in aussichtsloser Situation Selbstmord begingen. Sechzig Namen auf der Vorderseite, vierzig Namen auf der Rückseite eines Steins, der unverkennbar die Gestalt des »Tryzub« trägt, des gezackten Symbols für eine nationalbewusste, stolze Ukraine.

Ja, er hatte die Hoffnung, sich dank solch mutiger, kampferprobter, risikobereiter Männer der Aussiedlung entziehen zu können.

Gemeinsam mit anderen Machnower Bauern war er in eines jener Dörfer aufgebrochen, die bereits geräumt waren und leer standen. Leider waren sie nicht weit gekommen. Schon nach wenigen Kilometern blockierten Polen ihren Treck von fünf Gespannen an einem Eisenbahnübergang. Das erste Fuhrwerk wurde von einer Maschinengewehrsalve getroffen, eine Frau auf dem Wagen und ein Pferd waren sofort tot. Der zweite Kutscher vermochte seinen Wagen geistesgegenwärtig herumzureißen und über die Felder zurück nach Machnow zu preschen. Jarosław hingegen, auf dem fünften Gespann, sprang wie alle Übrigen in Panik vom Bock und floh. Pferd, Wagen und Lebensmittel blieben als Beute für die Polen zurück.

Zwei Tage später, am 26. März 1946, standen bereits Soldaten auf den Höfen.

»Polen oder Ukrainer?«

»Ukrainer.«

»Packen!«

Kaum jemand hätte, sagt Jarosław Bodnar, sich verstellen und als Pole ausgeben können. Die Machnower beherrschten Polnisch nur bruchstückhaft und besaßen keine Dokumente, die eine römisch-katholische Taufe oder eine römisch-katholische Trauung hätten belegen können. So rollten die ersten Pferdefuhrwerke mit auszusiedelnden Familien bereits nach zwei Stunden zum Bahnhof im Nachbardorf.

Familie Bodnar aber entzog sich.

Die Mutter, so hatten sie überlegt, würde mit dem Baby und den Kühen bei einer Nachbarin unterschlüpfen, die wegen eines polnischen Großvaters auf polnische Papiere zurückgreifen konnte; Jarosław hingegen wollte sich verstecken. Für den Unterhalt in unsicheren Zeiten hatten sie vorgesorgt: Korn, Lebensmittel und Kleidung waren in großen Kisten auf dem Feld vergraben.

Am ersten Tag der Aussiedlung trafen die Soldaten die überraschte Familie noch zuhause an; am zweiten Tag stand das Anwesen leer. Die Mutter war bei der Nachbarin, Jarosław hockte unter Heu in einem Schuppen, später verbarg er sich bei Bekannten im Nachbardorf, danach unter Büschen auf dem Feld – erst nach einer Woche tauchte er wieder auf, da war die Aktion in Machnow beendet.

Über ihren Hof lief noch ein einziges Huhn; das übrige Geflügel und eine Kuh hatten die Soldaten requiriert.

Die Gefahr, dachten sie, sei nun vorüber. Und holten das Korn, die Lebensmittel und die Kleidung vom Feld zurück. Mit fünfzig von einst 270 ukrainischen Familien wollten sie einen Neuanfang wagen. Obwohl die Option bitter war. Die meisten Häuser in Machnow standen leer, die Gärten verwilderten, die Verwandten, Bekannten und Freunde fehlten. Zudem sah Jarosław Bodnar wieder Feuerschein am Horizont:

Die UPA brannte leer stehende Dörfer nieder. Wenn keine Ukrainer in ihnen wohnen durften, sollten sie auch Polen kein Heim bieten. Und so gingen im Juli 1946 Nowosiółki Kardynalskie, Zatyle, Rzeczyca und Dyniska in Flammen auf, alles Dörfer im Umkreis von acht bis fünfzehn Kilometern.

Es war bedrückend. In den Wäldern gewann mehr und mehr das polnische Militär die Kontrolle, die Minderheit der Ukrainer, die geblieben war, musste sich irgendwie mit dem polnischen Staat arrangieren. Weit abweisender und ängstlicher als früher gewährten die verbliebenen Ukrainer den eigenen Partisanen nachts keinen Unterschlupf mehr. Welchen Sinn sollte der bewaffnete Kampf noch in einer solchen Lage haben? Später hörte Jarosław von einem UPA-Mitglied, wie er in diesen Monaten herumgeirrt sei, wie er nicht mehr genügend Lebensmittel von der Bevölkerung bekommen hätte, wie er gehungert hätte, wie er verdreckt und ständig auf der Flucht vor den polnischen Soldaten und Milizionären gewesen wäre.

Ein Teil der UPA-Einheiten wurde im Frühjahr 1947 demobilisiert; andere desertierten und machten sich eigenständig auf den Weg in die Ukraine oder über die Tschechoslowakei in die amerikanisch besetzte Zone nach Westdeutschland.

Es war der Anfang vom Ende des militärischen Widerstands der UPA.

Einerseits hofften Jarosław und seine Mutter, das Leben würde nun zur Normalität zurückkehren. Im Frühjahr säten sie aus und pflanzten an, als könnten sie im Herbst die Ernte einfahren. Andererseits ängstigten sie die Gerüchte über eine neue Aussiedlung, und Jarosław zimmerte aus Brettern einen Verhau für die Hühner, um sie im Notfall transportieren zu können.

Dann ging alles sehr schnell.

Am 29. März 1947 beschloss das Politbüro der Polnischen Arbeiterpartei, »in schnellem Tempo Ukrainer und gemischte Familien in die wiedergewonnenen Gebiete (vor allem nach Ostpreußen) umzusiedeln« – und schon vier Wochen später, am 28. April, umzingelten polnische Soldaten die ersten ukrainischen Dörfer.

Das Datum war symbolträchtig: Genau einen Monat zuvor war General Karol Świerczewski bei einer Inspektionsreise in den südostpolnischen Gebieten in einen Hinterhalt geraten und von UPA-Mitgliedern ermordet worden.

»Der Tod des Waffengenerals Karol Świerczewski, einem der größten polnischen Kämpfer für Polen, für die Freiheit und das Volk, der umkam im heldenhaften Kampf mit den ukrainischen Faschisten, dieser Tod verpflichtet euch zu einem erbarmungslosen und unerbittlichen Kampf mit den ukrainischen Banditen.«

Drei Tage vor Beginn der »Aktion Weichsel« mussten die Soldaten antreten, um sich mit einem geheimen Befehl auf ihre Aufgaben einstimmen zu lassen.

»Schlagt die ukrainischen Banditen an jedem Ort, um so den Tod von Tausenden polnischer Familien zu rächen, die auf bestialische Weise von den faschistischen ukrainischen Banden ermordet wurden.«

Nach Machnow, sagt Jarosław Bodnar, seien die Soldaten am 27. Juni 1947 gekommen. Dieses Mal wollte sich die Familie nicht mehr entziehen. Denn: »Bleib nicht!«, hatten sich die Einwohner gegenseitig geraten, »sonst bringen dich die Polen um.«

Im Laufe einer halben Stunde steckte Jarosław Bodnar die Hühner in den bereitstehenden Verhau, lud sie nebst Futter, Kleidung, getrocknetem Brot und Speck auf einen Wagen, der nur wenig größer war als ein ausklappbares Sofa, und band die gerade erstandene Färse an. Ein Ukrainer aus dem Nachbardorf lieh ihnen ein Pferd, damit sie mit ihrem Gefährt überhaupt zum Sammelpunkt kamen.

Im langen Tross zogen Machnows Einwohner 16 Kilometer weit bis nach Bełżec, jenem ostpolnischen Ort, in dem 1942 fast eine halbe Million Juden durch Dieselabgase erstickt und auf Scheiterhaufen verbrannt worden waren. Westwinde hatten den strengen, süßlichen Geruch nach Machnow getragen. Jarosław wusste früh, was mit den Juden geschah. Nun nutzten die Polen die Eisenbahnlinie, die die Deutschen zur Vernichtung der Juden geschaffen hatten, zur Aussiedlung der Ukrainer. Jarosław hat kaum Erinnerungen an den Ort, denn um 14 Uhr haben sie ihn erreicht, um 20 Uhr aber schon wieder verlassen – in Viehwaggons mit unbekanntem Ziel Richtung Westen.

Alle 214 Einwohner – so stellte der Generalstab des polnischen Militärs befriedigt fest – hätten Machnow am Abend des 27. Juni verlassen.

Nach der Aussiedlung war das Dorf leer, gespenstisch leer wie auch die umliegenden ukrainischen Dörfer Borki, Goraj, Korczmin, Kornie, Netreba, Suszów, Wierzbica, Wółka Wierzbica, Zatyle. Was danach kam?

»Wie soll ich wissen, was danach kam«, sagt Jarosław Bodnar, »da war ich nicht mehr im Dorf. Ich habe bei unserem Besuch 2003 nur gesehen, dass keine alten Gebäude mehr stehen. Auch meines nicht.«

»Die Polen haben alle ukrainischen Häuser abgetragen und neue gebaut«, sagt Jarosławs Frau.

»Nein«, sagt der Pole Jan Sikora, der gleich nach der Aussiedlung der Ukrainer kam, um eine landwirtschaftliche Produktionsgenossenschaft im Dorf aufzubauen. Vielmehr seien UPA-Kämpfer eine Woche nach dem Erntedankfest erschienen und hätten den Westteil des Dorfes im Schutz der Dunkelheit in Brand gesteckt. Alle Häuser seien niedergebrannt. Nur im Ostteil des Ortes hätten neu anzusiedelnde Polen nach dem Abzug des Militärs noch untergebracht werden können.

Heute erinnert an das ukrainische Machnow nur noch die hundertjährige griechisch-katholische Kirche mit ihrer restaurierten, farbenfrohen Ikonostase und den glänzenden Kronleuchtern – inzwischen allerdings ein Gotteshaus von römisch-katholischen Polen.

Ein Teil der ukrainischen Machnower kam nach Ostpreußen, ein anderer Teil nach Ostbrandenburg und Pommern. Acht Männer hingegen saßen zunächst in Bełżec fest: »Feindliche und verdächtige Elemente« wurden aussortiert, wenn sich ihre Namen auf den Listen des Sicherheitsdienstes oder der militärischen Aufklärung fanden oder wenn sie von irgendwelchen Spitzeln als Sympathisanten der UPA denunziert worden waren. Offenkundig konnte den Männern aus Machnow aber nicht nachgewiesen werden, ob und wie sie der UPA geholfen haben sollten. Jedenfalls kamen sie frei und trafen mit acht Tagen Verspätung in den »wiedergewonnenen Gebieten« des neuen polnischen Westens ein.

UPA-Sympathisanten aus anderen Orten hingegen wurden ins oberschlesische Arbeitslager Jaworzno eingewiesen, eine ehemalige Außenstelle von Auschwitz, die der polnische Sicherheitsdienst nur wenige Tage nach dem Abzug der SS übernommen hatte. Alles war wie zu deutscher Besatzungszeit: die typischen Holzpritschen in den Baracken, die gleißenden Reflektoren an jedem zweiten Mast des doppelten, unter Hochspannung stehenden Stacheldrahtzauns, die zwei Meter breite und mit Sand ausgestreute »Todeszone« rund um das Lager, die mit Maschinengewehren ausgerüsteten Posten auf den zwölf Wachtürmen. Nur die Belegschaft hatte sich geändert. Polen, einst die Verfolgten, hatten nun das Regiment im Lager übernommen: In den ersten sieben Holzbaracken saßen deutsche Kriegsgefangene und Volksdeutsche, in den restlichen sechs Baracken Ukrainer.

Was die Insassen später erzählten?

Dass sie rohe Kartoffeln und Rüben gegessen haben, die sie beim Ausladen von Waggons stahlen. Dass die Baracken völlig überfüllt waren und nur die wenigsten auf Stroh schlafen konnten. Dass ihnen Kleidung und Wäsche fehlte, sie sich nicht waschen konnten und völlig verlaust waren. Dass sie mit Stromstößen und Prügeln auf nackte Fußsohlen zu Geständnissen bewegt werden sollten. Dass ihnen Stecknadeln unter die Fingernägel getrieben wurden. Dass Widerspenstige in einen Betonbunker gesperrt wurden, dessen Boden mit Wasser bedeckt war. Dass im Herbst Typhus ausbrach. Und dass sich die Wache einen Spaß daraus machte, Ukrainer am griechisch-katholischen Feiertag Peter und Paul durch ein Spalier zu treiben und mit Holzstöcken und den Kolben ihrer Karabiner zu schlagen.

Mindestens 161 Gefangene, darunter sechs Frauen, sind bis Ende 1947 gestorben, zwei der Frauen begingen Selbstmord, indem sie sich in den unter Strom stehenden Stacheldraht warfen. Aus Machnow wurde niemand in Jaworzno eingeliefert; aus dem nur drei Kilometer entfernten Wierzbica hingegen müssen mehrere Dutzend hier gesessen haben. Wierzbica lag unmittelbar an der Grenze zur Ukraine. Vielleicht hatten Einwohner ihre Häuser als Anlaufstellen für UPA-Mitglieder aus der Ukraine zur Verfügung gestellt, vielleicht hatten sie Waffen versteckt, vielleicht UPA-Mitglieder mit Lebensmitteln versorgt, ihnen die Kleider gewaschen oder Erste Hilfe geleistet. Wer weiß? Mindestens sieben der Beschuldigten haben ihre tatsächliche oder vermutete Unterstützung der UPA teuer bezahlt. Michał und Ignacy Buśko, Teodor Hrycyna, Teodor Nazar, Andrzej Stech, Paweł Zdrada und Aleksander Kowal – so die Archivunterlagen – haben Jaworzno nicht überlebt.

Die UPA-Mitglieder aus Machnow erwischte der polnische Sicherheitsdienst erst nach der Umsiedlung in den Westgebieten.

»Wir haben geahnt, wer sie verraten würde«, sagt Jarosław Bodnar.

Ein Mann aus dem ehemaligen Nachbardorf Nowosiółki Kardynalskie, der sich, obwohl nach Ostpreußen umgesiedelt, auffallend oft in Ostbrandenburg und Pommern herumtrieb. Er, der selbst Mitglied der UPA gewesen war, hatte dem polnischen Sicherheitsdienst seine Zusammenarbeit angeboten, nachdem Flugblätter versprochen hatten, dass nicht zum Tode verurteilt werde, wer sich mit der Waffe in der Hand stelle. So erkaufte er sich seine eigene Straffreiheit mit der Denunziation anderer.

Die meisten Männer, die der Sicherheitsdienst am Morgen des 28. August 1948 in Krężelin festgenommen und zu ersten Verhören in die Kreisstadt gebracht hatte, mussten mangels Beweisen wieder freigelassen werden, in drei Fällen hingegen kam es in Stettin zu harten Strafen. Sie hätten versucht, so die Urteilsbegründung, Teile des polnischen Staates mit Waffengewalt abzutrennen. Michał C. erhielt die Todesstrafe und saß acht Jahre ab; Jan I. erhielt fünfzehn Jahre Gefängnis und saß knapp sechs Jahre ab; Jan D. erhielt dreizehn Jahre und saß fünfeinhalb Jahre ab.

»Nennen Sie die Nachnamen nicht«, sagt Jarosław Bodnar. »Damals wussten die Leute in der Umgebung Bescheid, inzwischen aber ist Gras über die Sache gewachsen. Warum wieder daran rühren?«

»Die Verurteilten sind alle tot«, sagt seine Nachbarin. »Warum sollen ihre Kinder und Enkel heute unter dem schlechten Ruf ihrer Väter und Großväter leiden? In der Ukraine würden sie als Helden verehrt, in Polen gelten sie als Verbrecher.«

Die ersten Jahre in den Westgebieten waren schwierig. Die besseren Häuser und Höfe waren längst von Polen besetzt, noch leer stehende geplündert und verwahrlost. Zunächst wohnten Jarosław Bodnar, seine Mutter und sein Bruder mit den Großeltern zusammen. Ein Foto zeigt sie kurz nach der Ankunft im polnischen Westen vor einer niedrigen Bauernkate. Hose und Rock dunkel, Hemd und Bluse weiß, Sonntagskleidung, wie es scheint, aber barfuß. Für Schuhe fehlte das Geld. Die Fenster und Türen des Hauses sind mit Brettern vernagelt, dicht unter dem Dach brechen die ersten Steine aus der Vorderfront.

Als der Großvater das Haus allein für sich beanspruchte, standen Mutter und Kinder zum zweiten Mal vor dem Neubeginn. Auch die Haushälfte, die sie in Kręzelin erhielten, besaß keine Türen, keine Fenster, keinen Strom. Die ersten Wochen schlief die Familie auf dem blanken Fußboden, denn sie besaß nicht einmal Betten. Einen Monat dauerte es, bis Jarosław die Fenster eingebaut und ein ukrainischer Handwerker die Türen angefertigt hatte. Da zog es wenigstens nicht mehr. Es war bereits November.

Die Erinnerung an den demütigenden Beginn lässt Jarosław Bodnars Stimme zittern. Er schüttelt hilflos und verlegen den Kopf. Ein gestandener Mann wie er sollte sich nicht so schnell von Gefühlen überwältigen lassen. »Aber«, sagt er mit einem Lächeln, das um Verständnis bittet, »ich kann mich nicht dagegen wehren. Es drängt einfach in mir hoch, wenn ich von damals erzähle.«

Erst lebten sechs ukrainische Familien in Krężelin. Dann kamen vier weitere hinzu. Die Hälfte stammte aus dem südostpolnischen Machnow, die andere Hälfte aus dem Gebiet des heutigen Weißrussland. Der Ort war schon damals klein, aber im Laufe der letzten Jahre ist die Einwohnerzahl noch einmal um die Hälfte geschrumpft.

Jarosław Bodnar zählt an den Fingern ab: Drei Personen umfasst die eine Familie noch, vier Personen die andere, in seiner eigenen sind sie noch zu zweit. Mehr als zwanzig Menschen leben wohl nicht mehr in Krężelin. Die Kinder blieben nach Lehre und Studium in den Städten der Umgebung, Jarosław Bodnars Tochter zog die Liebe bis nach Belgien. So blieben die Alten unter sich.

Mehr schlecht als recht ernähren sie sich von der Rente, den eigenen Hühnern, den Obstbäumen und dem Gemüse aus dem Garten, und nur die Söhne aus der Stadt kommen auf die Idee, auf großen, brachliegenden Feldflächen frei laufende Gänse zu züchten, die zu Tausenden nach Deutschland verkauft werden.

Nur wenn sie unter sich sind, ganz unter sich, dann sprechen die Alten noch Ukrainisch; aber sobald auch nur ein Pole unter zehn Ukrainern auftaucht, wechseln die zehn ins Polnische. Wozu die Andersartigkeit betonen? Sie singen kaum noch ukrainische Lieder und besuchen fast niemals einen griechisch-katholischen Gottesdienst. Die nächste griechisch-katholische Kirche liegt 85 Kilometer entfernt in Stettin. Wie sollten sie dorthin kommen? Die Kinder wurden römisch-katholisch getauft und römisch-katholisch getraut, einige sprechen schon kein Ukrainisch mehr, fast alle heirateten Polen. Früher stießen bei großen Festen vielleicht ein, zwei polnische Nachbarsfamilien zu einer ansonsten ukrainischen Gesellschaft. Heute ist es umgekehrt – fast alle Gäste sind Polen. Und manch ein Ukrainer ist froh, wenn man ihn für einen Polen hält. Wie beispielsweise Jarosławs Onkel, der seinen Familiennamen Bodnar in Bednarski ändern ließ und damit die ukrainische Berufsbezeichnung für einen Böttcher durch die polnische ersetzte.

»Wir machen alles wie die Polen«, bekennt Jarosław Bodnar. »Denn wenn das Wort Ukraine fällt, ist es, als hätte man einem Polen Salz ins Auge gestreut.«

Die Betonung der eigenständigen ukrainischen Kultur reizt die Unbelehrbaren – so wie im pommerschen Biały Bór/Baldenburg, wo im Herbst 2006 das Denkmal des ukrainischen Dichters Taras Schewtschenko beschmiert wurde, oder wie im ostpreußischen Bartoszyce/Bartenstein, wo einen Tag später die ukrainische Schule in Flammen aufging. In Krężelin soll es lieber so bleiben, wie es ist. Dass die Alten nicht reden und die Jungen erst gar keine Debatten anfangen, weil sie schon nichts mehr wissen. Soll Gras über alles wachsen – selbst um den Preis, dass die griechisch-katholische Religion stirbt, die ukrainische Kultur, die ukrainische Sprache.

»Wen interessiert das denn noch?« Jarosław Bodnar schüttelt resignierend den Kopf. »Unser Sohn fragt kaum. Unser Sohn will nichts wissen. Er ist mit einer Polin verheiratet.«

Und seine Stimme beginnt wieder zu zittern.

»Mein Gott, du lebst?«

Vom Überleben des polnischen Juden Kupple Miller

Flucht und Emigration von Juden aus dem Nachkriegspolen

Von den knapp drei Millionen Juden, die im September 1939 den jüdischen Gemeinden in Polen angehörten, haben nur 350 000 den Holocaust überlebt. Etwa 140 000 kehrten nach dem Krieg aus der Sowjetunion zurück, wohin sie 1939/40 geflüchtet waren. 50 000 –100 000 überlebten den Krieg im deutsch okkupierten und im reichsdeutschen Gebiet: in Konzentrations- und Arbeitslagern, im Versteck, in verschiedenen militärischen Formationen oder mit Hilfe von gefälschten »arischen« Papieren. Weitere 30 000 Juden wurden bei Kriegsende aus den ehemals polnischen Ostgebieten ausgesiedelt, die inzwischen zu Südlitauen, Weißrussland und der Westukraine gehörten. Im Frühjahr 1946 waren in Polen wieder knapp 250 000 Juden gemeldet – eine wahrscheinlich etwas überhöhte Zahl, da sich viele auf der Suche nach Verwandten und Bekannten in verschiedenen Orten registrieren ließen.

Viele Überlebende waren gleich nach dem Krieg zur Ausreise aus Polen entschlossen: Sie wollten nicht in Orten leben, in denen das gesamte jüdische Leben ausgelöscht worden war. Zudem fürchteten sie Übergriffe vonseiten der Polen: Zwischen Frühjahr 1945 und Sommer 1946 kam es unter anderem in Krakau, Rabka, Stettin, Rzeszów, Parczew, Bolesławiec, Biała-Podlaska und Kielce

Das Zeitgeschehen

zu Pogromen; noch im Sommer 1947 wurden an über hundert Orten Zwischenfälle registriert, darunter viele mit tödlichem Ausgang. Teilweise trat eine aufgewühlte Menge in Aktion, teilweise agierten Kriminelle und Menschen, die sich in den ehemals jüdischen Häusern niedergelassen hatten, teilweise aber auch Gruppen, die sich als Nachfolgeorganisationen der aufgelösten Untergrund-»Heimatarmee« (Armia Krajowa) verstanden. Schätzungsweise 500 bis 1500 Juden sind noch nach 1945 in Polen ums Leben gekommen.

Teils legal, teils illegal verließen zwischen August 1945 und Mitte 1946 rund 51000 Juden das Land. Nach dem Pogrom von Kielce im Juli 1946, bei dem 42 Juden umkamen, schwoll die Zahl der Auswanderer beziehungsweise Flüchtlinge bis Mitte 1947 sprunghaft auf über 100000 an. Zu weiteren Ausreisewellen kam es 1949/50, dann 1956/57 und schließlich 1968, als die Kommunistische Partei mit einer antisemitischen Kampagne ca. 13500 Personen – die meisten von ihnen assimilierte Intellektuelle – aus dem Land trieb.

Heute leben schätzungsweise zwischen 8000 und 12000 Juden in Polen.

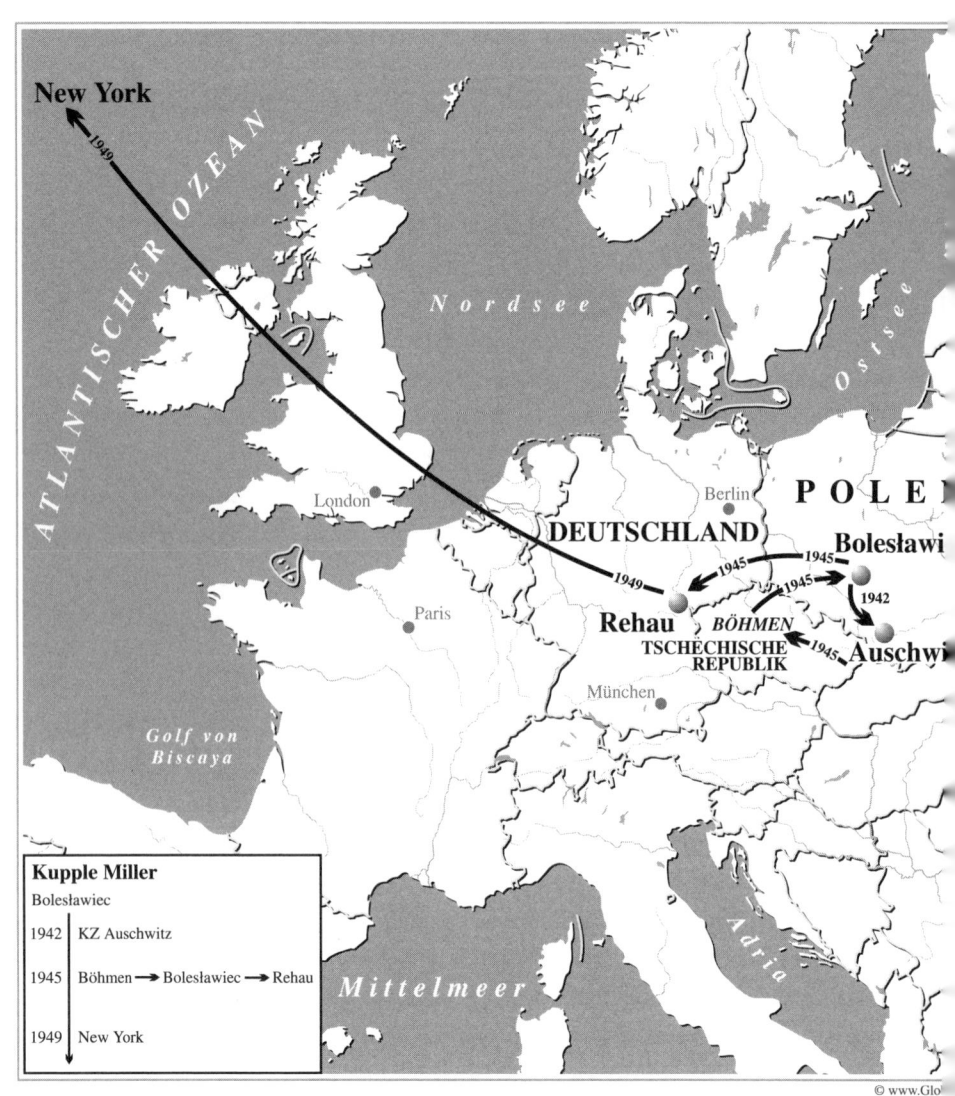

»Mein Gott, du lebst?«
Vom Überleben des polnischen Juden Kupple Miller

Als er befreit wurde, war er am Ende. Als seine Mithäftlinge so schnell wie möglich aufbrachen, um in ihre Heimatstädte zurückzukehren, blieb er einfach apathisch auf einer Pritsche liegen. Irgendwo in einem Lager in der Tschechoslowakei, an dessen Namen er sich nicht mehr erinnert. Die Beine unförmig geschwollen, der Oberkörper zu einem Skelett abgemagert. Er konnte nicht gehen, er konnte nichts essen. Jetzt, wo der Terror endlich vorbei war, wollte er nur noch sterben.

Kupple Miller war bei Ausbruch des Zweiten Weltkriegs zum polnischen Militär eingezogen, von den Deutschen gefasst und als Kriegsgefangener in ein Posener Arbeitslager eingewiesen worden. Die Deutschen dachten, er sei ein Pole, aufgrund des Namens vielleicht auch der Abkömmling eines Deutschen. Dass er ein Jude ist, hat er ihnen selbst verraten und die Dummheit mit der Verlegung ins Konzentrationslager Auschwitz bezahlt.

»99 Prozent der Deutschen«, hat Kupple Miller seiner Tochter später in New York erzählt, »99 Prozent der Deutschen waren nicht gut.« Sie seien Hitler gefolgt und hätten die Juden gequält und ausgerottet. Nur ein Mal, ein einziges Mal habe er etwas anderes erlebt. Das war, als er in Auschwitz an einer Wasserpumpe gearbeitet habe. Da sei ein neuer Vorgesetzter gekommen, vielleicht 22, 23 Jahre alt, und habe freundlich abgewinkt, als Kupple gewohnheitsmäßig vor ihm salutierte. In Zukunft, so hatte er ihm beschieden, würden sie sich einfach einen »Guten Tag« wünschen.

Doch Kupple hatte dem Deutschen nicht getraut und am nächsten Tag wieder salutiert.

»Ich bin zwar ein Deutscher«, hatte ihm jener daraufhin beteuert, »aber in erster Linie ein Mensch – ein Mensch wie du, auch wenn du im Lager bist. Aus deiner Lage kann ich dich nicht befreien, aber salutieren sollst du nicht vor mir.«

Am nächsten Tag hatte sich der Deutsche erkundigt, ob Kupple hungrig sei, und nachgefragt: »Warum holst du dir nicht die Kartoffeln, die dort auf dem Feld liegen?«

»Weil«, hatte Kupple geantwortet, »ich für eine Kartoffel nicht mein Leben riskieren will.«

Da war der Deutsche hingegangen, hatte einen Arm voll Kartoffeln aufgesammelt, ein kleines Feuer angezündet, und als die Kartoffeln gar waren, hat Kupple sie unter seinen Mithäftlingen verteilt.

»Das war ein guter Deutscher. Aber der einzige, den ich getroffen habe. Im Laufe von über fünf Jahren.«

Es war ein Wunder, dass Kupple Miller Auschwitz überlebte. Es war ein weiteres Wunder, dass er im Januar 1945 den Todesmarsch von Auschwitz nach Böhmen durchstand. Er gehörte zu den letzten in jener endlosen Kolonne von Häftlingen, die bei großer Kälte und kniehohem Schnee den Marsch nach Westen antraten – die Füße mit Fetzen umwickelt, den Kopf umhangen mit einer Decke, die vor dem Abmarsch an jeden verteilt worden war. Beidseits des Zuges marschierten bewaffnete Deutsche, die immer wieder zum schnelleren Gehen antrieben. Wer nicht Schritt halten konnte oder zusammenbrach, wurde erschossen und von Mithäftlingen an den Rand gezerrt. Kupple Miller hörte den Knall der Gewehre mal dichter, mal ferner. Dann sah er sie liegen, zusammengekrümmt im Schnee, Hunderte von ausgemergelten Gestalten mit eingefallenen Wangen. Ins Krankenrevier von Auschwitz hatten sie nicht gehen wollen, da sie überzeugt waren, die Deutschen würden sie töten, um sie nicht der Sowjetarmee in die Hände fallen zu lassen. Doch die Kranken von Auschwitz wurden wenige Tage später von den Sowjets befreit, während die meisten Häftlinge den Todesmarsch nicht überlebten. Hätte Kupple nicht ein Fahrrad gehabt, auf dem er die Sachen eines SS-Mannes transportieren sollte, hätte auch er mit seinen aufgedunsenen Beinen die Strecke nicht gemeistert.

Als ihn in Böhmen die Nachricht vom Kriegsende erreichte, konnte er sich nicht freuen, nicht wie die anderen vor Glück lachen. Er wollte nur noch seine Ruhe.

»Willst du hier sterben?«, herrschte ihn ein Freund an, als er Kupple mehrere Stunden nach der Befreiung als letzten aller Häftlinge noch auf der Pritsche fand.

»Ich kann nicht einmal gehen. Ich komme hier nicht mehr heraus.«

»Ich helfe dir. Auf der anderen Straßenseite wohnt eine deutsche Familie.«

Der Freund trug ihn mehr, als dass er ihn stützte. Doch die sudetendeutsche Frau, die sich auf sein Pochen am Fenster des benachbarten Hauses zeigte, starrte nur mit weit aufgerissenen Augen auf das Paar in Häftlingskleidern – und verschwand. Kupple Miller kannte diese Reaktionen schon vom Todesmarsch, als sich Menschen, selbst wenn sich Mitleid in ihren Gesichtern spiegelte, erschrocken abgewandt hatten. Statt auf der Pritsche, so war er überzeugt, würde er nun auf den Steinstufen vor der Eingangstür einer Sudetendeutschen sterben.

Da kamen unerwartet zwei sowjetische Offiziere vorbei. »Wollen dich die Leute etwa nicht einlassen?«, empörte sich der eine Offizier. »Die Deutschen haben dir großes Unrecht angetan, nun müssen die Deutschen dir helfen.«

Der Russe schlug mit seinem Karabiner mehrfach gegen die Tür, bis die Frau wieder erschien, und gab ihr in barschem Ton zu verstehen, dass sie Kupple aufzunehmen habe. Verängstigt nickte die Frau mit dem Kopf, ohne die Tür jedoch freizugeben, schließlich begann sie zu weinen.

»Du kannst hereinkommen«, sagte sie, an Kupple gewandt. »Aber erst sollen die Russen gehen. Wir fürchten uns vor Vergewaltigungen. Meine Tochter versteckt sich im Feld.«

»Sie will mir helfen«, versuchte Kupple dem sowjetischen Offizier in gebrochenem Russisch zu erklären. »Aber sie hat Angst vor euch. Bitte geht weg!«

Die beiden Sowjets entfernten sich, kündigten jedoch an, nach einigen Tagen zu überprüfen, ob Kupple tatsächlich gepflegt werde. Ansonsten, so drohten sie, würden sie Mutter und Tochter töten und das Haus in Brand stecken.

»Aber das waren gute Frauen«, sagt Kupple.

Als Erstes hat ihn die Sudetendeutsche gewaschen. Wie ein Kind, weil er sich selbst nicht zu helfen wusste. Dann hat sie ihm ein Rührei gemacht. Als er nach dem ersten Bissen zu würgen begann, da sein Magen nichts annehmen konnte, versuchte sie es mit Kaffee, den sie ihm ganz langsam und nur schluckweise zu trinken empfahl. Dann riet sie ihm: »Leg dich aufs Sofa.« Doch er hatte jahrelang nur auf Brettern geschlafen und konnte es auf der weichen Unterlage nicht aushalten.

Ja, die Sudetendeutsche pflege ihn gut, berichtete Kupple Miller den zwei Sowjetoffizieren, als sie tatsächlich überprüften, wie es ihm gehe. Sie hätte ihn, als er nach fast zwei Wochen aufbrechen wollte, gern länger behalten. »Lasst die Frauen in Ruhe«, hatte er nämlich immer gesagt, wenn russische Soldaten ins Haus einzudringen versuchten. »Das sind gute Deutsche.« Und seine Häftlingskleidung und seine ausgemergelte Erscheinung hatten ihm Respekt verliehen.

Kupple Miller aber zog es nach Hause, nach Bolesławiec, um zu sehen, ob sie noch lebten: seine Freundin Pola, die Eltern, die fünf Schwestern und die zwei Brüder, die im Unterschied zu ihm bereits alle verheiratet waren und Kinder hatten. Auf der Straße hielt er einen jungen Polen mit einem Pferdefuhrwerk an.

»Warum fährst du Richtung Westen?«

»In Polen sind jetzt die Russen.«

»Ich muss aber zurück nach Polen. Wenn du nicht umdrehst und zurückfährst«, sagte Kupple Miller, immer noch auf die Wirkung seiner Häftlingskleidung vertrauend, »dann tritt mir die Pferde und den Wagen ab.«

Das fiele ihm gar nicht ein, entgegnete der junge Pole.

Dann müsse er die Russen zu Hilfe holen, konterte Kupple und begann, laut auf Russisch um Hilfe zu rufen.

In Windeseile entlud der Pole daraufhin sein Fuhrwerk; lieber wollte er seinen Besitz verlieren als den Russen in die Hände fallen. Kupple Miller aber, auch wenn er mit Pferden umzugehen verstand, hockte als kraftloses Bündel auf dem Kutschbock und war kaum imstande, die Zügel zu halten. Wie sollte das gut gehen? Den ersten Russen, die ihm auf der Landstraße begegneten, musste er seine zwei starken Pferde gegen zwei schwache überlassen. Auch gegen weitere Tauschaktionen konnte er sich auf der weit über 200 Kilometer langen Strecke nicht wehren. Als er sich nach einem Monat endlich Bolesławiec näherte, hatte er nur noch ein kleines, klappriges Tier, das einer Ziege mehr ähnelte als einem Pferd. Aber er hatte es geschafft.

Einige Kilometer vor dem Ort kamen ihm drei Fahrradfahrer entgegen.

»Kupple!«, schrie einer der Männer, als er fast auf der Höhe des Pferdefuhrwerks war, und sprang vom Rad.

Es war Itzhak Russek, der Bruder von Pola, Kupples Freundin.

»Hat Pola überlebt?«

Itzhak schüttelte den Kopf.

»Hat jemand aus meiner Familie überlebt?«

Itzhak schüttelte den Kopf. Pola, das erzählte ihr Bruder, sei in Warschau in einem der letzten Kriegsmonate umgekommen. Kupples Familie sei wahrscheinlich im KZ umgekommen, jedenfalls sei niemand zurückgekehrt.

Für Kupple brach eine Welt zusammen. Der Gedanke an Pola hatte ihn angetrieben, wenn er aufgeben wollte; die Hoffnung auf ein Wiedersehen mit den Eltern, den Schwestern, Brüdern, Nichten und Neffen hatte ihn aufgerichtet, wenn er in Depression zu fallen drohte. Und nun? Welchen Sinn hatte es noch, in einen Ort zurückzukehren, in dem es keine Freundin, keine Familie, keine zionistische Gemeinschaft mehr gab?

Außer auf Itzhak Russek und seine Frau stieß Kupple noch auf acht Überlebende: die drei Brüder Kohn – Mendel, Szaja Hirsz und Jankiel –, die beiden Schwestern Krzepicka – Jenta und Iska –, auf Mosche Russek, Rosa Etta Pinkus und Majer Markowicz. Insgesamt zehn hatten sich von einer Gemeinschaft eingefunden, die vor dem Krieg sechs- bis siebenhundert Personen umfasst und etwa ein Fünftel der Einwohner von Bolesławiec gebildet hatte.

Bolesławiec lag nur etwa vier Kilometer Luftlinie vom Deutschen Reich entfernt.

»Wir dachten schon einige Tage vor Kriegsausbruch, dass etwas passieren würde«, sagt Maria Rojek, eine Polin, die in Bolesławiec geboren wurde, dort nach dem Krieg als Lehrerin arbeitete und heute in der Dienstwohnung des Schulgebäudes lebt. »Es gab einige Grenzzwischenfälle wie die fingierte Attacke auf den Sender Gleiwitz, den SS-Leute besetzten, die sich als polnische Widerstandskämpfer ausgaben.«

Sie solle die Grenzregion verlassen, hat Alter Goldrat seiner jungen Frau Mala aus Angst vor dem Einmarsch daher geraten und sie am 30. August 1939 auf den Weg nach Lodz geschickt. »Die Hauptstraßen waren unpassierbar«, hielt sie in den Erinnerungen fest, die sie viele Jahre später in der neuen Heimat New York verfasste. »Sie waren verstopft mit Menschen und Tieren, die wie wir aus der Grenzregion flüchteten. Lodz war nur 130 Kilometer entfernt, aber wir konnten am Mittwoch nicht durchkommen. Dicht vor dem Ziel hielten wir beim Haus einer Verwandten und verbrachten die Nacht dort. Am Donnerstagmorgen sah es jedoch noch schlimmer aus. Selbst auf den Nebenstraßen kamen wir nur schlecht voran und erreichten die Stadt erst bei Sonnenuntergang.«

Am nächsten Morgen, Freitag, dem 1. September, begann der Krieg.

Über Bolesławiec zogen bereits morgens um halb fünf Ortszeit 29 Stukas hinweg, um nur wenige Minuten später ihre Spreng- und Brandbomben auf die Kreisstadt Wieluń abzuwerfen. Zur gleichen Zeit attackierte das deutsche Schulschiff »Schleswig-Holstein« die Westerplatte. Hitler hatte Polen ohne Kriegserklärung überfallen.

Aufgeschreckt durch den Lärm der Flugzeuge, versteckten sich einige Einwohner von Bolesławiec in den Kellern. Andere liefen desorientiert auf die Straßen. Noch andere flohen zu Fuß, auf Fahrrädern, mit kleinen Lastwagen in das vermeintlich sichere Hinterland. Dort – hinter der Warthe –, so hatte es vor Kriegsausbruch geheißen, werde im Fall eines deutschen Angriffs die erste konzentrierte polnische Abwehr errichtet. Manche flüchteten im letzten Moment: Zwei völlig überfüllte Linienautobusse fuhren noch nach Norden los, während vom Süden bereits die ersten deutschen Einheiten einmarschierten – an der Spitze drei schwere Motorräder mit Beiwagen, dahinter gepanzerte Fahrzeuge.

Etwa kurz nach sieben Uhr, erinnert sich Irena Skiba, die damals vier Jahre alt war, habe ein deutscher Soldat ihren Hausflur betreten. »Er wirft zwei Granaten hinein, schließt die Eingangstür und entfernt sich. Als meine Großmutter prüfen will, was passiert ist, explodieren die beiden Granaten dicht vor ihren Füßen. Ein Knall, ein Lichtstrahl, der ganze Raum voller Staub. Splitter treffen Großmutter in den Bauch, den Brustkorb, ins Gesicht, sie sinkt in einer Blutlache zusammen und stirbt.«

Die Deutschen scheuchten alle Einwohner von Bolesławiec, derer sie habhaft werden konnten, aus ihren Häusern und trieben sie über den Grenzfluss Prosna auf das deutsche Gut Golkowitz. Nur wenige konnten in Scheunen schlafen, die meisten mussten unter freiem Himmel kampieren.

»Die Gutsherrin konnte Polnisch und war ein guter Mensch«, berichtet Maria Rojek. »Sie hat Kartoffeln gegart und auf der Wiese ausgeschüttet, sodass es wenigstens Pellkartoffeln zu essen gab.«

Doch gegen die Schikanen gegenüber den Juden war auch die Gutsherrin machtlos.

»In den zwei Wochen, in denen ich Vater nicht gesehen hatte, war er sehr alt geworden«, stellte Mala Goldrat nach ihrer Rückkehr aus Lodz fest. »Sie hatten ihm den Bart abgeschnitten.«

»Sie trieben die orthodoxen Juden aufs Feld, wo sie schnell laufen oder auf allen vieren kriechen mussten«, sagt Maria Rojek. »Da war bereits deutlich, dass es ihnen sehr schlecht gehen würde.«

Was mit ihrem Heimatort Bolesławiec in ihrer Abwesenheit geschah, konnten die Polen und Juden auf Gut Golkowitz allerdings nicht ahnen. Nur Einwohner, die sich in der Nähe versteckt hatten, beobachteten die Zerstörung ihres Ortes:
»Von allen Seiten sahen wir Feuer«, berichtete Lucyna Chmielewska. »Bolesławiec brannte. Wir hörten schreckliches Stöhnen, Schreien, Weinen. Die Nacht war fürchterlich.« Als eines der ersten Gebäude brannte die Synagoge. Eine geistig gestörte Frau und ein Kranker verbrannten in ihren Häusern.

Als die Bewohner nach drei Tagen vom Gut Golkowitz zurückkehren durften, waren 80 Prozent der Wohnungen in Bolesławiec zerstört. Und aus den wenigen unbeschädigten Häusern wurden die polnischen und jüdischen Besitzer vertrieben, um Platz zu schaffen für die Deutschen, die aus Wolhynien »heim ins Reich« kamen.

So begann die Besatzungszeit in dem Ort, der nun Bolkenberg hieß.

Der Getreide- und Kohlenhändler, bei dem Maria Rojek zur Arbeit verpflichtet wurde, war der Wehrmacht gleich in den ersten Kriegstagen aus Schlesien gefolgt. »Er stand auf dem Markt«, erinnert sich Maria Rojek, »breitete die Arme aus und schrie: Alles Deutschland! Alles Deutschland!«

Die polnische Schule wurde ebenso geschlossen wie die polnische Bibliothek; Bücher aus polnischem Privatbesitz wurden ebenso verbrannt wie Bücher aus der Bibliothek der katholischen Gemeinde. In der Kirche entstand ein Kornlager, die Kreuze und Kapellen an den Wegrändern wurden abgerissen, Priester Marian Ignacy Tochowicz kam nach seiner Verhaftung in Dachau um. Lebensmittel und Kleidung erhielten Polen nur noch rationiert auf Grundlage von Karten. Um der Zwangsarbeit im Reich zu entgehen, bemühten sich viele um eine Anstellung bei den Deutschen im Ort oder den deutschen Bauern in der Umgebung – was umso leichter gelang, je mehr auch ganz junge und ältere Männer in die Wehrmacht und den Volkssturm eingezogen wurden und auf den Höfen allein Frauen und Kinder zurückblieben.

»So haben wir«, sagt die Polin Maria Rojek, »irgendwie überlebt.«

Die Juden konnten sich nicht so durchschlagen. Ein Judenrat, eingerichtet, um mit jüdischer Hand deutsche Forderungen zu realisieren, musste Gold, Silber und Pelze bei den Juden einziehen, Frauen und Männer zu den Trümmeraufbauarbeiten einteilen, nachts die katholischen Wegkreuze abreißen lassen, junge Jüdinnen bestimmen, die mit Löffeln das Gras zwischen den Straßensteinen auf dem Marktplatz entfernten, und immer wieder Kontingente mit jungen Männern für die Arbeitslager zusammenstellen.

»Der Vorsitzende unseres Judenrats war ein sehr ehrenwerter Mann«, schrieb Mala Goldrat. Er habe die eigene und die Familien der übrigen Judenratsmitglieder nicht privilegiert behandelt. Vielmehr hätten sich »unter den Ersten, die ins Arbeitslager geschickt werden mussten, die beiden Söhne seines Stellvertreters und ein junger Mann namens Kupple Miller befunden, dessen Familie zu den wohlhabendsten in der Stadt gehörte«.

Kupple Miller also war nicht mehr in Bolesławiec, als seine Landsleute, um ihren Hunger zu bekämpfen, schmuggelten, tauschten und bettelten.

»Haben Sie eine Steckrübe für uns?«, bat der Sohn des Rabbiners, der neben Maria Rojeks Familie wohnte. Und Marias Mutter sagte: »Geh und hol sie dir aus dem Keller.« Als die Angst vor dem Abtransport der Juden ins Arbeitslager zunahm, kam die Frau des Rabbiners zu Marias Mutter und bat: »Können Sie meine Töchter heute Nacht aufnehmen?« Und Marias Mutter sagte: »Ich lasse die

Türen offen. Ich muss nichts davon wissen, wenn Ihre Töchter einfach hereinkommen.« Denn auf das Verstecken von Juden stand der Tod.

Dann kam der 27. Oktober 1942. Alle Juden, so hieß es, müssten sich in der katholischen Kirche versammeln. Nur das notdürftigste Gepäck dürfe mitgenommen werden. Einige wenige Juden versteckten sich, die meisten folgten dem Befehl. Schließlich drängten sich 480 Männer, Frauen und Kinder in dem Kirchenschiff. Sie könnten ihnen Wertsachen überlassen, wenn sie ihnen die Flucht ermöglichten, versuchten einige Juden die Gendarmen und SS-Männer noch zu bestechen und führten sie zu ihren Verstecken in Gärten, Scheunen oder Häusern, wo sie Geld und Schmuck vergraben oder eingemauert hatten. Doch die Deutschen hielten ihr Versprechen nicht und führten die Juden zur Kirche zurück, sobald sie die Wertsachen empfangen hatten.

Nach zwei Tagen rollten mehrere Lastwagen an. Jene, die gesund und jung waren, kamen auf die einen, die Alten und Kranken auf die anderen LKWs. Die Arbeitsunfähigen sollen gleich hinter Bolesławiec in den Wäldern des angrenzenden Kreises erschossen und verscharrt, die Übrigen nach Auschwitz gebracht worden sein. Ihr Handgepäck und die anschließend aus den jüdischen Häusern geraubten Gegenstände wurden auf insgesamt acht Lastwagen ins Reich transportiert.

»Mala Goldrats Schwester Udka wollte sich nicht von ihren Eltern trennen«, sagt Maria Rojek. »Als sie auf einen anderen LKW als Vater und Mutter geladen werden sollte, wehrte sie sich. So wie die Eltern an der Seite der Kinder gestanden hätten, als diese klein waren, so wolle sie jetzt an der Seite der Eltern stehen, da diese alt seien. Sie sollten nicht allein in den Tod gehen. Und so kam die hübsche, junge Udka mit ihren Eltern um.«

Unter den insgesamt 664 zivilen Kriegsopfern in Bolesławiec waren 521 Juden.

In unmittelbarer Nähe des Ortes scheint nur Estera Jakubowicz überlebt zu haben. Die 25-jährige Tochter eines jüdischen Bäckers war dem Abtransport aus der Kirche entkommen und hatte sich zunächst mit der Mutter in das Getto von Tschenstochau geschmuggelt. Hier, so glaubte sie, werde sie sich nicht Tag und Nacht wie ein gejagtes Tier fühlen. Nach dem Abtransport der Mutter wusste Estera jedoch, wie trügerisch diese Sicherheit war. Irgendwann würde auch sie abgeholt werden und in einem Konzentrationslager landen. Das Getto war eine Sackgasse. Sie bestach einen Wärter, floh, kehrte zurück in ihre heimatliche Gegend und klopfte im Nachbardorf von Bolesławiec auf gut Glück an die Tür der armen Bauersfamilie Konarski: »Ich heiße Anna Kaczmarek. Könnten Sie mir ein Glas Tee geben?«

Wenn ein Fremder sich näherte, sprang »Andzia«, wie sie fortan genannt wurde, hinter einen Schrank, den Vater Konarski so weit vorgezogen hatte, dass Estera hinter ihm Platz fand. Waren die Familienmitglieder unter sich und die Haustür verschlossen, setzte sich Estera gemeinsam mit ihnen an den Tisch, aß Gerichte, die nicht koscher waren, betete gemeinsam mit ihnen nach katholischem Ritus und wurde den jungen Konarskis mehr und mehr zur Schwester.

Ende Juni 1944, als die Polizei unerwartet nachts um drei vor der Tür stand, um das Ehepaar Konarski auszusiedeln, damit Wolgadeutsche angesiedelt werden konnten, entkam Estera gerade noch durch ein Fenster. Ein halbes Jahr lebte sie beim ältesten Sohn der Konarskis, der als Zwangsarbeiter auf einem deutschen Bauernhof arbeitete, dann marschierte die Rote Armee ein. Der Krieg war zu Ende.

Der sowjetische Kommandant auf dem nahe gelegenen Stützpunkt in Siemianice, so sagten die Leute, sei ein Jude. Estera bewarb sich als Haushälterin und wurde seine Geliebte. »Wir alle kennen sie aus dieser Zeit«, sagt Maria Rojek. »Denn sie fuhr häufig mit dem Offizier in einer Droschke durch Bolesławiec.«

»Einmal bin ich mit Mutter zu Estera nach Siemianice gefahren«, sagt Stanisław Dominas, der damals fünfzehn Jahre alt war. »Die sowjetischen Soldaten hatten uns in der Nacht das ganze Vieh gestohlen. Wir erzählten es Estera, Estera trug es ihrem Offizier vor, und jener sagte: ›Ich kann nur versprechen, dass sich das in Zukunft nicht wiederholt.‹ Es hat sich tatsächlich nicht wiederholt, dass Vieh gestohlen wurde.«

Als Kupple Miller im Sommer 1945 nach Bolesławiec kam, traf er Estera nicht mehr an. Sie war nach Deutschland ausgereist, nachdem die Sowjets ihren Standort verlegt hatten und sich in Rehau bei Hof in Bayern überraschenderweise ein Bruder gefunden hatte, der überlebt hatte.

Beide Häuser, die Kupple Millers Familie vor dem Krieg in Bolesławiec besessen hatte, waren bei seiner Rückkehr von Polen besetzt. Er konnte, aber er wollte auch keines davon bewohnen. Es zog sie zueinander, die Überlebenden, denn sie fühlten die scheelen und missgünstigen Blicke ihrer einstigen polnischen Nachbarn.

»Mein Gott, du lebst?«, rief die Tochter des Apothekers, als sie Kupple Miller das erste Mal erblickte.

»Ich dachte, Hitler hätte sie alle umgebracht«, hörte er auf der Straße eine Frau zu einer anderen sagen. »Nun sind immer noch so viele da?«

»Sie brauchten mich nur von der Seite her anzusehen, da wusste ich schon, wie sie dachten«, sagt Kupple Miller. »Ich kannte sie doch alle vor dem Krieg.«

So krochen sie zusammen. Die beiden Schwestern Krzepicka, Rosa Etta Pinkus, Mosche Russek und Majer Markowicz schlugen ihr Lager bei den drei Brüdern Kohn auf, in einem großen Eckhaus, das heute an die Tankstelle bei der Ausfahrt zur Kreisstadt Wieluń grenzt, Kupple Miller zog zu Itzhak Russek und seiner Frau, denn sie hatten noch ein Zimmer unter dem Dach frei.

Sie wussten, sie würden nicht bleiben. Sie würden Bolesławiec verlassen, in eine größere Stadt ziehen oder gleich nach Palästina oder nach Amerika auswandern, sobald alle Hoffnungen auf die Rückkehr von weiteren Familienmitgliedern erloschen und alle Eigentumsfragen geregelt waren.

Bei Kupple Miller erschien ein Bauer, um ihm eines seiner Häuser abzukaufen. Auch wenn Kupple das Haus weit unter dem Wert abgeben musste, kam ihm der Verkauf sehr gelegen, denn er brauchte das Geld. Dann tauchte ein zweiter Bauer auf und bot ihm den Tausch von Zlotys gegen Gold an. »Mit Zlotys kannst du im Ausland nichts anfangen, aber ich habe Gold, das ein geflüchteter deutscher Bauer in seinem Garten vergraben hatte.« Obwohl er sich immer noch sehr schwach fühlte, quälte Kupple sich die zehn Kilometer auf dem Fahrrad in den Nachbarort Byczyna, das vor dem Krieg Pitschen hieß und auf deutschem Gebiet lag, und tauschte Geld gegen Gold.

Die Transaktion war am Nachmittag des 29. November 1945 gegen 18 Uhr beendet. Da Kupple Miller sich jedoch davor fürchtete, mit dem Gold im Dunkeln eine längere Strecke durch den Wald zu fahren, bat er den Bauern, bei ihm übernachten zu dürfen.

Als er am nächsten Morgen aufbrach, eilten einige Einwohner aus Bolesławiec gerade zu ihren Arbeitsplätzen in Byczyna. Ein

Banknachbar aus der Schule, dem er auf dem Marktplatz begegnete, starrte ihn erschrocken an: »Du lebst?«

Ein zweiter Bekannter reagierte nur wenige Minuten später mit dem gleichen Schrecken: »Du lebst?«

»Was soll das heißen?«

Da erfuhr er, dass in der Nacht, die er in Byczyna verbracht hatte, alle Juden, die im Haus der Brüder Kohn in Bolesławiec gewohnt hatten, umgebracht worden waren.

»Geh nicht dorthin«, sagte Józef Gmerek, der in Vorkriegszeiten am Sabbat die Kerzen in jüdischen Häusern angezündet hatte, um für seine Familie ein paar Zloty dazuzuverdienen. »Geh nicht dorthin, sonst bringen sie auch dich um.«

Doch Kupple Miller wollte sehen, was passiert war. Der Bauer, bei dem er übernachtet hatte, fuhr ihn mit seinem Pferdefuhrwerk nach Bolesławiec, setzte ihn aus Angst aber einen guten Kilometer vor dem Ortseingang ab. »Weiter wirst du mich nicht bringen.« Den Rest bewältigte Kupple Miller notgedrungen zu Fuß.

Es muss gegen acht oder neun Uhr am Morgen des 30. November 1945 gewesen sein, als er das Haus der Brüder Kohn erreichte. Sie lagen noch so, wie sie am Abend erschossen worden waren: Szaja und Jankiel Kohn, Jenta und Iska Krzepicka und Rosa Etta Pinkus, die wie er Auschwitz überlebt hatte. Anwesend war auch Bury, ein ehemaliger Hilfsarbeiter, der neue Milizionär des Ortes.

»Hilfst du uns, die Leichen zu begraben?«, fragte Bury.

Kupple Miller schnürte sich der Hals zu.

»Und wer wird mich danach begraben?«

Die Taktik, am Schluss die Totengräber umzubringen, war ihm nur allzu gut aus deutschen Zeiten bekannt. Er hat sich eine kurze Zeit des Nachdenkens ausbedungen.

»Wohin gehst du?«, fragte Bury.

»Du musst nicht wissen, wohin ich gehe. In einer halben Stunde bin ich wieder da.«

Nur gut 100 Meter vom Haus der Brüder Kohn entfernt, auf der Ausfahrtstraße nach Wieluń, lagen weitere vier Menschen, die in der Nacht ermordet worden waren: die drei Juden Majer Markowicz, Mendel Kohn und Mosche Russek sowie der polnische Bürgermeister Szymon Figiel. Es war schon später Abend gewesen, als Kazimierz Kopytłowski, der Besitzer eines kleinen LKW, sie von Geschäften aus der Kreisstadt zurückgefahren hatte – Figiel auf dem Beifahrersitz, die drei Juden auf der Ladefläche. Als der Fahrer unmittelbar vor dem Ortseingang der Aufforderung von Partisanen zum Anhalten nicht nachgekommen war, hatten die Partisanen das Feuer eröffnet. Der Bürgermeister und zwei Juden waren sofort tot. Der dritte Jude wurde erschossen, als er sich mit letzter Kraft unter dem LKW davonzustehlen versuchte. Und Kopytłowski? »Er hat geschrien: ›Ich bin ein Pole, ich bin ein Pole!‹«, weiß Kupple Miller. Kopytłowskis Vater war, als er eine Polin heiratete, zum Christentum übergetreten.

Solche Angst wie an jenem Morgen, sagt Kupple Miller, habe er nicht einmal in Auschwitz gekannt. Er musste weg, so schnell wie möglich weg.

»Du hast ein Motorrad«, beschwor er den Bauern, dem er tags zuvor sein Haus verkauft hatte. »Bring mich zum Bahnhof.«

»Du weißt, ich bin dein Freund. Aber wenn ich das tue, bringen sie mich um und meine Familie dazu.«

Da griff sich Kupple Miller einfach das nächste Fahrrad. Besser langsam fahren als humpeln. Nur raus aus der Stadt. Vielleicht lauerten die Partisanen noch irgendwo oder suchten schon nach ihm. Wenn die Straße etwas anstieg, stieg er ab und schob, da er immer noch keine Kraft besaß. Wenn die Straße bergab lief, stieg er auf und ließ sich rollen. Bis zur Bahnstation in Kostów, zu der er in normalen Zeiten eine halbe Stunde benötigt hätte, brauchte er drei Stunden. Drei endlos lange Stunden, in denen er sich immer und immer wieder zurückwandte. Waren sie ihm bereits auf den Fersen? Ließ der Milizionär Bury schon nach ihm suchen? Als er schließlich am Bahnhof ankam, war der letzte Zug gerade abgefahren. Er verkroch sich im Schutz der Dunkelheit in eine Ecke und wartete sehnsüchtig auf den ersten Zug am nächsten Morgen.

»Das waren Fremde, die die Morde begangen haben«, sagt Maria Rojek. »Ich weiß es von meiner Schwester.« Denn bei der Schwester hatte am Mordabend eine der Krzepicka-Schwestern an die Tür geklopft und aufgeregt und verschreckt schon auf der Türschwelle um Zloty gebeten, während hinter ihr im Flur ein fremder Mann aufgetaucht sei. Sie solle ihr bitte, bitte vorübergehend Geld leihen, hatte die junge Jüdin Marias Schwester mit zitternder Stimme gebeten und gleichzeitig durch heftiges Augenzwinkern zu verstehen gegeben, dass sie unter Druck handelte. Sie habe kein Geld zuhause, hat Marias Schwester daraufhin geantwortet. Sie könne ihr leider nichts leihen.

»Die wollten nur Geld«, sagt Maria Rojek. »Das war ein Raubmord. Und die Mörder waren gewöhnliche Verbrecher, aber keine Mitglieder des Untergrunds. Denn die Männer der Heimatarmee AK sind ehrliche Polen gewesen.«

»Die Morde hat die Gruppe von ›Rudy‹ begangen«, sagt hingegen Stanisław Dominas, Architekt im Ruhestand. »Und ›Rudy‹ gehörte einer Nachfolgeorganisation der verbotenen Heimatarmee an.«

Schon einige Tage vor den Morden seien diese Männer im Hause Kohn aufgetaucht: Entweder kauft ihr euch frei, oder ihr verschwindet hier, hätten sie den Juden gedroht. Wahrscheinlich, meint Dominas, hätten die Juden das Ultimatum nicht ernst genommen. Oder sie hätten gezielt kein Geld im Haus gehabt, um es nicht an die Partisanen zu verlieren. Ob sie sich hätten freikaufen können, ist allerdings äußerst ungewiss.

»Wir kannten ›Rudy‹ und seine Leute doch alle«, sagt Dominas. Er gab seine Gruppe als Nachfolgeorganisation der verbotenen Heimatarmee aus und fand in der Bevölkerung Unterstützung, weil er der neuen kommunistischen Macht den Kampf erklärte. Mindestens fünf Männer aus Bolesławiec – Stradomski, Rodak, Skiba, Strzelczyk und Pisula – sollen seiner Gruppe beigetreten sein. Auch Pisula hat, allerdings in einem anderen Ort, eine Jüdin ermordet, als sie nicht entsprechend seiner Forderung Geld und Schmuck herausrückte. Das ergab später ein Prozess, in dem er als Mitglied des Untergrunds zu mehreren Jahren Gefängnis verurteilt wurde.

»Rudy« kannte die Gewohnheiten der Bewohner von Bolesławiec genau. Zu seinen Zuträgern soll auch der Milizionär Bury gezählt haben, auf den Kupple Miller nach der Mordnacht im Haus der Brüder Kohn gestoßen war. Offensichtlich hatte sich Bury für eine Zusammenarbeit mit dem Untergrund entschieden, nachdem er dessen bewaffnete Überfälle nicht hatte abwehren können. Er duldete ganz einfach, dass »Rudy« abends in der Polizeistation seine Telefonate erledigte und auf der behördlichen Schreibmaschine Todesurteile für »Verräter« tippte, die mit den Kommunisten kollaborierten oder kriminelle Raubüberfälle auf polnische Privatpersonen verübten.

Nach Anbruch der Dunkelheit gehörte die Straße in Bolesławiec den Männern des Untergrunds. Dann wagte sich niemand mehr hinaus. Nicht einmal der Sicherheitsdienst und der Arzt sind noch am Abend des Mordtages angereist, um die Spuren zu sichern und die Totenscheine auszustellen. Bis zum nächsten Morgen gegen zehn oder elf Uhr konnten unerschrockene Bewohner daher einen Blick auf die Orte des Verbrechens werfen. Erst dann, sagt Dominas, seien die Leichen wegtransportiert worden. Bürgermeister Figiel wurde in seinem Heimatdorf beigesetzt, die Juden wurden nach zwei, drei Tagen, in denen ihre Leichen im Spritzenhaus gelagert hatten, mit dem Pferdefuhrwerk von Dominas' Vater auf den jüdischen Friedhof gefahren. Ob sie dort tatsächlich begraben wurden, hat bisher niemand überprüft. Der Friedhof ist heute ein zugewucherter Laubwald, der dem angrenzenden Sägewerk als Abfallstelle für leere Wodkaflaschen dient.

»Aber ›Rudy‹«, betont Dominas, als wolle er den polnischen Untergrund von Schuld reinwaschen, »war kein Pole. Das haben wir nach seinem Tod im August 1946 erfahren. Er war ein Deutscher, stammte aus Oberschlesien und ließ sich bei der Tat offensichtlich von seinem alten Hass gegen die Juden leiten. Denn wir Einwohner in Bolesławiec hatten doch Mitleid mit den Juden.«

»›Rudy‹ war ganz sicher kein Deutscher, auch wenn er aus der Gegend von Kattowitz stammte«, weiß hingegen der junge Wissenschaftler Ksawery Jasiak, der den abenteuerlichen Lebenslauf von Stanisław Panek – so »Rudys« bürgerlicher Name – sorgfältig rekonstruiert hat.

Unter deutscher Besatzung – so Jasiak – verweigerte »Rudy« die Unterschrift unter die Volksliste, lehnte ein Bekenntnis zum Deutschtum also explizit ab. Stattdessen schloss er sich dem polnischen Widerstand an. Als er in Schlesien in Konflikt mit einem Gendarmen geriet, setzte er sich in die Gegend von Kielce ab und nahm die Zusammenarbeit mit der nationalistischen Untergrundgruppe Nationale Bewaffnete Streitkräfte (NSZ) auf. Nach Kriegsende in das polnische Militär einberufen, desertierte er nach Absolvierung der Grundausbildung, kehrte unter falschem Namen in den polnischen Westen zurück und nahm eine Arbeit im Kreisamt von Kluczbork/Kreuzburg auf. Hier wurde er von einer Partisanengruppe angeworben, ging wieder in den Untergrund und erhielt wegen seiner roten Haare das Pseudonym »Rudy«.

Nach Meinung einiger Bewohner von Bolesławiec ist »Rudy« der Anführer der Mordaktion vom 29. November 1945 gewesen, denn Nachbarn vom Hause Kohn wollen seine Leute erkannt haben. Der Sicherheitsdienst und die Miliz hingegen schrieben das Verbrechen eher »Rudys« Vorgesetzten »Otto« zu. Zumindest hat »Otto« in einem Brief an den Sicherheitsdienst die Verantwortung für den Überfall übernommen und sein Bedauern ausgedrückt, dass in jener Nacht »echte« Polen umgekommen seien. Wenn jemand von ihnen verheiratet gewesen sei, so »Otto«, würde der Untergrund bis zur Gründung eines »echten«, von Kommunisten freien Polen die Unterhaltszahlungen für die betreffenden Familien übernehmen.

Zu den ermordeten Juden fiel kein einziges Wort. Zeugen wollten allerdings gehört haben, dass einige Partisanen nach dem Verbrechen stolz durch die Straßen marschiert seien und geschrien hätten: »Tod den Juden!«

Die antisemitische Tendenz in der Formation von »Otto« wurde im Februar 1946 durch eine Aussage der ehemaligen Mitarbeiterin Irena Tomaszewicz bestätigt. »Erst hätten die Partisanen« – so erklärte Tomaszewicz vor Gericht – »die Russen«, den Sicherheitsdienst und die Kommunisten liquidieren sollen, danach sollten sie »mit den Resten der Juden aufräumen, indem wir sie erschießen«. Denn Juden, so die weitverbreitete Überzeugung, seien die wichtigsten Träger des kommunistischen Systems und seines Sicherheitsapparats.

Dabei hatten die überlebenden Juden von Bolesławiec nichts, aber auch gar nichts mit dem Kommunismus zu tun.

Kupple Miller schlug sich bis Lodz durch, dort drängte er sich in einen überfüllten Zug, in dem Deutsche über die Oder abgeschoben wurden. »Wo vielleicht fünfzig hineingepasst hätten, waren jetzt fünfhundert.« Doch eingeschüchtert und kleinlaut gaben die Deutschen einen Sitz frei, wenn er auf seine eintätowierte Nummer aus Auschwitz verwies.

»In den Augen von Polen«, sagt Kupple Miller, »spürte ich Ablehnung und Ärger, wenn sie mich als überlebenden Juden identifizierten. Die Deutschen aber wussten inzwischen von der Schuld ihrer Nation und schauten betreten weg.«

Auch ohne entsprechende Papiere überwand er die Grenzen. Als ihn eine englische Militärkontrolle einmal des Zuges verwies, weil er keine gültigen Papiere vorweisen konnte, verfolgte er, in welche Richtung die Kontrolle lief, und stieg auf der entgegengesetzten Seite wieder ein. Weiteren Kontrollen an den Zonengrenzen ging er aus dem Weg. Er wollte weder nach Polen noch in die Sowjetische Besatzungszone (SBZ) zurückgeschickt werden. Und auf keinen Fall wollte er in ein Lager für Displaced Persons eingewiesen werden. Nach der Befreiung wieder hinter Mauern oder Stacheldraht? Niemals!

Körperlich war er immer noch ein Wrack, aber sein Selbstbewusstsein wuchs von Tag zu Tag. Und – »mag es auch nicht sympathisch sein« – er genoss den Triumph über seine früheren Peiniger. »Jahrelang hatte ich in jeder Minute Angst, dass ich umgebracht werden könnte; selbst ein Hund hatte mehr Rechte als ein Jude. Da entstand mit der Freiheit das Bedürfnis nach Genugtuung. Ich nahm mir Rechte heraus, wie ich es weder vorher noch nachher gewagt habe.«

Während des Krieges hatte er das Trottoir für die Deutschen freigeben müssen, jetzt marschierte er demonstrativ mitten auf dem Bürgersteig. Während des Krieges hatte er es nicht gewagt, einem Deutschen in die Augen zu sehen, nun genoss er es, wenn umgekehrt Deutsche seinen Blicken auswichen. Als er in Berlin vor einer öffentlichen Badeanstalt auf eine Schlange von Hunderten, ja Tausenden stieß, die wie er schon wochenlang nicht geduscht oder gebadet hatten, begab er sich kurz entschlossen zum Eingang und sagte in einem Ton, der keinen Widerspruch duldete: »Ich will hier rein. Fünf Jahre war ich der Letzte, jetzt bin ich der Erste!« Und sie ließen ihn herein. Mit niedergeschlagenen Augen. Still und eingeschüchtert.

Kupple Millers Ziel war Rehau bei Hof in Bayern. Wie andere, die die nächsten Verwandten verloren hatten, zog es ihn zu Freunden oder zumindest zu Leuten aus demselben Ort, sodass, wenn die Familie und das Stetl schon untergegangen waren, wenigstens die Erinnerungen an sie geteilt werden konnten. Dass Rehau in Deutschland lag, störte Kupple Miller nicht. Lunid Jakubowicz war ja da, ein alter Bekannter aus Bolesławiec, und Estera, seine Schwester, die bei der polnischen Familie Konarski überlebt hatte.

Er hat sich wohlgefühlt, ja, er hat sich verliebt. Anfang 1948 berichtete Estera ihren polnischen Rettern Konarski stolz und glücklich von ihrer Hochzeit mit Kupple Miller und legte ein Foto des Brautpaares bei. Er muss auch sein Auskommen gefunden haben – denn »ständig reise ich«, schrieb Estera an den »lieben Onkel« Konarski. »Nie hätte ich mir ein solches Leben träumen lassen. Gerade war ich in dem herrlichen Kurort Garmisch-Partenkirchen.«

Doch dann muss eine überraschende Wende eingetreten sein. Warum? Weil die Leute Kupple Miller zugetragen hatten, dass der

Schuhfabrikant, mit dem er sich eng befreundet hatte, im Krieg an der Judenverfolgung beteiligt war? Weil Kupple Miller hinter Freundlichkeit und Unterwürfigkeit immer öfter auch Schuld, Feigheit und Opportunismus erkannte? Weil der Alltag seine Unschuld verloren hatte? Weil die Vergangenheit ihn und seine Frau aufzufressen drohte?

Vielleicht tue er den Deutschen Unrecht, sagt Kupple Miller, der sich mit 93 Jahren in ein Altersheim in Long Beach zurückgezogen hat. Aber: »Es schien mir, dass ich in vielen Augen Ablehnung sah und in manchen auch Hass.«

»Es hat für uns keinen Sinn mehr, auf dieser verfluchten Erde zu leben«, schrieb Estera jedenfalls am 28. August 1949 ihren polnischen Rettern. »Wir haben beschlossen, Europa ein für alle Mal zu verlassen.«

Schon zwei Tage später, so sagen die Akten im Einwohnermeldeamt von Rehau, ist die Ausreise nach Amerika erfolgt.

Aufstiege und Abstiege

Lebenswege aus dem schlesischen Peterswaldau

Flucht und Vertreibung der Deutschen aus Polen

Während des Vormarsches der Roten Armee nach Westen im Winter 1944/45 floh etwa die Hälfte der Deutschen – schätzungsweise fünf Millionen Menschen – aus den deutschen Ostgebieten. Mindestens 33 000 von ihnen ertranken auf der Flucht über die Ostsee, Hunderttausende kamen auf den Trecks und bei Massenvergewaltigungen um. Etwa eine Million kehrte nach Beendigung der Kampfhandlungen in die Heimat zurück.

Bereits auf der Konferenz von Jalta im Februar 1945 hatten sich Stalin, Churchill und Roosevelt darauf geeinigt, dass Polen im Norden und Westen einen erheblichen Gebietszuwachs erhalten sollte und die deutsche Bevölkerung entsprechend auszusiedeln sei. Nur wenige Monate später sprach die Konferenz von Potsdam das nördliche Ostpreußen und Königsberg der Sowjetunion zu, der polnische Staat erhielt – auf Drängen Stalins – die übrigen deutschen Ostgebiete bis zu Oder und Lausitzer Neiße. Die endgültige Klärung der Grenzfrage blieb einer Friedenskonferenz vorbehalten.

Um Tatsachen zu schaffen, hatte die prosowjetische polnische Führung mit der Vertreibung der Deutschen schon vor der Potsdamer Konferenz begonnen. Im Juni/Juli 1945 wurden 300 000 bis 400 000 Deutsche aus einem 100 Kilometer breiten Grenz-

Das Zeitgeschehen

streifen über die Oder-Neiße-Linie abgeschoben, die verbliebenen Deutschen danach mit Enteignungen, systematischer Entrechtung und unzureichender Versorgung so unter Druck gesetzt, dass weitere 500 000 bis 550 000 bis Mitte 1946 das Land verließen. Der offizielle »Bevölkerungstransfer« nach den Plänen des Alliierten Kontrollrats fand zwischen Februar 1946 und November 1947 statt und betraf noch einmal rund 2,5 Millionen Personen.

Zwischen 1948 und 1950 wurden weitere 150 000 Deutsche aus Polen abgeschoben. Ein großer Teil von ihnen hatte in Internierungslagern gesessen, die unmittelbar nach Kriegsende in geräumten Konzentrationslagern eingerichtet worden waren. Besonders in Świętochłowice / Schwientochlowitz, Mysłowice / Myslowitz, Potulice / Potulitz und Łambinowice / Lamsdorf haben aufgrund von Hunger, Krankheiten und Folter viele Insassen die Internierung nicht überlebt.

Insgesamt sind etwas über 14 Millionen Deutsche zwischen 1944/45 und 1950 aus ihrer Heimat in Mitteleuropa geflüchtet oder vertrieben worden, rund zwei Millionen haben Flucht und Vertreibung nicht überlebt, darunter ein Drittel Kinder.

Aufstiege und Abstiege

Lebenswege aus dem schlesischen Peterswaldau

Vor fünfzehn Jahren hat er sich einen Bungalow bauen lassen. Vom Süden flutet Sonnenlicht durch eine breite Glaswand ins Wohnzimmer; hinter dem Fenster zum Norden öffnet sich ein Landschaftspanorama mit Bäumen, Hecken und Wiesen bis zum Ufer der Weser. Klaus Prassler hat an nichts gespart. Einen Swimmingpool hat er sich gegönnt, eine Sauna und gläserne Fronten, die den Wohlstand bereitwillig enthüllen und nicht schamhaft verbergen. Als wollte er triumphierend demonstrieren: Seht her, so weit habe ich es gebracht als Nachkomme jenes blinden Flüchtlings, der vor knapp sechzig Jahren zu Fuß durch die Dörfer im niedersächsischen Kreis Nienburg wanderte und Kleinutensilien anbot.

Aber der Swimmingpool liegt verwaist, die Sauna bleibt ungeheizt, das Wohnzimmer füllt kein Leben. Seine erste Frau ist vor gut zehn Jahren verstorben, seine zweite Frau hat ihn verlassen, und seit Sommer 2005 sitzt Prassler nach einem Sturz im Rollstuhl.

»›Du kimmst nie mehr uff die Beene‹, höre ich schon manche sagen. Ober wull'n wir mohl sahn, woas ei emm Joahr luh ies.«

Er klagt nicht, hält sich vielmehr an das, was das Leben auch im Rollstuhl noch lebenswert macht – wie die Treffen mit ehemaligen Schlesiern, die den alten Dialekt und das alte Liedgut lieben wie er. Ausgelassen wie ein Kind schlägt er die Hände auf die Oberschenkel, wenn er, mit der Akkordeonbegleitung einer alten Freundin, zum Soloeinsatz anhebt:

»*I kumm zu aallern Weibern,*
Zu Madels, jung und schien,
Die macha gruße Ooga,
iech meecht nie wetter giehn.«

Das Akkordeon hält den Takt, er sucht nach den Worten der nächsten Strophe und fällt erst bei den letzten beiden Zeilen wieder ein:

»*Denn ihr müsst duch bedenka.*
Iech bin kee aaler Moan!«

Die Zeile ist noch nicht zu Ende gesungen, da unterbricht er sich lachend: »Na ja, inzwischen bin iech doch a aaler Moan!« – und wartet auf den Protest der Tischgesellschaft, glaubt er doch selbst nicht daran, dass die Jahre an ihm gezehrt haben. Die Haare sind grau, aber immer noch dicht und voll. Das Leben ist nicht mehr so prall wie ehedem, aber doch noch lange nicht zu Ende. Trotz seiner 73 Jahre ist seine Seele jung geblieben. Resignieren? Das tat nicht einmal sein blinder Vater. Von Widrigkeiten, so hat Prassler gelernt, lässt man sich nicht beugen; Widrigkeiten sind zu überwinden.

Im nächsten Jahr fährt er wieder nach Schlesien!

Nirgends, meint er, sei Niederschlesien so schön wie im Eulengebirge mit seinen verträumten, lang gezogenen Dörfern in den Tälern, den Wanderwegen über dicht bewaldete Hügel und den weiten Aussichten ins schlesische Land vom Gebirgsrücken aus. Und das alte Schloss des Reichsgrafen zu Stolberg-Wernigerode rühmte bereits eine Chronik von 1689 wegen seines Lustgartens, der raren ausländischen Gewächse, künstlichen Fontänen und kostbaren Gemälde. Sogar Wein ist hier angepflanzt und gekeltert worden.

Das kleine niederschlesische Peterswaldau ging wegen des Weberaufstands – des ersten deutschen Arbeiteraufstands im Zuge der Industrialisierung – sogar in die große Geschichte ein. Das war im Jahr 1844, als sich die Heimarbeiter gegen die Lohnkürzungen wehrten, mit denen Textilfabrikanten wie die Gebrüder Zwanziger auf die Einfuhr billiger Produkte aus England reagierten.

Prassler jun., geboren 1932, kennt den Schauplatz der Ereignisse genau. Denn als dem rasanten Aufstieg der Gebrüder Zwanziger im 19. Jahrhundert ihr rasanter Fall zu Beginn des 20. Jahrhunderts folgte, hat Prassler sen. davon profitiert. Er mietete ihr ehemaliges Bürogebäude als Lagerraum für seinen neu eröffneten Großhandel, und der kleine Klaus streifte auch dann noch durch die Ballen mit Nessel, Bettwäsche und Stoffen, als der Vater die Firmenführung einem Geschäftsführer überlassen musste, da er selbst im Sommer 1939 zum Militär einberufen wurde.

Noch vor Kriegsausbruch wurde Prassler sen. an der deutsch-polnischen Grenze in den Ernteeinsatz geschickt. Zunächst hat er sich gewundert. Als seine Einheit nach dem Überfall auf Polen am 1. September 1939 jedoch nur wenige Minuten brauchte, um in Polen einzumarschieren, hat er verstanden. Er gehörte zum ersten Aufgebot.

Er kämpfte in Polen, danach in Frankreich und nach dem Angriff der Wehrmacht auf die Sowjetunion im Juni 1941 wieder im Osten. Nach der Schlacht bei Sewastopol im Juni 1942 erhielt er das Krimschild. Mochten auch über 200 000 Soldaten auf diese

Weise geehrt worden sein, so hat Prassler sen. die Auszeichnung doch immer stolz am linken Oberarm der Uniform getragen. Er stieg auf zum Leutnant, zum Oberleutnant – eine höhere Beförderung war nicht möglich, denn er hatte kein Abitur. Er vertraute dem Führer, selbst wenn ihn dessen Pläne nach den Erfahrungen im riesigen Sowjetreich während des Heimaturlaubs auch sinnieren ließen: »Diese Weiten! Diese Weiten! Ob das wohl gut gehen wird?«
Aber letztlich wollte er an die Katastrophe nicht glauben.

»Mei Suhn, olles kunn a honn, wenn er verwundet watt«, hatte seine Mutter immer gesagt, nachdem sie ihn hatte ziehen lassen müssen. »Bluß nich blind sull a wahrn. Bluß nich blind.« Doch dann wurde Prassler sen. blind.

Eines Tages, Ende 1943, die Wehrmacht befand sich schon auf dem Rückzug, saß er mit fünf weiteren Offizieren bei einer Lagebesprechung, als ein Sprengkörper unter ihrem Kartentisch detonierte. Seine Kollegen waren auf der Stelle tot, Prassler sen. hingegen verlor nur das Augenlicht, er hatte sich mit dem Oberkörper gerade zurückgelehnt. Nach einer Behandlung in einem Düsseldorfer Hospital kehrte er Anfang 1944 als kriegsuntauglich nach Peterswaldau zurück. Ehemalige Mitbewohner erinnern sich noch an den auffällig aufrechten Mann, der sich bei seinen Spaziergängen den Weg durch das Dorf mit einem Stock ertastete, nicht verängstigt oder beschämt, sondern selbstbewusst in voller Uniform. So wie er sahen die Helden des Krieges aus. Sie hatten sich geopfert, ohne an ihrer Mission gezweifelt zu haben.

»Am liebsten hätte ich vor Prassler sen. einen Bückling gemacht«, sagt Ulrich Alter. So wie vor den anderen Kriegsblinden, die im fünf Kilometer von Peterswaldau entfernten Sanatorium Ulbrichtshöhe behandelt und manchmal in Ausgehuniformen von weiß gekleideten Schwestern zu Konzerten geführt wurden. Für Führer, Volk und Vaterland hatten sie gekämpft. Der junge Ulrich spürte großen Respekt.

Sein eigener Vater, Jahrgang 1889, war zwar wegen seines Alters nicht mehr eingezogen worden. Aber als zuverlässiger Genosse und Besitzer der traditionsreichen, 1864 gegründeten Textilfirma F. G. Alter leitete er die Textilauftragssammelstelle des Kreises, die die Lieferungen der Fabrikanten an die Wehrmacht koordinierte. Schon deswegen unterstützte Alter sen. die Nationalsozialisten, weil sie ihm und seinen Arbeitern die Existenz garantierten, als sie anstelle der zivilen Produktion die Herstellung von Drillich, Filterstoffen, Baumwolldecken, Schuhstoffen für die Wehrmacht in Auftrag gaben. Selbstverständlich galt es den Führer gewissenhaft an der Heimatfront zu unterstützen, ihm bei wichtigen Reden andächtig vor dem Volksempfänger zu lauschen und den Sohn Ulrich mit zehn Jahren zum Jungvolk zu schicken.

Wenn Ulrich Alter dennoch weitgehend von Diensten im Jungvolk verschont blieb, dann lag das an seinen Schulproblemen. Er war den Anforderungen im Gymnasium nicht gewachsen, und wenn die Schulkameraden sich zu Geländespielen aufmachten, erhielt Ulrich Nachhilfe. Der Aufenthalt in verschiedenen Internaten bedingte auch, dass Alter zwischen 1940 und 1944 nur zu den Wochenenden und in den Ferien zur Familie nach Peterswaldau kam und nur wenige Ereignisse aus dieser Zeit in seinem Gedächtnis haften blieben.

Da ist zum Beispiel die Sache mit Gottfried, seinem einzigen Bruder, der nur knapp vier Jahre vor ihm geboren wurde, aber mit achtzehn Jahren schon alt genug war, um zur Wehrmacht eingezogen zu werden. Das letzte Mal gesehen hat Ulrich ihn im Frühjahr 1944 auf seiner Konfirmation. Von dieser Begegnung existiert sogar ein Foto. Und dann? Einmal hat Gottfried noch geschrieben: »Alle Klamotten sind verbrannt, bin nur mit Hemd und Hose aus dem Panzer gekommen«, erzählt Ulrich Alter und lacht. Weil es doch so komisch gewesen sein muss, wie der Bruder dem Tod in Hemd und Schlüpfer von der Schippe springt. Und dann? Dann ist er während der Großoffensive der Sowjetarmee in der Nähe des Weichselbrückenkopfs bei Warka gefallen. Aber wann das war?

Zum Glück ist Ulrich Alter ein Sammler. Doch weil alles ungeordnet durcheinanderliegt, braucht er Zeit, um das Richtige zu finden. Dann schickt er kleine Zettel mit der Post, gerade groß genug, um Nachrichten stichwortartig weiterzugeben. Für die Notizen über seinen Bruder brauchte er 18 Zentimeter Länge und 9 Zentimeter Breite. Aus ihnen geht hervor, dass Gottfried Alter nach dem Einsatz beim Reichsarbeitsdienst vom September 1943 bis zum Juli 1944 einen Offizierslehrgang in Ostpreußen absolvierte, um dann mit achtzehn Jahren an der Ostfront eingesetzt zu werden. Nur knapp einen Monat dauerte seine Zeit an der Front. Dann ist Gottfried am 10. August 1944 bei Studzianki südlich von Warschau gefallen. Das stand in der Nachricht, die der Ortsgruppenleiter der Familie auf einem vorgefertigten Formular übermittelte.

Die Einheit hätte sich damals so überstürzt zurückziehen müssen, erfuhr Ulrich Alter später von einem Kameraden seines Bruders, dass sie die Toten einfach liegen ließ. Schon mehrfach wollte Alter Erkundigungen anstellen, was aus seinem Bruder geworden sei. Aber eine untergründige Angst hielt ihn zurück. Wie würde es ihm ergehen, wenn kein Pole vor Ort etwas wissen würde oder wissen wollte? Was wäre, wenn er zur Kenntnis nehmen müsste, dass sein Bruder einfach an unbekanntem Ort im Wald oder auf dem Feld verscharrt wurde?

Diese Fragen beunruhigen ihn allerdings erst in den letzten

Jahren. 1944 hat Ulrich Alter sich darüber noch nicht den Kopf zerbrochen. Da gehörte der Tod an der Front genauso zum Alltag wie die Arbeit von jüdischen Zwangsarbeiterinnen in der Textilfabrik des Vaters. »Als Jugendlicher«, räumt er heute mit einem gewissen Erstaunen ein, »habe ich es für selbstverständlich gehalten, dass es Deutsche gibt, die das Sagen haben, andere Deutsche, die Befehle ausführen müssen, und schließlich Juden, die unter den Befehlen zu leiden haben.«

Die Firma Alter prosperierte trotz oder gerade wegen des Krieges. Alter sen. konnte gar nicht so viel produzieren, wie die Wehrwirtschaft bestellte. Immer fehlten Arbeitskräfte. Woher neue Leute nehmen, wo alle Kriegstauglichen abgezogen wurden?

Neue Leute, meinte jedoch die Wehrwirtschaft, seien kein Problem. Auch für die Firma F.G. Alter gebe es noch Arbeiter in Auschwitz.

Von den Verhandlungen im KZ kehrte Alter sen. mit 49 ungarischen Jüdinnen zurück – Lehrerinnen, Sekretärinnen, Frauen von Rechtsanwälten und Ärzten, intelligenten Frauen, die schnell als Weberinnen einsetzbar waren. Seine Jüdinnen, erklärte Alter sen., der als mittelständischer Unternehmer von altem Schrot und Korn die Fürsorgepflicht für selbstverständlich hielt, seine Jüdinnen würden nicht wie die Zwangsarbeiterinnen anderer Firmen in den primitiven Massenlagern des Schlosses und der Ziegelei von Peterswaldau, sondern im ersten Stock seines Verwaltungstraktes untergebracht. Seine Jüdinnen, erklärte Alter sen. ferner, würden jeden Tag ein warmes Essen erhalten, damit sie Produkte von guter Qualität ablieferten – und ließ Beauftragte der Belegschaft jeden Mittag riesige Einwecktöpfe abholen, in denen seine Frau Erbsen-, Bohnen- oder Kartoffeleintopf gekocht hatte.

Die Frauen hätten ihn immer angelächelt, wenn er durch die Werkshalle mit den Webstühlen gelaufen sei, behauptet sein Sohn Ulrich Alter und führt die Freundlichkeit nicht auf unterwürfige Angst, sondern auf Dankbarkeit zurück, eine Dankbarkeit, die auch der Anerkennungsbrief bestätigte, mit dem sich das Jüdische Komitee von Peterswaldau gleich nach dem Krieg gegenüber seinem Vater erkenntlich zeigte.

Der ehemalige Direktor der Fabrik F. G. Alter in Peterswaldau, heißt es dort, habe in den Jahren 1942–1945 49 Häftlinge, jüdische Frauen, entgegen den Anordnungen der SS ausnehmend gut behandelt. Er habe sie geschützt, bis Kriegsende mit Kleidung, Wäsche und Schuhen versorgt und versucht, sie gut zu ernähren, wobei er nicht selten die eigene Sicherheit gefährdete.

Leider hat Ulrich Alter keine Ahnung, was aus den Unterzeichnern geworden ist – aus Mira Cudikier, Izaak Kalmanowicz, M. Wassertajl oder Stefania Silfen –, denn im September 1946, als sie den Brief verfassten, hatte sich Ulrich Alter schon lange in den Westen abgesetzt.

»Die Firma Alter hat ihre Jüdinnen tatsächlich gut behandelt«, bestätigt Hellen Israel, damals Zwangsarbeiterin in der Rüstungsfirma Diehl. »Seine Weberinnen kamen uns sonntags in der Ziegelei besuchen, herausgeputzt, mit schönen Kleidern, sodass wir alle neidisch waren, weil die über tausend Frauen aus der Rüstungsfabrik von Diehl nur in Lumpen herumliefen.«

Dass eine Zwangsarbeiterin aus Peterswaldau schon seit mehreren Jahrzehnten im selben Ort wohnt wie er, hat Ulrich Alter nur zufällig im Juni 2001 durch einen Artikel in einer Düsseldorfer Zeitung erfahren. Eine Zeitzeugin in Düsseldorf? Er war wie elektrisiert und wandte sich sofort an die Jüdische Gemeinde. Nach Hellen Israel brauchte niemand zu suchen, gehörte sie doch schon seit über dreißig Jahren dem Vorstand an. Ulrich Alter hat sich gleich mit ihr verabredet.

Hellen Israel ist trotz ihrer 87 Jahre eine energische, selbstbewusste Frau mit einer klaren, entschiedenen Stimme. Da sie fast blind und daher auf Hilfe angewiesen ist, zog sie vor Kurzem ins jüdische Altersheim. Fast fühlt sie sich hier wie eine Hausherrin. Als Verantwortliche für die sozialen Belange der Gemeinde hat sie lange auf den Bau dieses Hauses gedrängt. Für wen solle das denn sein?, haben ihre Vorstandskollegen zweifelnd gefragt. »Für mich«, hat sie geantwortet. Allerdings hätte sie sich nie träumen lassen, dass sie so große Verständigungsprobleme haben würde. Immerhin spricht sie Jiddisch, Polnisch, Deutsch, Holländisch, Englisch und ein wenig Hebräisch. Doch nichts hilft ihr weiter, denn die Mehrzahl der Mitbewohner kommuniziert ausschließlich auf Russisch.

Über früher erzählt Hellen Israel nur widerwillig, verkürzt, in Andeutungen. Über früher hat sie schon jahrelang nicht mehr berichtet. Wozu auch? Früher ist tot: der Ehemann, die Mutter, der Vater, die Schwester, der Bruder, die Schwägerin, der Schwager – ihr Kind.

»Sehen Sie den blonden Jungen auf dem Bild auf der Kommode?« Hellen Israel muss nichts mehr erkennen, um das Bild ihres Sohnes vor Augen zu haben. Der strahlende Junge mit dem weißblonden Haar hätte als Prototyp eines »arischen« Kindes gelten können. Seinen Tod in Auschwitz hat Hellen Israel bis heute nicht überwunden. »Soll ich sagen: ›Wie gut, dass ihr meinen dreijährigen Sohn ermordet habt?‹« Sie kann nicht vergessen und will nicht vergeben.

Solange Hellen den hebräischen Vornamen Chaja trug, war die Welt noch in Ordnung. Sie wuchs in einem streng orthodoxen

Elternhaus in Auschwitz auf, dem polnischen Oświęcim. Ihr Vater, ein Ladenbesitzer in Kattowitz, trug Schläfenlocken, ihre Mutter eine Perücke. Zuhause lernte sie den Sabbat zu achten und koscher zu kochen. Du sollst das Zicklein nicht in der Muttermilch baden, hat sie im Alten Testament gelesen, also mischt sie bis heute kein Fleisch mit Milch. Allerdings strebte sie schon damals entgegen der Tradition – »Heirate und bekomme Kinder«, hat die Mutter immer gesagt, »dann hast du genug zu tun!« – nach einem Beruf und wurde »Korrespondentin«, Sekretärin mit polnischen und deutschen Sprachkenntnissen »in Wort und Schrift«, wie sie mehrfach betont. Und sie ist überzeugt, dass ihr diese Fähigkeiten das Leben retteten. Statt ins Konzentrationslager geschickt oder zu schwerer Arbeit auf dem Feld oder in der Fabrik verpflichtet zu werden, arbeitete sie unter deutscher Besatzung überwiegend im Büro. »Die brauchten mich, weil ich fehlerfrei Deutsch schrieb.«

Das war schon im Getto von Sosnowitz so, wo sie Anfang 1941 mit den Eltern und ihrem kleinen Sohn eingeliefert wurde. Als Bürokraft beim Sonderbeauftragten der SS verdiente sie so viel, dass sie die Familie versorgen konnte – bis zum 11. Oktober 1941, einen Tag vor dem zweiten Geburtstag ihres Sohnes. Da traten, gerade als sie aus etwas Mehl und einem Ei den Teig für Plätzchen auszurollen begann, zwei SS-Leute ein: »Frau Hodiner?« So hieß sie damals nach ihrem Mann, der beim Einmarsch der Deutschen in seinen ostpolnischen Geburtsort Sambor geflohen war. Einmal hat sie ihren Sohn noch im Durchgangslager gesehen. Mit einer Sondergenehmigung, gleich am nächsten Tag anlässlich seines Geburtstags. »Komm mit mir nach Hause, Mama!«, hat Schlomo bei der Verabschiedung auf Polnisch gebettelt. »Ja, ja, ich komme«, hat sie ihm auf Polnisch versichert, »aber geh schon einmal vor.«

Ein Arbeitslager folgte auf das andere: Gebhardsdorf, Peterswaldau – dazwischen noch ein anderes, aber sie will nicht nachdenken. Fast überall arbeitete sie im Büro. Das brachte neben der leichteren Arbeit mal eine Scheibe Brot, mal einen Apfel, mal eine Pellkartoffel, das brachte aber auch Informationen, die anderen verborgen blieben. »Lene, pass auf«, hat sie zum Beispiel Herr Rudi gewarnt, als er, der als Aufseher ins Lager Auschwitz versetzt worden war, zu Weihnachten 1943 sein deutsches Liebchen in Peterswaldau besuchte. »Pass auf, dass dein Kind nicht nach Auschwitz kommt.« – »Was meinen Sie, Rudi?«, hat sie zurückgefragt, die Naive heuchelnd und bange zugleich. Seitdem wusste sie, dass die Züge mit den Juden direkt zur Rampe fahren, dass alle aussteigen, sich ausziehen, die Kleider ordentlich aufstapeln müssen, dass sie angelogen werden, sie gingen unter die Dusche, stattdessen aber vergast und anschließend zum Krematorium gekarrt werden. »Wenn ein Deutscher sogar mir, der Jüdin, gesagt hat, ich solle mein Kind nicht nach Auschwitz schicken, da soll er seiner Familie, seinen Bekannten und Freunden nichts erzählt haben?« Hellen Israels Bitterkeit wird schnell hochgespült. »Wie können die Deutschen nur behaupten, sie hätten von Auschwitz nichts gewusst?«

Peterswaldau war ihre letzte Station als Zwangsarbeiterin. Von Januar 1944 bis Mai 1945 bei der Firma Diehl. Anfangs schlief sie im Schloss, anschließend auf der mit Pritschen ausgerüsteten Ziegelei. Nur manchmal wurde sie noch ins Büro gerufen, stattdessen schälte sie tagelang Kartoffeln, arbeitete in der Wäscherei und wartete auf das Ende, das sich nicht ankündigen wollte. Völlig unbeeindruckt vom Sturm der Sowjetarmee auf Berlin und von den flüchtenden Zivilisten, die sich durch die Hauptstraße von Peterswaldau schoben, lief die Arbeit in der Fabrik wie zu Zeiten des deutschen Vormarsches.

Bis zur Nacht vom 7. auf den 8. Mai 1945. Da entstand plötzlich

Hektik auf dem Innenhof der Ziegelei. Die Wärterinnen, sichtlich unter Zeitdruck, schleppten Koffer und Pakete aus den Gebäuden. Danach trat Stille ein. Am Morgen rief niemand mehr zum Appell, niemand gab das Frühstück aus, der Koch war verschwunden. Schließlich verteilten die Zwangsarbeiterinnen das Brot selbst in der Küche, dann wagten sie sich hinaus auf den Hof, bis ans Tor – es stand offen. »Wer weiß, ob das nicht eine Falle der SS ist«, mutmaßte Hellen Israel und mahnte zur Zurückhaltung. Sie wollte ihr Leben nicht in letzter Sekunde durch Unvorsicht riskieren. In jenen Stunden des Abwartens machte die Nachricht die Runde, dass aufgebrachte Zwangsarbeiterinnen eine besonders verhasste Aufseherin aufgehängt hatten. Hellen Israel wollte die Rachetat nicht sehen. Mord durch Mord zu vergelten, erschien ihr unakzeptabel. Aber so war es.

Um elf Uhr, meint Hellen, seien die ersten Sowjets die Straße heraufgezogen. Da sind sie unter Lachen und Weinen hinausgelaufen, auf die Panzer gesprungen und haben die Soldaten abgeküsst. »So sind wir befreit worden. Das war ein erhabener Moment.« Man schrieb den 8. Mai 1945. Deutschland hatte bedingungslos kapituliert. Der Krieg war zu Ende.

Als die jüdischen Zwangsarbeiterinnen die Straßen von Peterswaldau endlich für sich eroberten, hatten die meisten Deutschen sie gerade geräumt. Frauen und Kinder waren schon im Januar 1945 evakuiert worden – unter ihnen die Mutter und Schwester von Ulrich Alter sowie Klaus Prassler mit Mutter und Bruder. Die Beschäftigten in den Betrieben mussten die Stellung jedoch noch bis einen Tag vor dem russischen Einmarsch halten. Auch Ulrich Alter, denn er gehörte zum Volkssturm.

Unmittelbar nach Abschluss der Schulzeit war er zwecks Ausbildung zum Panzerjagdkommando der Hitler-Jugend in den

Nachbarort Reichenbach geschickt worden. Noch vier Monate vor Ende des Krieges lernte der Fünfzehnjährige mit einer Waffe umzugehen und wäre ohne den Einspruch seines Vaters wie andere Fünfzehnjährige auch zur Verstärkung der deutschen Truppen in die Festung Breslau eingeflogen worden.

Aber Ulrich Alter kam zum Volkssturm nach Peterswaldau. Tagsüber war er beschäftigt mit Schießübungen und Wehrsport, nachts schob er Wache an der verminten Brücke, die im Fall eines sowjetischen Einmarsches hochgehen sollte. Es gebe genügend Fremdarbeiter im Ort, so hieß es, die nur auf einen geeigneten Augenblick für Sabotageakte warteten. So stand Ulrich, vor Kälte zitternd, das Gewehr an sich gepresst, im Wechsel mit anderen Volkssturm-Genossen jeweils zwei Stunden an der Brücke über den Dorfbach und zuckte jedes Mal zusammen, wenn eine streunende Katze einen Blechnapf umriss oder der kalte Wind einen Fensterladen gegen die Hauswand schlug.

Doch nichts geschah. Kein Fremdarbeiter verübte Sabotage, kein Angreifer bombardierte das Schloss, kein Panzer eroberte die Brücke. Kampflos ging Peterswaldau am 8. Mai in sowjetische Hände über.

Am Vormittag des 7. Mai machte Alter sen. seinen Betrieb dicht. Die wesentlichen Verfügungen hatte er handschriftlich bereits am 1. Mai 1945 getroffen.

Danach ging über die Hälfte des Bargeldvermögens in Höhe von 71550 Reichsmark (RM) an die Familienmitglieder über, 25000 RM beließ Alter sen. im festen Glauben an seine Rückkehr im Tresor der Villa (sie wurden später bei einer Razzia von den Polen entdeckt und entwendet), 8200 RM erhielten seine 41 »Gefolgsleute«, d.h. die deutschen Arbeiter, und insgesamt 2350 RM seine Juden – »als Vorschuss, wenn der Betrieb wieder laufen sollte, sonst als Geschenk«. Als Geschenk erhielten deutsche wie jüdische Arbeiter auch fünf Meter Stoff und die Juden zusätzlich alle Verpflegungsbestände aus der Werksküche.

Die Juden, kommentiert Ulrich Alter der Gerechtigkeit halber, hätten sich nach dem 8. Mai 1945 noch weitere Textilbestände in dem verlassenen Betrieb angeeignet, fügt dann jedoch, wohl um sich selbst zu beschwichtigen, hinzu: »Hiergegen ist wohl nichts einzuwenden.«

Als sein Vater noch mit der Abwicklung des Betriebes beschäftigt war, schloss sich Sohn Ulrich bereits dem endlosen Strom der Flüchtenden an. Stolz auf dem Motorrad, das ihm als Melder des Volkssturms zugeteilt worden war. »Wir treffen uns auf dem Kamm des Eulengebirges«, hatten sie zwar verabredet, da der Vater mit seinem Opel P4 nachkommen wollte. Doch in dem heillosen Chaos, das auf der völlig verstopften Strecke nach Sachsen und in die »Tschechei« herrschte, mussten sie sich verfehlen. Was sich da auf der Straße tummelte – Bauersfamilien, die ihr Hab und Gut auf Leiterwagen gepackt hatten, junge Frauen, die das Wichtigste in Rucksäcken oder Koffern schleppten, abgemagerte Juden ohne jedes Gepäck, die in einem Arbeitslager der Umgebung befreit worden waren. Und Deserteure mischten sich mit regulären Einheiten aus deutschen, ungarischen und russischen Soldaten der Wlassow-Armee. Erst marschierten sie noch geordnet, entsprechend militärischer Disziplin. Doch vor den Pässen im Eulengebirge stießen sie einen großen Teil der schweren Geschütze einfach ab, und hinter der tschechischen Grenze lösten sich die militärischen Formationen auf. Wer konnte, tauschte die Uniform gegen Zivilkleidung, andere betäubten sich mit Alkohol. Ulrich Alter war entsetzt. Ihm habe das zugesetzt, sagt er, was aus der stolzen deutschen Wehrbereitschaft geworden sei.

Mit einer SS-Einheit zog er bis ins Sudetenland. Dort holte aber auch er aus dem Rucksack eine kurze Hose, ein weißes Hemd und

Kniestrümpfe und verwandelte sich von einem Volkssturm-Mann in einen Oberschüler, bei dem nur die Pistole verriet, dass er nicht mehr naiv war. Für einige Tage kroch er bei einer sudetendeutschen Familie in der Gegend von Trautenau unter, dann machte er sich auf den Heimweg. Zu Fuß auf Nebenwegen durch die Berge, die er gut von verschiedenen Skiurlauben kannte. Es ist Frieden, dachte er. Jetzt kommt alles wieder ins Lot.

Es war ein gespenstischer Rückweg. Die Straßen waren leer, niemand wagte sich aus dem Haus. Schon von Weitem erkannte Ulrich Alter, wenn sich ein vereinzeltes Auto näherte. Dann warf er sich in den Straßengraben oder versteckte sich hinter einem Gebüsch. Erstmals sah er sowjetische Soldaten, wie sie auf Panjewagen Klaviere und Möbel abschleppten. Gegen eine solche unmotorisierte und demoralisierte Armee hatte Deutschland den Krieg verloren?

Er zog los mit einem Fahrrad, das jemand im Sudetenland liegen gelassen hatte, weil ihm ein Pedal fehlte. Doch weil Ulrich das fehlende Stück durch ein Holzstöckchen ersetzte, ließ sich das Gefährt noch benutzen. Bergauf musste er sowieso schieben, und bergab konnte er rollen. Im Weißtritztal, schon auf schlesischer Seite, versperrte ihm plötzlich ein Junge den Weg und forderte, ihn ungelenk mit einer kleinen Damenpistole bedrohend, die Übergabe des Fahrrads. Ulrich Alter hielt ihn wegen seines kahl geschorenen Kopfes für einen Juden. Eine Zeit lang zerrten beide Jungen an dem Gefährt, und einen Moment lang war Ulrich versucht, von seiner Wehrmachtspistole Gebrauch zu machen. Doch er hatte im Krieg nicht geschossen, warum sollte er jetzt im Frieden schießen? Er gab nach und zog zu Fuß weiter. Kurz darauf stand er wieder vor der elterlichen Villa in Peterswaldau. Teile des Hausrats, Bücher, Kleider und Bettwäsche im Vorgarten verrieten, dass hier Plünderer am Werk gewesen waren. Aber sein Zimmer im ersten Stock war frei. Und als wenig später der Vater mit Tausenden anderer Geflüchteter zurückkehrte und Peterswaldau im Frühsommer mit über 8000 mehr deutsche Einwohner hatte als vor dem Krieg, da hoffte er auf ein gutes Ende für die Familie in der alten herrschaftlichen Villa. Obwohl Mutter und Schwester bereits als Flüchtlinge in Schleswig-Holstein ein Notquartier gefunden hatten.

Im Unterschied zur Familie Alter verlor sich die Familie Prassler nur kurze Zeit aus den Augen: Prassler sen., nun in Zivil, hatte sich Anfang Mai in der Grafschaft Glatz, wo sie nach der Evakuierung fast drei Monate gelebt hatten, mit Sohn Klaus und dem Schäferhund in seinem DKW-Automobil in den Flüchtlingstreck eingereiht, er hoffte, den Wagen zu retten. Mutter Prassler hingegen hatte sich mit dem jüngeren Sohn für alle Fälle Plätze in einem Bus gesichert. Als der Privatwagen dem Bus in dem Durcheinander nicht mehr folgen konnte, eilte Prassler sen. seiner Frau und dem kleinen Sohn zu Fuß und allein nach, während Klaus – »Achte auf das Auto!« – die Stellung halten sollte. Doch als der Schäferhund weglief und ein Militärfahrzeug das Auto auch noch rammte und vom Straßenrand in einen Graben schob, hielt es auch Klaus nicht länger.

»Nimmste mich mit?«, fragte er einen Soldaten, der gerade mit Pferd und Wagen vorbeifuhr.

»Wo willste denn hin?«

»Zum Ami«, antwortete der Dreizehnjährige wahrheitsgemäß, denn das hatte er von den Eltern gehört.

Bis kurz vor Trautenau im Sudetenland nahm der Soldat den Jungen mit, dann verschwand auch er, obwohl er immer behauptet hatte, Schokolade aus Wehrmachtsbeständen geladen zu haben, die er »dem Ami« gewinnbringend zu verkaufen hoffte. Zwei Tage streifte der Dreizehnjährige allein umher, weinte manchmal bitterlich, weil er sich in den Menschenmassen völlig verlassen vorkam, und fand dann, wie durch ein Wunder, den Vater auf dem Markt von Trautenau. Und da der Vater inzwischen wusste, wo sich seine Frau und sein zweiter Sohn aufhielten, war die Familie wieder zusammen.

Dass es Freund und Feind gibt und der Feind tödliche Gefahr bedeuten kann, lernte Klaus erst, als der Krieg zu Ende war. Da wurde der Wehrmachtswagen, auf dem er mit anderen deutschen Flüchtlingen Richtung Westen rollte, plötzlich gestoppt; Tschechen mit Gewehren im Anschlag trieben die schreckensbleichen deutschen Männer und Frauen von der Ladefläche. Klaus sah den blinden Vater, von der Mutter mehr gezogen als geführt, mit erhobenen Händen zu einer Scheune stolpern. Schon fürchtete er, er würde ihn nie wiedersehen, denn im nahen Wald hörte er Schüsse. Aber plötzlich stand der Vater wieder vor ihm. Er, der seine Blindheit bis dahin stolz als Folge seiner Ergebenheit dem Vaterland gegenüber demonstriert hatte, entdeckte sie auf einmal als Beleg für seinen Opferstatus. »Kaputt, kaputt! Hitler!«, hatte er den Partisanen eindringlich versichert, das Glasauge herausgenommen und ihnen auf der Handfläche entgegengehalten. Das hatten die Tschechen verstanden. Er konnte mit seiner Frau gehen. Er schien schon bestraft genug.

Weil Blinde nicht graben können, blieb Prassler sen. wenige Tage später auch von einem Arbeitseinsatz verschont. Deutsche Männer sollten die Leichen von Tschechen exhumieren, die angeblich von Deutschen erschossen worden waren. Verängstigt und bußfertig waren die Männer losgezogen, verstört kehrten sie zurück, und Klaus hörte sie erzählen, wie sie nicht Tschechen, sondern Sudetendeutsche ausgegraben hatten, an denen Tschechen offensichtlich Rache genommen hatten. »Tjo, die wor'n fertich mit de Nerven. Denn die hamm ihnen die Goldzähne rausziehen müssen.«

Prasslers wollten nur noch raus aus der »Tschechei«. Als sie schließlich auf dem völlig zerstörten Bahnhof von Dresden ankamen und wider Erwarten auf einen Zug nach Chemnitz stießen, schien sich endlich alles zum Guten zu wenden, denn in Chemnitz stand der Ami. Aber kurz hinter Dresden blieb der Zug stehen. Der Ami wollte keine Deutschen mehr. Da entschieden sie: »Wir gehen zurück nach Schlesien.«

Bis Bautzen nahm sie ein sowjetisches Militärfahrzeug mit, von dort bis Peterswaldau liefen sie zu Fuß. Sie übernachteten bei Deutschen, die nicht geflüchtet waren, und schlugen sich auf Nebenwegen durch, um sowjetische Kontrollen zu umgehen. Nur einmal stießen sie hinter einer Wegkrümmung völlig unvermutet auf russische Soldaten mit Maschinengewehren. Doch als Vater Prassler noch einmal sein Glasauge herausnahm, dramatisch »Hitler! Hitler!« beschwor und »Kaputt! Kaputt!« versicherte, scheuchten sie die Familie verächtlich weiter.

Vorsichtshalber beschloss Vater Prassler, sich noch außerhalb von Peterswaldau beim Förster zu erkundigen, was sich in ihrer Abwesenheit ereignet hatte. Im Telegrammstil erfuhren sie, dass der Kommunist R. erschossen worden war, als er den sowjetischen Truppen mit einer roten Fahne entgegengeeilt war; dass Bürgermeister Zapke verhaftet und eingesperrt worden war, dass im Schloss jetzt die Russen saßen und ihr eigenes Haus von Fremden in Besitz genommen worden war. Da wohnen jetzt zwei Jüdinnen, sagte der Förster.

Die eine hieß Paula, die andere Eva. Diese polnischen Jüdinnen, die fließend Deutsch sprachen, hatten als Zwangsarbeiterinnen bei der Firma Diehl gearbeitet und nach der Befreiung die vier möblierten Zimmer im Erdgeschoss übernommen. Prasslers zogen ins Dachgeschoss, wo sie bereits eine Tante und – zur Verwunderung von Prassler sen. – Herrn Letzner aus Pfaffendorf vorfanden. Offensichtlich hatte sich der sehr gläubige Herr Letzner trotz seiner Stellung als Aufseher im Arbeitslager von Peterswaldau nichts zuschulden kommen lassen und ein gutes Leumundszeugnis von den Zwangsarbeiterinnen erhalten.

Über ein Jahr haben Prasslers mit den Jüdinnen zusammengewohnt. Sie haben sich nicht angefreundet, sich aber doch gegenseitig respektiert und sogar geholfen. Während der wilden Vertreibungen im Juni 1945, als die polnische Miliz Deutsche auf dem Hof der Zwanziger-Firma zusammentrieb, um sie noch vor den Beschlüssen von Potsdam außer Landes zu bringen, hat Paula den Prasslers geraten, sich auf dem Dachboden zu verstecken. »Hier gibt es keine Deutschen mehr«, hat sie der Miliz anschließend versichert, als sie zweimal Einlass begehrte.

Klaus verstand sich gut mit Paula. Aber ungerecht fand er doch, dass jetzt ihr gehören sollte, was eigentlich seins war. Einmal, als sie Einkäufe besorgte und vergessen hatte, die Fenster zu schließen, stieg er ins Wohnzimmer ein und holte sich drei seiner Karl-May-Bände aus dem Schrank. Ihre Schelte hat er nicht akzeptiert. Das gehöre jetzt dem polnischen Staat, hat sie behauptet. Aber wie konnte es dem polnischen Staat gehören, wenn Klaus es ihm nicht verkauft hatte?

Klaus Prassler erscheint die Zeit unter russisch-polnischer Herrschaft im Rückblick als eine persönliche Erfolgsgeschichte. Plötzlich war der Dreizehnjährige die wichtigste Person der Familie, denn er war ihr einziger Ernährer. Von den frühen Morgenstunden an schälte er Kartoffeln für die sowjetischen Soldaten auf dem Schloss, und am Abend nahm er zwei große Kannen voller Essen mit zur Familie. Manchmal reichten die Portionen sogar noch für Paula und ihre Schwester Eva. Da Klaus selbst mit

Dingen zu handeln verstand, die ihm nicht gehörten, konnte er seinen Vater auch regelmäßig mit Machorka, russischem Tabak, versorgen. Ob er nicht wüsste, wer ein Motorrad besäße, hat ihn ein russischer Soldat einmal gefragt. Natürlich wusste Klaus Bescheid. Da hat der Russe das Motorrad einfach aus der Scheune des polnischen Priesters entwendet, und Klaus hat sich den Hinweis entlohnen lassen. Ein anderes Mal beobachtete er, wie russische Soldaten kostbare Weinflaschen aus dem Schlosskeller abzweigten und im Schlosspark vergruben. Da hat er drei Flaschen in einem unbeobachteten Moment wieder ausgegraben, und die Eltern haben sie gegen teures Geld an Polen verkauft.

Manchmal legitimierte Klaus seine Beschaffungsaktionen mit dem Wunsch nach Gerechtigkeit. Etwa im Fall des Kolonialwarenhändlers Glatzel, der sein Geschäft an den neuen polnischen Besitzer hatte abtreten müssen, sobald sich dieser die Fachkenntnisse seines Vorgängers angeeignet hatte. Als Rächer der Gerechten schlich sich Klaus mit ein paar deutschen Jungen kurz vor Weihnachten an das Schaufenster des nun polnischen Ladens, einer stand Schmiere, ein anderer schnitt mit einem Glasschneider ein Viereck in die Scheibe – »und wir hab'n ringelangt und uns die Wurscht rausgeholt. Da war doch der Glatzel drinne gewesen. Warum sollte das plötzlich nicht mehr gelten?«

Manchmal ließ sich allerdings nicht leugnen, dass die Lust der Besatzer an der Destruktion auch auf den dreizehnjährigen Klaus übergesprungen war. Er kann nicht verhehlen, dass er sich austobte an all jenen Möbeln, die die Sowjetsoldaten Tag für Tag aus deutschen Wohnungen als Brennholz für die Schlafsäle im Schloss anlieferten – Schränke, Sessel, Sofas, Tische. Auch Klaviere hat er mit der Axt zerkleinert und triumphierend gelacht, wenn sie unter seinen Schlägen mit dissonanten Tönen zusammenbrachen und vom Feuer verschlungen wurden. Da störte es ihn nicht, dass sie doch von den »Unseren« stammten. »Heute würd' man sich ja dafür schämen!«

Wie perspektivlos das Leben war, wie bedroht von Anschuldigungen und Verhaftungen, ist ihm damals nicht aufgefallen. Dass er nicht zur Schule gehen konnte, hat ihm eher gefallen. Dass die Mutter zur Zwangsarbeit bei der Ernte eingezogen wurde, die Miliz seinen Vater zum Verhör nach Reichenbach holte und ihm eine SA-Mitgliedschaft zu unterstellen versuchte, empfand er als Abenteuer. Wie auch die Ausreise im Spätsommer 1946, als er mit Mutter, Großmutter und dem jüngeren Bruder – Prassler sen. weilte zur Behandlung seiner Augen gerade in Berlin – zu Fuß zum Sammellager im Nachbarort Reichenbach aufbrach. Was machte es schon, wenn die Holzräder, die ihnen jemand unter einem geflochtenen Wäschekorb befestigt hatte, noch vor dem Sammelpunkt zu qualmen anfingen, sie den Korb irgendeinem Bauern auf den Wagen werfen mussten und nie wiedersahen? Was machte es schon, dass sie alle gefilzt wurden, wo er den Granatschmuck der Mutter, den er einfach in eine alte Umhängetasche mit Briefmarken hatte gleiten lassen, doch glücklich durch die Kontrollen rettete? Viel mehr hatte er gefürchtet, die Polen würden die Bogen mit Hitler-Briefmarken finden, von denen er sich nicht trennen wollte.

Nur kurz hielt sich die Familie in der Sowjetischen Besatzungszone (SBZ) auf, eine Woche in Angermünde, wo sie entlaust wurden, danach in Niederfinow, wo viele Peterswaldauer untergekommen waren. Doch Prasslers entschieden: »Wir bleiben nicht im Osten. Wir hauen ab in den Westen.« Bis kurz vor der Zonengrenze fuhren sie mit dem Zug, dann zogen sie im Morgengrauen über Rübenfelder, die sie in der Nähe der Braunkohlegruben bei Helmstedt über die Grenze führen sollten. Schon bildeten sie sich ein, eine amerikanische Fahne vor sich zu sehen, doch als sie sich näherten, erwies sie sich als die russische. »Haben'se uns zuerst in 'ne Ziegelei nei'gesperrt, wo's schrecklich nach Hering stank, weil ein Fass geplatzt war«, erinnert sich Prassler jun. Dann wurden sie zurückgeschickt. Doch auf dem Bahnhof meinte plötzlich jemand: »Hier kommen die Züge mit den Vertriebenen aus Schlesien durch.« Sie sammelten, Mutter gab den Granatschmuck und Seidenstrümpfe, und der Bahnhofsvorsteher vergaß, rechtzeitig das Signal für die Durchfahrt zu setzen. So wurde der Zug entgegen dem Fahrplan zum Halten gezwungen, und Familie Prassler schmuggelte sich in das Kontingent der Flüchtlinge für die britische Zone ein.

Da lebte Ulrich Alter bereits ein Jahr bei Mutter und Schwester in Schleswig-Holstein. Heimlich und im Schutze der Dunkelheit hatte er Peterswaldau im Sommer 1945 verlassen. Mochten zu diesem Zeitpunkt auch immer noch zehnmal mehr Deutsche als Polen im Ort wohnen, so waren die Machtverhältnisse doch klar. Im Juni war ein polnischer Bürgermeister eingesetzt worden, noch im gleichen Monat wurden alle Straßennamen polonisiert und eine »Bürgermiliz« eingesetzt. Das sollte sich für ihn als entscheidend herausstellen. Denn immerhin war er beim Panzerjagdkommando der Hitler-Jugend ausgebildet worden und hatte im Volkssturm gedient, und leider fanden sich genügend deutsche Denunzianten, die sich mit derartigen Informationen bei der neuen polnischen Macht einzuschmeicheln hofften. Als einer von Ulrichs Kameraden aus dem Volkssturm aufgegriffen wurde und eine neue Verhaftungswelle bevorstand, entschied Alter sen.: »Du verschwindest jetzt.«

Mit zwei Kameraden schlug sich Ulrich Alter nachts zu Fuß bis nach Waldenburg durch. Von dort, das war bekannt, fuhren regelmäßig Züge, die die sowjetische Armee in Berlin mit Kohle versorgten. Die drei kletterten auf einen beladenen offenen Waggon, legten sich längs, Kopf an Fuß, in die Mulde an der Außenwand und hofften, die Polen würden beim Halt an der Grenze, wenn die Lokomotive Wasser aufzunehmen pflegte, nicht genügend Zeit zur Kontrolle des ganzen Zuges finden. Tatsächlich hörten sie im vorderen Zugteil andere protestieren, als sie aufgescheucht und mit ihrem Gepäck von den Waggons getrieben wurden, sie selbst hingegen kamen unbehelligt nach Berlin. Aus der völlig zerstörten, deprimierenden Hauptstadt zog Ulrich nach Schleswig-Holstein zu Mutter und Schwester, für die er sich fortan verantwortlich fühlte, da sie sich nur mühsam über Wasser hielten und in einer kleinen Dachwohnung hausten, in der sie nicht einmal kochen konnten. Seine Schwester war außerdem schwer verunglückt. Auf einer ihrer Hamsterfahrten war sie von dem Trittbrett eines fahrenden Zuges, ja, gefallen, ausgerutscht, gestoßen worden? und so unglücklich gestürzt, dass ein Bein unter die Räder des nachfolgenden Waggons geriet. Es musste amputiert werden. Sie war ein Krüppel.

Den Vater aber hielt es weiter in Schlesien, denn dem Familienbetrieb, das war sein Credo als mittelständischer Unternehmer, hält man die Treue. Weil er als unbelastet galt, hatte er von den Sowjets auch sofort Aufträge erhalten. »Herr Alter«, hat die Nähereileiterin gejammert, »wie sollen wir bloß Uniformen nähen? Außer Hemden haben wir nie Oberbekleidung angefertigt!« Er wurde sogar zur Berichterstattung über die Entwicklung der Textilindustrie ihres Kreises zur Zentrale nach Lodz geschickt und konnte sich anfänglich noch einbilden, auch von den neuen Herren gebraucht zu werden.

Doch dann komplimentierten ihn die Polen erst aus seinem eigenen Haus heraus, und als sie die Fabrik selbst in Gang halten konnten, schoben sie ihn 1948 ab in die DDR. Alter sen. ließ sich in Torgau/DDR nieder, um möglichst schnell an der Grenze und in seiner Fabrik zu sein, wenn Schlesien wieder an Deutschland fiele. Erst Mitte der fünfziger Jahre verlor er die Hoffnung auf Rückkehr so weit, dass er wieder engeren Kontakt zu seiner Familie suchte und nach Hamburg aufbrach. Da waren Mutter und Schwester aber bereits im Begriff, ihrem Sohn und Bruder nach Nordrhein-Westfalen zu folgen, wo Ulrich Alter Arbeit und für alle drei eine Wohnung gefunden hatte. »Ein Vater«, sagt Ulrich Alter, »war damals nichts wert, aber eine Wohnung war ein Gottesgeschenk.« So starb Alter sen. – einsam und ausgemustert – 1957 in Hamburg.

Hellen Israel hatte Peterswaldau bereits im Frühsommer 1945 verlassen.

Zuvor hatte sie der Verlockung widerstanden, es anderen Juden gleichzutun und in ein leer stehendes deutsches Haus zu ziehen. Das wäre ihr wie eine Besetzung vorgekommen. Also mietete sie ein Dachzimmer in einer kleinen Weberei, deren Besitzer nicht geflohen waren. Anschließend machte sie sich auf in das Büro der Firma Diehl, wo ein deutscher Direktor, ohne von den Russen behelligt zu werden, den Betrieb wieder zum Laufen brachte, und stellte sich vor: ehemalige Zwangsarbeiterin, ausgebildet als Sekretärin mit deutschen Sprachkenntnissen »in Wort und Schrift«. »Hat er mich engagiert für 150 Reichsmark«, sagt sie. »Ich kam mir vor wie eine Rothschild!«

Etwa nach einem Monat stieß Hellen Israel auf Juden, die auf dem Weg zur holländischen Vertretung in Prag waren, um ihre Rückreise nach Holland zu regeln. Warum sich ihnen nicht anschließen, um Peterswaldau zu entrinnen, das allem Anschein nach an Polen gefallen war? Denn in Polen, das wusste sie genau, würde sie auf keinen Fall bleiben. Mit ihrem Geburtsort Auschwitz assoziierte sie nicht mehr Kindheit und Jugend, die ruhigen Sabbat-Abende im Elternhaus, die Zeit ihrer Verliebtheit. Auch wenn sie damals noch gar nicht wusste, dass auch ihre Mutter, ihr Vater und ihr dreijähriger Sohn dort umgekommen waren, galt ihr Auschwitz nach den Erzählungen vom Aufseher Rudi als Synonym für den Massenmord an den Juden. Nein, sie würde nicht nach Auschwitz, aber auch in keinen anderen polnischen Ort zurückkehren.»Denn die Polen«, wiederholt sie stereotyp bis heute,»saugen den Antisemitismus mit der Muttermilch ein. Die Polen haben mich abgestoßen.«

Warum also nicht nach Holland? In einem Arbeitslager hatte sich der junge holländische Jude Moritz in sie verliebt. Wenn sie am Leben blieben, hatte er ihr eingeschärft, würden sie sich bei seiner Mutter in Diemen treffen. Diese Adresse fiel ihr wieder ein, als die holländischen Juden sie zum Mitkommen aufforderten. Sie erklärte Moritz' Mutter zur Schwiegermutter und schmuggelte sich auf diese Weise in die Niederlande ein, obwohl – wie sie später erfuhr – Moritz selbst nie zurückkehren würde, da ihn noch gegen Ende des Krieges eine Bombe getötet hatte, die das Arbeitslager Blechhammer traf.

Holland tat Hellen Israel gut. Hier verliebte sie sich in einen deutschen Juden, der Auschwitz und Mauthausen überlebt hatte, und hier hat sie, fast genau zehn Jahre nach dem ermordeten Schlomo, einen zweiten Sohn geboren.

Heimat? Hellen Israel hebt unwillig die Augenbrauen. Eine Heimat hat sie nicht, eine Heimat braucht sie nicht. Hellen Israel versteht sich als Kosmopolitin.»Mein Mann«, sagt sie,»der fühlte sich allerdings in Deutschland zuhause, er verstand sich als Jude *und* Deutscher. Deswegen ist er nach Düsseldorf zurückgekehrt, als er in Holland mit seinem deutschen Akzent immer auf Ablehnung stieß.«

Dass sie ihrem Mann nach einigen Jahren von Holland aus nachgezogen ist, weil sie die Familie zusammenhalten wollte, hat ihr der Sohn allerdings nie verziehen. Wie konnte sie nur im Land der Mörder leben? Wie konnte sie ihren Groll überwinden, nachdem die Deutschen ihren ersten Sohn ermordet hatten? Hellen Israel ist selbst hin und her gerissen von ihren Gefühlen. Das hat sie erstmals gespürt, als sie in Holland in einem Repatriierungslager des Roten Kreuzes arbeitete, in dem auch Kinder von internierten holländischen SS-Frauen untergebracht waren. Vor allem kümmerte sie sich damals um den kleinen Johnny, fütterte ihn, badete ihn, zog ihn an, wischte ihm den Po und putzte ihn heraus, als es eines Tages hieß, seine Mutter käme zu Besuch. Als die Frau sich jedoch lächelnd und werbend dem Bettchen genähert hatte: »Johnny, hier ist deine Mama!«, da hatte sich der Kleine erschrocken und Hilfe suchend umgedreht und die Hände zu Hellen ausgestreckt: »Mama!« »Damals«, sagt Hellen Israel, »wünschte ich, ich wäre tot umgefallen. Es hat mir schrecklich wehgetan, dass das Kind einer SS-Frau ›Mama‹ zu mir sagt! Dabei habe ich es geliebt wie ein eigenes. Und was konnte der Kleine für die Taten der Mutter?«

Auch in Deutschland ging es ihr die erste Zeit schlecht, obwohl sie trotz des Namens, der allen sofort verriet, dass sie eine Jüdin war, freundlich aufgenommen wurde. Ständig war sie versucht, nach den Mördern ihrer Familie zu suchen. »Ich wollte sie wenigstens kennen«, sagt sie, »auch wenn ich nie die Fantasie hatte, sie umzubringen.« Lange lief sie Gefahr, den Groll auf die Naziverbrecher auf alle Deutschen zu übertragen, und lernte erst langsam, den Einzelfall zu beurteilen. Inzwischen hat sie sogar Freundinnen in Deutschland – »christliche Freundinnen«, wie sie sagt –, was in Polen nie der Fall war. Doch während sie sich so mit Deutschland arrangierte, entwickelte der Sohn zunehmend Abwehr.

Im Düsseldorfer Humboldt-Gymnasium litt er unter den Bemerkungen eines Schulkameraden, der ihn als »dreckigen Juden« hänselte. Eines Tages bat der Elfjährige die Mutter um eine Unterredung. »Vater und du«, erklärte er, »ihr seid charakterlos. Wenn ihr weiter in Deutschland leben wollt, bitte schön. Aber mich könnt ihr dazu nicht zwingen.« Fortan verweigerte er in Deutschland den Schulbesuch, sodass Hellen Israel ihn in Holland anmelden musste. Holland wurde seine Heimat. Dort ging er fortan zur Schule, dort lebt und arbeitet er bis heute und ist verheiratet mit einer Israelin.

Die Kosmopolitin Hellen Israel hingegen hat sich eine Grabstätte in Düsseldorf gekauft. Nicht, weil Deutschland nach über fünfzig Jahren zu ihrer Heimat geworden wäre, sondern weil sie gelernt hat, dass man der Familie die Treue zu halten hat. Und da der erste Ehemann erschossen und die Asche ihres Vaters, ihres Bruders, ihres Schwagers, ihrer Mutter, ihrer Schwester, ihrer Schwägerin und ihres ersten Kindes vom Wind verstreut wurde, ist ihr Platz an der Seite des zweiten Mannes.

Für Ulrich Alter ist »dahoim« weiter in Schlesien. Als sich nach dem Zusammenbruch des Kommunismus die Möglichkeit eröffnete, lud er, als trage der Sohn noch die Verantwortung für die nicht mehr existierende Firma seines Vaters, seinen Anhänger voll mit gebrauchten Kinderwagen, Küchengeräten, Kinderspielzeug und Büchern und übergab sie dem Kindergarten, der im ehemaligen Geschäftshaus seines Vaters untergebracht war. Später lieferte er auch an die Kirchengemeinde und die Berufsschule. Anfänglich stießen seine Hilfsaktionen noch auf positive Resonanz, später hingegen, als es viele Polen dank eigener Anstrengungen zu einigem Wohlstand gebracht hatten, erschien ihnen der »Sperrmüll« schon als Beleidigung. So änderten sich die Zeiten.

Und Klaus Prassler? Solange das prosperierende Textilgeschäft des Vaters in Nienburg seine Kraft absorbierte, trat Peterswaldau in den Hintergrund. Doch nachdem Klaus Prassler das Unternehmen wegen gesundheitlicher Probleme Anfang der neunziger Jahre aufgeben musste, richtete sich sein Interesse wieder auf die alte Heimat. Er erwarb ein historisches Fachwerkhaus von 1648 in der Nienburger Altstadt, ließ es renovieren und stellte es mit 200 m² Ausstellungsfläche als »Ostdeutsches Heimatmuseum« zur Verfügung. Den Grundstock der Exponate steuerte er aus der eigenen Sammlung bei – denn schon seit den siebziger Jahren hat er gesammelt.

Auf der ersten Reise war er blauäugig und gierig. Da waren fünf Schlesier aus Nienburg mit fünf Autos gefahren, hatten sich im niederschlesischen Langenbielau eingemietet und mit wachem Blick umgeschaut. »Wir haben gekauft, was wir kriegen konnten von unseren deutschen Sachen.« Am meisten bei der Direktorin des staatlichen Hotels, die gut Deutsch sprach und sie mit einem umfangreichen Warenlager im Keller des Hotels überraschte.

Sie haben reichlich eingepackt und mit harter D-Mark bezahlt: deutsche Bücher, schlesisches Porzellan, Danziger Dukaten, Haushaltsgegenstände, Landschaftsbilder. Doch an der Grenze beschlagnahmten die polnischen Zöllner alles, was sie der alten Heimat hatten entführen wollen. Jahre später erfuhr Prassler, dass die Hoteldirektorin mit ihnen unter einer Decke gesteckt hatte: Was sie den Heimwehtouristen verkaufte, nahmen die Zöllner ihnen wieder ab; das Geld teilten sie unter sich auf. Einige Zeit lief das Geschäft gut, dann flog die Gruppe auf und wurde verurteilt.

Prassler fuhr dennoch Jahr für Jahr mindestens zweimal in die alte Heimat. Sie wussten in Peterswaldau und Umgebung schon, dass »der Mann mit dem Stock« besessen sammelte. Er musste gar nicht mehr selbst herumstöbern und suchen, die Leute kamen zu ihm – mit einer Penduluhr, mit Bildbänden, mit Porzellan aus Bad Salzbrunn. Eines Tages standen sogar Nonnen vor seiner Tür: »Herr Prassler, wir haben etwas für Sie!« – die Totenmaske der letzten in Peterswaldau ansässigen Gräfin zu Stolberg-Wernigerode, die er, inzwischen gewitzt, auf kompliziertem Wege mit Zwischenstation in der DDR außer Landes brachte.

Er war stolz auf seine Exponate im »Ostdeutschen Heimatmuseum«, war stolz auf die Besucherzahlen, die Veranstaltungen und Ausstellungen, die lobenden Artikel in der Lokalpresse, die Kontakte mit Nienburgs polnischer Partnerstadt in Masuren.

Doch dann brach plötzlich alles zusammen. Er zerstritt sich mit dem Verein vom »Ostdeutschen Heimatmuseum«, sah sich getäuscht, in seiner Gutmütigkeit ausgenutzt, ausgebootet. Aus finanziellen Gründen, sagt er, hätte er das Fachwerkhaus ohne Unterstützung des Vereins nicht mehr halten können – und verkaufte es an einen griechischen Gastwirt.

Mit dem neuen Museum, das der Verein in neuen Räumen eingerichtet hat, will er nichts mehr zu tun haben. Er will all seine Exponate zurück – notfalls per Gerichtsbeschluss, auch wenn er nicht weiß, wohin damit.

»Da kumma se abend ei a Kaller.«

Das sind ja nur Dinge. Wichtig ist etwas ganz anderes. Wenn er nur wieder auf die Beine käme! Wenn er doch wieder nach Schlesien fahren könnte!

Eine Liebe aus der Jugendzeit

Das späte Glück von Elvira und Fortunat

Eine Liebe aus der Jugendzeit
Das späte Glück von Elvira und Fortunat

Die Braut war 80, der Bräutigam war 84 Jahre alt. Angesichts des ungewöhnlichen Paares legte der Bürgermeister der polnischen Kleinstadt Mieszkowice die lange goldene Amtskette an, um die Trauung persönlich vorzunehmen.

»Bitte sprechen Sie mir nach«, wandte er sich als Erstes an den Bräutigam, las die Trauformel auf Polnisch vor, und Fortunat Mackiewicz wiederholte Absatz für Absatz:

»*Swiadom praw i obowiązków wynikających z założenia rodziny ...*
... uroczyście oświadczam, że wstępuję w związek małżeński ...
... i przyrzekam, iż uczynię wszystko, aby nasze małżeństwo było zgodne, szczęśliwe i trwałe.«

Dann wandte sich der Bürgermeister an die Braut, eine Übersetzerin las die Formel auf Deutsch vor, und Elvira Profé wiederholte Absatz für Absatz:

»*Im Bewusstsein der Rechte und Pflichten, die aus der Gründung einer Familie erwachsen ...*
... erkläre ich feierlich, dass ich in den Stand der Ehe eintrete ...
... und gelobe, alles zu tun, damit unsere Ehe einträchtig, glücklich und dauerhaft werde.«

Der Bürgermeister erklärte die beiden zu Mann und Frau, und Elvira und Fortunat küssten sich scheu und verlegen vor den polnischen und deutschen Hochzeitsgästen.

Das war am 4. November 2005.

Die anschließende Feier zog sich über zwei Tage. Auf den Tischen häuften sich Barszcz, Piroggen, Bigos und Wodka, eine Kapelle spielte ein Potpourri vom Walzer bis zur Polka, und das Brautpaar drehte sich bis vier Uhr morgens beim Tanz.

Das war der fröhliche, ausgelassene Teil. Dann kam der nächste Morgen.

Langsam versammelten sich die Gäste am Frühstückstisch.

»Es war nunmehr vor fast 60 Jahren,
dass Ihr die erste Liebe habt erfahren«,

erinnerte ein alter Bekannter der Braut an die Zeit, als Elvira und Fortunat, genannt Fortek, sich kennenlernten. Und reimte sich weiter durch ihre Biografien:

»Doch die Zweisamkeit währte nicht lang,
Elvira, Du musstest verlassen Euer Heimatland.
Und so endete bald Euer junges Glück,
es blieb nur Wehmut und Erinnerung zurück.«

Die Braut verfolgte das Gedicht mit interessiertem Lächeln, der Bräutigam sank immer mehr in sich zusammen.

»Jeder von Euch lebte nun sein Leben,
ohne jemals etwas auf ein Wiedersehen zu geben.«

Da traten dem Bräutigam Tränen in die Augen, er schlug die Hände vor das Gesicht. Neben allem Glück drängten bittere Gefühle in ihm hoch, Groll und Trauer, abgrundtiefe Trauer. Warum hatte die Politik die Macht besessen, sie auseinanderzutreiben, nur weil Elvira eine Deutsche und er ein Pole war? Warum hatten sie Jahrzehnte ihres Lebens ohne einander verbringen müssen? Warum hatte diese Hochzeit nicht vor sechzig Jahren stattfinden können?

Dann hätten sie noch gelebt, seine und ihre Eltern – und sie wären stolz gewesen: »Einen besseren Jungen als ihn gibt es nicht«, hatten Elviras Eltern gesagt.

»Was für ein außergewöhnliches Mädchen!«, waren Forteks Eltern überzeugt.

Das war eine Seelenverwandtschaft zwischen den Familien gewesen. Schon damals.

Elvira Profé, geboren 1925, hat ihre Kindheit und Jugend in Bärwalde verlebt, einer Kleinstadt in der Neumark, zwölf Kilometer östlich der Oder. 1908 hatte ihr Großvater außerhalb des ummauerten Stadtkerns ein abgebranntes Mühlengebäude und viereinhalb Hektar Land gekauft, um seine 1895 gegründete »Berliner Maßstabfabrik Oskar Schubert & Co« fortzuführen. Das lebhafte Mädchen tollte im angrenzenden Waldgelände herum, ließ sich von den Fabrikarbeitern necken und vergnügte sich mit Freundinnen und Klassenkameradinnen in dem Schwimmbecken, das ihr Vater Mitte der dreißiger Jahre auf dem Grundstück hatte errichten lassen. Mit zehn trat sie den Jungmädeln bei, später wurde sie in den Bund Deutscher Mädel (BDM) übernommen. Es hat ihr dort gefallen: schwarzer Wollrock, weiße Bluse, schwarzes Dreieck-Halstuch, weiße Söckchen. Sie bastelten, sie machten viel Sport – der blieb Elviras liebstes Hobby, selbst im hohen Alter. Dass ihr Vater ihr die Teilnahme an den Versammlungen des BDM verbot, sah sie mit einem gewissen Bedauern. Während es ihren Eltern, die sich von allen nationalsozialistischen Organisationen fernhielten, ganz recht war, ihre Tochter aus unverdächtig unpolitischen Gründen vom BDM fernhalten zu können: Sie sollte abends nicht allein den weiten Rückweg antreten – immerhin lag die Fabrik über einen Kilometer außerhalb der Stadt.

Der Krieg hat das Leben der Familie Profé wenig berührt. Der Vater wurde aus Krankheitsgründen nicht zum Militär eingezogen – er hatte bereits im Ersten Weltkrieg gedient. So produzierte er Messwerkzeuge für eine Lokomotivfabrik, und 1944 zog noch eine aus Lodz evakuierte deutsche Firma mit dreißig Schlossern und einem Schlossermeister auf das Betriebsgelände. Die Produktion lief immer noch, als sich im Herbst 1944 durch den Ort bereits Trecks mit Flüchtlingen aus dem deutschen Osten Richtung Oder durchschlugen, sich der Volkssturm auflöste und Gendarm Röpert das Weite suchte.

Schlimm wurde es erst nach dem 31. Januar 1945, als die ersten sowjetischen Infanteristen über die Felder auf den Ort zumarschierten und Panzer anrollten. Die Soldaten drangen in die Häuser ein, führten Männer ab und nahmen mit, was ihnen spontan in die Hände fiel: »Uhr – Uhr«, Taschenlampen, Lebensmittel, Fahrräder. Sie ließen für sich kochen und suchten Frauen. Einige ältere Menschen waren verstört, erhängten sich, nahmen Gift oder schnitten sich die Pulsadern auf. Familie Gentsch wählte den Freitod, Familie Muth ebenso. Den Gutsbesitzer vom Nachbardorf Voigtsdorf, seinen Förster und dessen Sohn erschossen die Sowjets kurz vor der Oder, als sie sich mit der Kutsche noch abzusetzen versuchten.

Familie Profé blieb zunächst ungeschoren. Elvira hatte sich mit fünf etwa gleichaltrigen Mädchen auf einem »blinden Boden«, einem Dachboden ohne Treppenzugang, versteckt, die Leiter weggestoßen und die Eingangsluke verbarrikadiert. Sie wurde nicht entdeckt: »Ich bin doch ein Sonntagskind.«

Und für ihren Vater, der schon zur Erschießung in die Stadt

abgeführt werden sollte, setzten sich jene polnischen Zwangsarbeiter aus Lodz ein, die noch im Frühjahr 1944 auf seinem Fabrikgelände einquartiert worden waren – aus Dank für das Gemüse und die Kartoffeln, die Mutter Profé ihnen zur Aufbesserung ihrer dürren Lebensmittelrationen regelmäßig hatte zukommen lassen.

Schwieriger wurde es nach einer Woche, als der Befehl zur Evakuierung der Stadt kam. Bärwalde wurde Aufmarschgebiet der Sowjetarmee für den Durchbruch über die Oder. Die Stadt wurde geräumt, die Bevölkerung Richtung Osten getrieben.

Sie zogen im Treck – Junge, Alte, Kinder, viele Frauen, mit Handwagen, Kinderwagen, ein Pferdefuhrwerk besaß fast niemand. Sie schliefen in Scheunen, auf Böden und trotz der Kälte in Schonungen, immer in der Angst vor den russischen Soldaten, die weiter nach Frauen suchten. Auch Elvira wurde einmal von einem Russen aus ihrer Gruppe herausgezerrt – doch ein zufällig vorbeikommender Offizier hat ihn mit groben und lauten Worten zur Rede gestellt. Elvira kam davon; Ursula S. hingegen nicht.

Meist waren sie besoffen, wenn sie kamen. Dann griffen sie sich die Frauen gleich vor den Augen der ganzen Flüchtlingsgruppe, und niemand wagte einzuschreiten, denn wer protestierte, wurde erschossen. Manchmal schleppten sie die Frauen auch in leere Zimmer in irgendeinem Dachgeschoss und »machten mit ihnen, was sie wollten«. Ursulas Mutter haben sie geholt, die siebzehnjährige Ursula haben sie geholt, andere, die jung oder ganz jung waren. Zwei Wochen lang. »Hab ich geweint«, sagt Ursula heute. Später in der Ehe hatte Ursula Angst, immer Angst, »wenn wir was zusammen hatten«. Bis das erste Kind kam, hat es etliche Jahre gedauert.

Wochenlang irrten die Bärwalder umher, ein paar Tage hier, ein paar Tage dort, fast immer auf der Suche nach etwas Essbarem und einem Dach über dem Kopf. Zwar kehrten die meisten Ende April, Anfang Mai wieder in ihren Heimatort zurück, doch schon im Juni 1945 wurden sie endgültig verjagt. Ohne jede juristische Grundlage während der »wilden Vertreibungen« – noch vor den Beschlüssen der Potsdamer Konferenz.

Elvira saß zu diesem Zeitpunkt bereits Tausende von Kilometern entfernt in einem sowjetischen Arbeitslager. Nach einem kurzen Einsatz beim Bau eines sowjetischen Flughafens bei Soldin war sie am 20. März 1945 auf einen LKW verladen, in ein Lager nach Schwiebus gebracht und nach vier, fünf Tagen Wartezeit mit vierzig weiteren Frauen in einen Viehwaggon gezwängt worden.

Die Fahrt von fast vier Wochen Dauer ist Elvira gerade einmal drei Sätze wert. Als liefere sie die Inhaltsangabe eines Films, der mit ihrem Leben nichts zu tun hat.

»Ich schütze mich wohl so vor Angst, Trauer und Hoffnungslosigkeit, damit sich die Spirale im Kopf nicht wieder zu drehen beginnt.«

Ja, sie hat geweint in dem Waggon, weil sie losgerissen war von den Eltern, weil sie Hunger litt, weil sie sich vor den Läusen ekelte und vor dem Tod in ihrer unmittelbaren Nähe erschrak – die Leichen wurden einfach an Kopf und Beinen hochgehoben und durch die Schiebetür geworfen. Ja, sie hat geweint in dem Waggon – aber nur ein einziges Mal. Dann hat eine Lehrerin aus Stettin sie aufgerichtet, eine tiefreligiöse Frau, die zu trösten verstand, obwohl sie noch jung war. Danach riss Elvira sich zusammen. Sie wollte stark sein.

Sie rollten über Smolensk, Moskau, Kirow, Archangelsk bis in das berüchtigte Straflager bei Workuta, nördlich des Polarkreises. Die feingliedrige Elvira schleppte Baumstämme für den Straßenbau und rodete Urwald für eine neue Bahnlinie. Eines Tages erschien zwar ein Russe im Lager und rief triumphierend: »Deutschland kaputt, Deutschland kaputt!« Doch im Lager änderte sich zunächst nichts. Die Verpflegung bestand aus einer schwarzen Brühe, einem kleinen Stück Brot und einem halben Becher Grütze. Elvira wurde im Sommer 1945 krank, bekam Scharlach und karelisches Fieber, das die Temperatur morgens bis auf vierzig Grad hochtrieb. Sie landete im Lazarett.

Während Elvira zwangsweise in den Osten deportiert worden war, wanderte Fortunat Mackiewicz freiwillig nach Westen. Denn sein Heimatdorf Waskowicze in der Gemeinde Prozoroki, Bezirk Wilna, würde nicht mehr zu Polen, sondern zur Sowjetunion gehören. Mit den Russen aber hatte die Familie schlechte Erfahrungen gemacht.

Als Ostpolen noch zum Zarenreich gehörte, hatten die Großeltern mütterlicherseits etwa 200 Kilometer südöstlich von Wilna ein Gut von 3000 Hektar Land besessen, bei Weitem zu viel, um während der Russischen Revolution 1917/18 bestehen zu können. Die Ländereien wurden einer Kolchose zugeschlagen, das Gutshaus in Brand gesteckt, die Großeltern lebendigen Leibes darin verbrannt. Als Fortek das Dorf 1941 das erste und einzige Mal besuchte, stand er vor einer zugewucherten Ruine.

Dass seine Mutter nicht das Schicksal ihrer Eltern teilte, verdankte sie ihrem Umzug ins Nachbardorf, wo sie geheiratet hatte und mit ihren beiden Söhnen auch nach dem Tod des Mannes einen Hof bewirtschaftete. Vor allem aber verdankte sie ihr Leben Forteks Vater, einem Arbeiter auf ihrem Hof, der den Rotarmisten hinterhereilte, als sie die Witwe während der Revolution 1918 schon zum Erschießen in die Stadt Dzisna führten:

»Was wollt ihr denn mit der Frau? Die ist unschuldig.«

»Sie kommt aus der Bourgeoisie, da ist sie schuldig!«

»Und was soll ich dann mit ihren beiden Kindern machen? Dann erschießt mich lieber gleich mit!«

Wohl aus Mitleid mit dem Bittsteller, sagt Fortek, hätten sie seine Mutter freigelassen. Wohl aus Dankbarkeit für seinen riskanten Einsatz, sagt Fortek, hätte die Mutter ihren Arbeiter geheiratet. Ein Jahr später jedenfalls kam er zur Welt.

Schlimmes widerfuhr der Familie Mackiewicz von russischer Seite nochmals 1939, nachdem Ostpolen unter sowjetische Besatzung geraten war. Die Eltern mussten alles Land über 12 Hektar abtreten, Forteks Halbbruder Jan wurde nach Sibirien deportiert.

Als die Deutschen im Sommer 1941 einmarschierten, war die Familie erleichtert.

»Wir wussten nicht«, sagt Fortek, »welche Verbrechen die Deutschen im Generalgouvernement begingen. In unseren ostpolnischen Gebieten verhielten sie sich anders.«

In seinem Dorf wurde niemand erschossen, wenn er ein Schwein schlachtete – vielmehr ließen sich die Deutschen gern mit einem Streifen Speck bestechen. In der Umgebung seines Dorfes wurden keine Konzentrationslager eingerichtet – stattdessen lagen nicht weit entfernt jene Wälder, in denen Tausende polnischer Offiziere vom sowjetischen Geheimdienst NKWD Anfang 1940 ermordet worden waren. Die deutsche Besatzungsmacht erschien den Polen in Forteks Region, auch wenn sie Lebensmittelkontingente einforderte und Zwangsarbeiter rekrutierte, sogar als weniger bedrohlich als die sowjetischen Partisanen, die ab 1942 große Teile des Landes so weit unter ihre Kontrolle brachten, dass die deutsche Besatzungsmacht zwar noch requirieren, aber nicht mehr regieren konnte.

Angeblich kämpften die Partisanen gegen die deutsche Besatzungsmacht. Doch in Wirklichkeit, sagt Fortek, hätten sie die polnischen und weißrussischen Bauern nicht vor den Deutschen geschützt, sondern sie ihrerseits ausgeplündert. Sie entwendeten Pferde, Kühe, Schafe, Brot und andere Lebensmittel, misshandelten jene, die sich widersetzten, und verübten in betrunkenem Zustand zahlreiche Gewalttaten an Zivilisten und eigenen Kameraden. Wenn aber deutsche Einheiten auftauchten, flohen die sowjetischen Partisanen ohne Widerstand in die Wälder, während die Bauern von den Deutschen bestraft und ihre Häuser in Brand gesteckt wurden.

Von ihren acht Kühen entwendeten die Partisanen der Familie Mackiewicz zunächst sieben, später holten sie auch noch die achte; anstelle ihrer drei kräftigen Pferde überließen sie ihnen einen klapprigen Gaul; vom Brot, den Eiern, dem Schinken nahmen sie alles, was sich im Haus befand. Wie sollte man da leben? Bevor sie weiter ausgeplündert oder gar getötet werden konnten, flüchtete die Familie Mackiewicz 1943 mit ihrem restlichen Besitz in die Kleinstadt Ziabki, ihr Bauernhof aber, kaum dass die Familie ihn verlassen hatte, wurde von sowjetischen Partisanen in Brand gesteckt.

So fand die Familie Mackiewicz – welch bittere Ironie der Geschichte – Schutz bei der deutschen Besatzungsmacht vor den sowjetischen Partisanen und profitierte von der Ermordung der Juden von Ziabki, die wenige Wochen nach dem Einmarsch der Deutschen auf ein offenes Feld getrieben und erschossen worden waren. Mit zwei weiteren polnischen Familien lebte die Familie Mackiewicz zwar sehr beengt, doch glücklicherweise in eigenen Möbeln in einem kleinen Haus, deren jüdische Besitzer sie nicht gekannt hatten.

»So war das damals. Das war eine schreckliche Situation.«

Aber, wie ihnen schien, die sicherste, um mit dem Leben davonzukommen.

Als die deutschen Besatzer den Ort im Januar 1944 räumten, zog sich die Familie Mackiewicz zu entfernten Verwandten auf ein Dorf in der Nähe von Ziabki zurück. Dort fiel es Fortek leichter, sich über ein Jahr lang zu verstecken, um der Einberufung der wehrfähigen Polen in die Sowjetarmee zu entgehen. Denn »Du sollst nicht töten!« hatten ihn die Eltern nach den traumatisierenden Einbrüchen der Gewalt in die Familie gelehrt. Von niemandem wollte er sich den Dienst an der Waffe aufzwingen lassen, nicht von polnischen Patrioten und erst recht nicht von einer fremden Macht. »Mein Verständnis vom Patriotismus«, sagt Fortek, »schließt nicht die Verpflichtung zum Töten ein.« Wenn Gott das Leben schenkt, mit welchem Recht dürfe der Mensch es nehmen?

Wie viele andere ging er ein hohes Risiko ein, als er sich den sowjetischen Kommissionen entzog, denn die Sowjets drohten Deserteuren wie ihm mit der Todesstrafe. Erst als der Krieg zu Ende war, tauchte Fortek wieder auf. Stalins Amnestie garantierte ihm Straffreiheit. Doch wohin sollte sich die Familie wenden? Ein Zurück in das Heimatdorf gab es nicht. Der Besitz war zerstört, das Dorf – wieder einmal – in sowjetische Hände übergegangen. Waskowicze gehörte nun zur Weißrussischen Sowjetrepublik.

»Wie hätten wir«, fragt Fortek, »angesichts dieser Umstände nicht froh sein sollen, als sich bei Kriegsende die Möglichkeit zur Umsiedlung eröffnete?«

Sobald das »Evakuierungsabkommen« bekannt wurde, meldete Vater Mackiewicz das Ausreisebegehren der Familie an, ließ registrieren, was ihr auf dem Papier noch gehörte, und zählte zusammen mit seiner Familie tatsächlich zu den Ersten, die die Heimat verlassen konnten. Sie waren nicht nur traurig, sondern auch erleichtert.

»Wir waren froh, dass uns Sibirien nicht mehr drohte. Wie unser Reiseziel aussehen würde – ob Polen demokratisch oder sozialistisch sein würde –, das war uns egal. Wichtig war nur: Wir fahren nach Polen.«

Die Fahrt zog sich einen ganzen Monat in die Länge. Immer wieder musste das Gleis, auf dem ihr Zug fuhr, freigegeben werden für die Transporte, mit denen die Sowjets ihr Beutegut aus dem Deutschen Reich abtransportierten. Als Familie Mackiewicz im Juni 1945 schließlich direkt an der Oder-Grenze landete, schaute sie entsetzt auf die Ruinen der Küstriner Altstadt, wo kein Stein mehr auf dem anderen stand. Hier wollten sie keine neue Existenz begründen! Erst dreißig Kilometer nördlich ließen sie sich zum Aussteigen bewegen. Ein Zug aus dem galizischen Tarnopol wurde bereits entladen – so schlimm wie in Küstrin konnte es demnach in diesem Ort nicht sein.

So kam Fortek nach Bärwalde, das noch Barwice hieß und sich ab 1947 Mieszkowice nennen sollte – nach Mieszko I., dem Polanenfürsten, der im 10. Jahrhundert das Reich der Piasten bis an die Oder ausgedehnt hatte und die Legitimität polnischer Ansprüche auf Pommern und Schlesien begründen sollte.

»Aber wie kann man«, spottet Fortek, »Territorien mit Grenzen beanspruchen, die fast tausend Jahre zurückliegen?«

Fast niemand glaubte damals daran, die »wiedergewonnenen Gebiete« würden bei Polen bleiben – entsprechend gleichgültig verhielten sich die einen und rachsüchtig und kriminell die anderen. Es herrschten Chaos und Willkür. Der Schwarzhandel blühte, Betten, Schränke, Porzellan, Bestecke, Teppiche, Eggen und Pflüge wechselten den Besitzer, ganze Häuser wurden abgetragen und ihre Ziegel in den Nachbarstädten als Baumaterial für neue Häuser verwandt.

»Kaum jemand wohnte mehr hier«, erinnert sich Fortek. »Kein Hund bellte, keine Katze streunte herum, kein Vogel zwitscherte.« Die wenigen alten Einwohner verkrochen sich in ihren Wohnungen. »Da spürte man sofort das Unrecht. Hier mussten unschuldige Menschen vertrieben worden sein. Denn nicht alle Deutschen waren ›hitlerwocy‹ – Hitler-Anhänger – gewesen.« Fortek wollte verlassenes fremdes Eigentum nicht einfach besetzen, sondern es sich offiziell zuweisen lassen. Während sein Halbbruder Józef einen eigenen Hof übernahm, erhielt Fortek für sich und die Eltern ein Haus mit Stall in der Moryńska-Straße. Die Familie war zufrieden: Menschen und Tiere fanden Platz, und überdies gab es Strom – welch ein Luxus.

Im Herbst 1945 kursierte im Lager von Workuta das Gerücht, dass Transporte nach Deutschland zusammengestellt würden – es ginge zurück in die Heimat. Tatsächlich erschien eines Tages an Elviras Holzpritsche im Lazarett eine russische Ärztin, die in gebrochenem Deutsch verkündete: »Profé nach Deutschland!«

»Das war wie ein Traum. Ich hatte schon die Hoffnung aufgegeben, jemals aus dem Lager herauszukommen.«

Elvira war überglücklich. Zurück zu den Eltern, zurück nach Deutschland!

Aber was war Deutschland? Das Deutschland, das sie verlassen hatte, existierte nicht mehr.

Ihre Heimat östlich der Oder, so erfuhr sie bei der Rückkehr im Dezember 1945 in Frankfurt/Oder, stehe jetzt unter polnischer Verwaltung. Illegal ließ sie sich von polnischen Fischern über die Oder setzen, um ihre Eltern in einem Ort wiederzutreffen, der seinen Namen, seine Einwohner und seine staatliche Zugehörigkeit gewechselt hatte.

Von einst knapp 4000 Deutschen lebten gerade noch einige Dutzend im Ort. Isoliert und entrechtet. Der Ausgang war ihnen ab 20 Uhr verboten, der Kontakt mit polnischen Familien galt als unerwünscht. Als Fachleute waren sie der neuen polnischen Verwaltung zwar zunächst unentbehrlich, um die Turbinen der Fabrik zu reparieren, die Stadt wieder mit Strom zu versorgen oder die Verwaltung aufzubauen, aber gleichzeitig standen sie unter der ständigen Observation durch Miliz und Sicherheitsdienst. Manche hielten die nervliche Belastung nicht aus. Bauer Grawert hat sein Gehöft am zweiten Weihnachtsfeiertag 1945 in Brand gesteckt und erst seine Familie und dann sich selbst erschossen.

Elviras Vater wurde mehrere Male verhaftet, jeweils ein, zwei Nächte in den Keller der Miliz gesperrt und nur freigelassen, weil sich der polnische Bürgermeister für ihn verwandte. Er hatte seine Fabrik verloren, sein Vermögen, seine Mitarbeiter. Die Familie kämpfte mit dem Hunger. Notgedrungen suchte sie Kontakt zu polnischen Familien, um etwas Milch, Mehl oder Brot zu organisieren.

»Bisher habe ich jeden Tag die Milch geholt«, hörte Elvira ihre Tante sagen, die als überflüssige Arbeitskraft über die Oder abgeschoben werden sollte. »Nun musst du die Aufgabe übernehmen.«

»Aber wie kann ich Milch von Polen holen, wenn wir kein Geld haben?«

»Das sind gute Leute«, beruhigte sie die Tante, »da braucht man nicht zu zahlen.«

So kam Elvira im Januar 1946 auf den Hof der Familie Mackiewicz – eine verschüchterte, abgemagerte, junge Frau, der Fortek seinen Schutz anbot und sie trotz ihres Einspruchs nach Hause begleitete. Sie sprachen kaum miteinander. Elvira kannte erst wenige polnische, Fortek aus der Besatzungszeit nur wenige deutsche Wörter. Aus Mitleid, sagt er, ja, aus Mitleid habe er dieses verschreckte Mädchen, das nach den Erfahrungen mit den Russen eine tiefe Angst vor Männern besaß, beim ersten Abschied auf die Stirn geküsst, ja, auf die Stirn. Doch Elvira schlief die halbe Nacht nicht, denn der Pole hatte sie, die Deutsche, nicht scheel angesehen oder verächtlich behandelt, sondern respektvoll und freundlich behandelt und geküsst, ja, geküsst!

So hat alles angefangen. Aus Mitleid, sagt Fortek, wurde Freundschaft, aus Freundschaft wurde Liebe.

Das war, als er sah, wie gut sich Elvira und seine Eltern verstanden, wie seine Eltern ihren Fleiß, ihr gutes Benehmen und ihr großes Herz schätzen lernten und wie Elvira seine Eltern, als gehörten sie zu ihrer eigenen Familie, liebevoll mit »Mamusia« und »Tatusia« anzureden begann. »Was Elvira alles kann!«, hieß es voller Bewunderung, obwohl die polnischen Nachbarn mit unverhohlener Missbilligung auf den Umgang mit der Deutschen blickten. »Wie fleißig sie ist und wie aufmerksam: ›Mama, lass mich die Schweine füttern! Mama, lass mich die Kühe melken!‹«

Mit Vater Mackiewicz fuhr sie das Heu ein, mit ihm rodete sie im Wald sogar Holz für seine und ihre Familie – immerhin das hatte sie im sowjetischen Straflager gelernt – und Mutter Mackiewicz legte ihr zur Stärkung mehr Blini[1] auf den Teller als ihrem Sohn, denn sie war doch nur Haut und Knochen.

Umgekehrt gewann Fortek den Respekt und die Zuneigung von Elviras Eltern, nachdem er beim Bürgermeister die Wiederaufnahme der Produktion in der enteigneten Zollstockfabrik erreicht, die alten Maschinen wieder in Gang gesetzt und das Sortiment sogar auf Lineale und Wasserwaagen erweitert hatte.

Es gebe keinen anderen Jungen, der so gut erzogen, so beschei-

---

[1] Kleine russische Pfannkuchen aus Buchweizen.

den und dennoch so zielstrebig sei, glaubten Elviras Eltern. Nicht einmal unter den Deutschen.

Doch an Heirat war nicht zu denken.

Elvira und Fortek wagten es nicht, sich gemeinsam in der Öffentlichkeit zu zeigen, geschweige denn, im Haus des anderen zu übernachten.

Forteks Nachfrage bei der Miliz, ob er eine Deutsche heiraten dürfe, wurde mit einer Gegenfrage beantwortet: »Um wen handelt es sich denn?«

»Um die Tochter des Fabrikbesitzers.«

»Ah, um die Tochter eines Kapitalisten! Das ist ein Feind, der das Land verlassen muss.«

»Das Leben war ja so«, sagt Elvira, »dass man unter ständigem Druck und mit ständiger Angst lebte. Wir wussten doch nicht, was am nächsten Tag oder in der nächsten Stunde sein würde.«

Der damalige Bürgermeister, der auch gleichzeitig Direktor der wieder in Betrieb genommenen Fabrik war, bot Elviras Eltern zwar an, zu bleiben und für Polen zu optieren. Doch Elviras Vater entschied, seine Tochter müsse ihre Ausbildung als Land- und Hauswirtschaftslehrerin beenden. Und: »Wir wollen wieder unter Deutschen leben.«

Familie Profé zählte zu den Letzten, die im Herbst 1947 aus Bärwalde ausgewiesen wurden.

»Als wir uns trennen mussten«, sagt Fortek, »haben wir unsere Fotos ausgetauscht. Aber ich habe gesagt: Schreib keine Briefe, denn sie werden uns für Spitzel halten. Wir konnten keinen Kontakt halten – so waren die Zeiten.«

»Ich sehe ihn heute noch stehen«, sagt Elvira, »als unser Handgepäck auf den Wagen geladen und wir weggefahren wurden. Das war alles sehr traurig, aber ich habe keine Zukunft gesehen.«

Nach der Trennung lebte jeder sein Leben. Fortek folgte seinem Vater nach Ostpreußen; ein Ortswechsel, so meinte er, werde die Trauer mindern. Elvira beendete in der DDR ihr Studium und baute Ende der vierziger Jahre im Auftrag der brandenburgischen Regierung eine land- und hauswirtschaftliche Schule im Oderbruch auf. Um die Jahreswende 1950/51 setzte sie sich mit Vater und Mutter über die grüne Grenze nach Westdeutschland ab, arbeitete in der neuen Zollstockfabrik, die ihr Vater noch im fortgeschrittenen Alter errichten ließ, und zog Ende der sechziger Jahre nach Westberlin, wo sie Wohnstätten der Hilda-Heinemann-Stiftung für psychisch Kranke und geistig Behinderte aufbaute und leitete. Das Leben war auch ohne eigene Familie ausgefüllt.

Elvira und Fortek schrieben sich nicht, sie wussten nicht, wo der andere wohnt, was er macht, wie es ihm geht.

»Aber gedacht«, sagt Elvira, »hat die ganze Familie Profé immer an die Familie Mackiewicz – all die fünfzig Jahre hindurch.«

Jedes Mal, wenn Elvira ihre Brieftasche erneuerte, übernahm sie neben Führerschein und Ausweis auch das Passfoto von Fortek. Es vergilbte allmählich, riss an den Rändern ein, zeigte den ewig jungen Mann, der inzwischen fünfzig, sechzig, ja siebzig sein musste. So begleitete er sie, ohne anwesend zu sein.

Und Fortek? Als er heiratete, gab er Elviras Bild seinem Vater. Er wollte seine Frau nicht brüskieren.

»Und Vater bewahrte das Bild auf wie eine Reliquie.«

Bis zu seinem Tod stand es auf seinem Nachttisch. Das erfuhr Elvira, als sie 1991 das erste Mal nach 44 Jahren zurückkehrte. Sie war pensioniert worden, der Eiserne Vorhang war gefallen. Nur gut 100 Kilometer trennten sie von der polnischen Grenze – ihr Heimatdorf war nun ohne Visum und strenge Grenzkontrollen zu erreichen.

Als Erstes erkundigte sie sich nach der Familie Mackiewicz.

Lebte Fortek noch? Was machte er? Wie ging es ihm? Er sei tot, erzählten die Enkel ihrer früheren Nachbarn, und Elvira zuckte zusammen.

»Das war ein Schock.«

Bei ihrem nächsten Besuch im Frühjahr 1992 erfolgte jedoch der Widerruf. Nachforschungen der Nachbarn hatten ergeben, dass Fortek in Masuren lebe.

Hoffnung keimte auf, ihn doch noch einmal zu sehen.

Und wie der Zufall es will: Beim zweiten Besuch hatte Elvira der ehemaligen Fabrik ihres Vaters einen Zollstock geschenkt – ein Präsent eines Kollegen aus der Zollstockbranche –, und eine Einwohnerin aus Mieszkowice hatte Fortek sofort nach Ostpreußen gemeldet: »Elvira war hier, und auf dem Zollstock steht ihre Adresse.«

Fortek, im festen Glauben, der Kollege sei Elviras Mann, schrieb ihr einen vorsichtig-distanzierten Brief, um der Ehe nicht zu schaden. Der Ehemann sollte nicht auf die Idee kommen, seine Frau habe einen Freund in Polen.

Und Elvira ließ Forteks Brief monatelang unbeantwortet liegen, um seiner Ehe nicht zu schaden. Die Ehefrau sollte nicht auf die Idee kommen, ihr Mann habe eine Freundin in Deutschland.

Doch ihre hochbetagte Mutter, die sich voller Wärme an den freundlichen Polen erinnerte, erkundigte sich immer und immer wieder: »Hast du dem Jungen denn nun endlich geschrieben?«

Er war ja immer noch »der Junge«.

»Nein«, sagte Elvira, »habe ich nicht.«

»Du musst ihm aber schreiben. Vielleicht ist er krank, und wir können ihm helfen.«

Elvira schrieb erst, als sie erfuhr, dass Forteks Frau bereits seit zwanzig Jahren in den USA lebte. Was kann das noch für eine Ehe sein, überlegte sie, wenn Mann und Frau sich jahrelang nicht sehen? Wenn jeder seiner Wege geht? Als sie schließlich überzeugt war, sie könne keine Beziehung mehr gefährden, da die Partner sich längst auseinandergelebt hatten, schrieb sie Fortek einen Brief: »Wenn Du willst, können wir uns in einer Woche vor dem Bahnhof in Kwidzyn treffen.«

Er brauche, fügte sie noch hinzu, nicht mehr zu antworten, denn sie breche sowieso bereits am nächsten Tag auf.

Das war im Juli 1995.

»... und ich fahre nach Kwidzyn«, sagt Fortek, »und denke: Wie dumm von mir! Wie soll ich sie nach fünfzig Jahren irgendwo dort auf dem Bahnhof erkennen – sie ist doch inzwischen eine alte Frau! Warum haben wir uns nicht in einer Wohnung verabredet?«

Elvira hatte eine in Polen verheiratete deutsche Freundin gebeten, sie zu dem Treffen zu begleiten.

»Und Ursel sagte immer: ›Da kommt er, da kommt er!‹ Ich sage: ›Sei still! Ich kann nicht so weit gucken.‹ – ›Da is' er doch! Da is' er doch!‹ Ich sage: ›Warte doch ab!‹ Ich wurde immer ruhiger, sie wurde immer nervöser.«

Als sie noch fünf, sechs, sieben Meter auseinander waren, gingen sie aufeinander zu:

»Elvira?«

»Fortek?«

»Da haben wir uns in den Arm genommen«, sagt Elvira, »und damit waren fünfzig Jahre weg. Weg.«

»Als hätten wir immer zusammengelebt«, sagt Fortek. »Als hätte es keine Trennung gegeben. So ein Gefühl.«

»Mein ganzes Leben, was dazwischen lag«, sagt Elvira, »das versickerte. Nun war er wieder da.«

Elvira war 69 und Fortek war 74 Jahre alt, als sie beschlossen, den Rest ihres Lebens gemeinsam zu verbringen.

»Das ist«, sagt Elvira, »sicher eine andere Form der Liebe als in der Jugendzeit. Das ist Wärme, und das ist Nähe, das ist auch Großzügigkeit und Verlässlichkeit. Und es ist eine Gnade, wenn man in dem Alter noch zusammenleben kann.«

Sie beschlossen zu bauen. In Mieszkowice, Elviras altem Bärwalde, in dem sie sich kennen- und lieben gelernt hatten, einem Ort, der beiden vertraut war und zudem nur eine halbe Stunde von Deutschland entfernt liegt. Und da Fortek die kleinen Holzhäuser in der Gebirgsgegend von Zakopane gefallen hatten, ließ Elvira ein skandinavisches Ökohaus aufstellen, das schon im Frühjahr 1997 bezugsfertig war.

»Fast täglich spüre ich, wie sehr ich hier verwurzelt bin«, sagt Elvira. »Wenn ich mein neues, altes Zuhause verlieren würde, wäre das sehr schlimm. Oft gehe ich abends noch einmal um das Haus und denke: ›Mein Gott, wie schön, dass ich im Alter hier noch einmal lebe.‹«

Mit Blick auf grüne Wiesen, nur wenige Hundert Meter Luftlinie von ihrem einstigen Grundstück entfernt. Sogar das alte Erbgrab der Familie Schubert erwarb sie zurück, sodass ihre Mutter, als sie im Jahre 2001 in Mieszkowice starb, neben ihrem noch vor dem Krieg verstorbenen Vater beigesetzt wurde – eine protestantische Deutsche unter katholischen Polen, beerdigt von einem protestantischen deutschen Pfarrer und einem katholischen polnischen Priester.

Zwei Plätze im Familiengrab sind noch frei.

»Für Fortek und mich. Auch das«, sagt Elvira, »gibt mir das Gefühl von Heimat.«

Literatur

Aleksiun, Natalia, Dokąd dalej? Ruch syjonistyczny w Polsce (1944–1950). Warszawa 2002

Borodziej, Włodzimierz/Lemberg, Hans (Hrsg.), Die Deutschen östlich von Oder und Neiße 1945–1950 (4 Bände). Marburg 2000–2004

Ciesielski, S./Hryciuk, G./Srebrakowski, A., Masowe deportacje w ZSRR. Toruń 2003

Esch, Michael, »Gesunde Verhältnisse«. Deutsche und polnische Bevölkerungspolitik 1939–1950. Marburg 1998

Głowacki, Albin, Sowieci wobec Polaków. Na ziemiach wschodnich Rzeczpospolitej 1939–1941. Łódź 1998

Grelka, Frank, Die ukrainische Nationalbewegung unter deutscher Besatzungsherrschaft 1918 und 1941/42. Wiesbaden 2005

Gross, Jan Tomasz, Fear. Princeton University Press 2006

Hofmann, Andreas, Nachkriegszeit in Schlesien. Köln/Weimar/ Wien 2000

Hryciuk, Grzegorz, Przemiany narodowościowe i ludnościowe w Galicji Wschodniej i na Wołyniu w latach 1931–1948. Toruń 2005

Instytut Pamięci Narodowej, Deportacje obywateli polskich z Zachodniej Ukrainy i Zachodniej Białorusi w 1940 roku. Warszawa/Moskwa 2003

Kotzian, Ortfried, Die Umsiedler. Die Deutschen aus West-Wolhynien, Galizien, der Bukowina, Bessarabien, der Dobrudscha und der Karpatenukraine. München 2005

Kulturstiftung der deutschen Vertriebenen, Vertreibung und Vertreibungsverbrechen 1945–1948. Bonn 1989

Madajczyk, Czesław, Zamojszczyzna – Sonderlaboratorium SS. Warszawa 1979

Misiło, Eugeniusz, Akcja ›Wisła‹. Warszawa 1993

Motyka, Grzegorz, Tak było w Bieszczadach. Warszawa 1999

Müller, Rolf-Dieter, Hitlers Ostkrieg und die deutsche Siedlungspolitik. Frankfurt/Main 1991

Naimark, Norman, Flammender Hass. Ethnische Säuberungen im 20. Jahrhundert. München 2004

Reichling, Gerhard, Die deutschen Vertriebenen in Zahlen. Bonn 1985

Rutowska, Maria, Wysiedlenie ludności polskiej z Kraju Warty do Generalnego Gubernatorstwa 1939–1941. Poznań 2003

Siemaszko, Ewa i Władysław, Ludobójstwo dokonane przez najconalistów ukraińskich na ludności polskiej Wołynia 1939–1945. Tom I/II. Warszawa 2000

Snyder, Timothy, The Reconstruction of Nations. Poland, Ukraine, Lithuania, Belarus 1569–1999. Yale University 2003

Sula, Dorota, Działalność przesiedleńczo-repatriacyjna Państwowego Urzędu Repatriacyjnego w latach 1944–1951. Lublin 2002

Ther, Philipp, Deutsche und polnische Vertriebene. Gesellschaft und Vertriebenenpolitik in der SBZ/DDR und in Polen. Göttingen 1998

Urban, Thomas, Der Verlust. Die Vertreibung der Deutschen und Polen im 20. Jahrhundert. München 2004

Zbikowski, Andrzej, U genezy Jedwabnego. Żydzi na kresach północno-wschodnich II Rzeczpospolitej. Warszawa 2006

Bildnachweise

S. 13 Das Judenviertel in Warschau, 1933. akg-images
S. 39 Die Grottgera-Straße in Posen. KARTA, Warschau
S. 65 Gut Kürbis 1939. In »Die Umsiedlung« von Claus von Aderkas; mit freundlicher Genehmigung von Claus von Aderkas und Gert Zellentin
S. 93 Die Dorfstraße in Hoffnungstal. Bildarchiv des Heimatmuseums der Deutschen aus Bessarabien
S. 127 Stanisława Chęcińska vor ihrem Haus im Heimatdorf Kućki. Privatarchiv
S. 155 Geschwister aus zwei Familien in Kuropatniki. Privatarchiv
S. 181 Blick auf ein Dorf in der Ukraine. akg-images
S. 207 Polnische Einwohner von Boleslawiec auf einem Spaziergang in der Prosta-Straße. Privatarchiv
S. 235 Die Belegschaft der 1864 gegründeten Textilfirma F. G. Alter. Privatarchiv Ulrich Alter
S. 269 Die Badeanstalt in Bärwalde. Privatarchiv Friedrich-Wilhelm Ritter

Karten

Die in den Karten nachgezeichneten individuellen Wege von Flucht und Vertreibung dienen einer groben geografischen Einordnung und einer Einschätzung der zurückgelegten Distanz. Zur besseren Orientierung werden nicht historisch wechselnde, sondern die heutigen Staatsgrenzen gezeigt.

Auf der Suche nach Identität

Flucht und Vertreibung hinterlassen Spuren. Fast sechzig Jahre nach Kriegsende suchen Kinder von Vertriebenen nach Antworten: Wer bin ich? Woher komme ich? Welche Erfahrungen haben meine Familiengeschichte geprägt?

Helga Hirsch begleitet Menschen der zweiten Generation von Vertriebenen auf der Suche nach ihren biografischen Wurzeln und den Belastungen durch Heimatverlust. Sie hört zu und fragt nach. Ihre sensiblen Beobachtungen webt sie zu sieben eindringlichen, literarisch verfassten Lebensläufen.

Damit ergänzt sie eine politisch kontrovers geführte Debatte um die konkreten Erfahrungen derjenigen, die diese Zeit als Kinder erlebten. Die gesellschaftliche Anerkennung auch dieser Schicksale, so die These der Autorin, schafft eine Basis, das Zusammenleben in Europa zu verbessern.

»Helga Hirschs Buch dient der Wahrheit und der Versöhnung.« *Die Zeit*

»Ein wichtiger Beitrag zu einer schwierigen Debatte.« *GEO*

Helga Hirsch
Schweres Gepäck
Flucht und Vertreibung als Lebensthema

mit einem Vorwort von Olga Tokarczuk
260 Seiten mit 7 s/w-Abbildungen
Softcover | 13 x 20 cm
ISBN 978-3-89684-042-4
Euro 14,– (D)

www.edition-koerber-stiftung.de

EUSTORY – History Network for Young Europeans

Die Körber-Stiftung unterstützt einen europäischen Zugang zur Geschichte, der Ausgrenzung vermeidet und Verständigung fördert. Gemeinsames und Trennendes diskutieren und damit einem gegenseitigen Verständnis näher kommen – das sind die Grundideen von EUSTORY, dem europäischen Netzwerk unabhängiger Geschichtswettbewerbe für Jugendliche, das die Körber-Stiftung koordiniert. Im Rahmen der EUSTORY-Geschichtswettbewerbe gehen Jugendliche in ihrer unmittelbaren Umgebung auf historische Spurensuche.

Zivilgesellschaftliche Organisationen aus folgenden Ländern haben das gemeinsame Grundsatzdokument des Netzwerks, die EUSTORY-Charta, unterzeichnet: Belgien, Bulgarien, Dänemark, Deutschland, Estland, Italien, Lettland, Norwegen, Polen, Rumänien, Russland, Schweiz, Serbien, Slowakei, Slowenien, Tschechien, Ukraine, Wales und Weißrussland. Rund 2500 Menschen wirken als Juroren, Tutoren und freiwillige Helfer in diesem Netzwerk mit, das europaweit Wissenschaftlern, Geschichtslehrern und Experten ein Forum für Austausch und Dialog bietet.

Kontakt:
Körber-Stiftung
EUSTORY
Kehrwieder 12
20457 Hamburg

Telefon +49·40·80 81 92-161
Telefax +49·40·80 81 92-303
E-Mail eustory@koerber-stiftung.de
www.eustory.eu

KörberForum
Kehrwieder 12

BegegnungsCentrum
HAUS im Park

BERGEDORFER GESPRÄCHSKREIS

Körber-Netzwerk Außenpolitik

Dialog und Verständigung, Bildung und Wissenschaft, Integration und Engagement, Junge Kultur: In diesen Bereichen ist die Körber-Stiftung mit einer Vielzahl eigener Projekte aktiv. Bürgerinnen und Bürgern, die nicht alles so lassen wollen, wie es ist, bietet sie Chancen zur Mitwirkung und Anregungen für eigene Initiativen.

1959 vom Unternehmer und Anstifter Kurt A. Körber gegründet, ist die Stiftung heute mit eigenen Projekten und Veranstaltungen von ihren Standorten Hamburg und Berlin aus national und international aktiv.

Boy Gobert Preis

USABLE
TRANSATLANTISCHER IDEENWETTBEWERB

KÖRBER
FotoAward

MBURGER TULPE
utsch-türkischen Gemeinsinn

theater
haus im park

Eustory
istory Network for Young Europeans

Deutscher Studienpreis
Der Wettbewerb für junge Forschung

Geschichtswettbewerb des Bundespräsidenten
Jugendliche forschen vor Ort

KÖRBER-PREIS
FÜR DIE EUROPÄISCHE
WISSENSCHAFT

kiwiss
Wissenschaft für Kinder
und Jugendliche